예 수

예수

저 자 · 김 호 환

2009년 2월 28일 초판 1쇄 인쇄
2009년 2월 28일 초판 1쇄 발행

발행인 · 예 영 수

발행처 · 엠 북 스

출판등록 · 2008년 10월 1일
경기도 성남시 분당구 동원동 187-1
전화 (031)718-7572 · 팩스 (031)713-7397

값 14,000원

ISBN 978-89-962297-3-5 03230

ⓒ 판권 저자 소유

※ 이 책은 일부분이라도 저자의 허락 없이는
무단복제 할 수 없습니다.

Printed in Korea

국제크리스천학술원 총서

예 수

김호환 박사 (Ph.D., Ph.D., D.Min., D.D.)

엠북스

| 추천의 글 |

조용기 목사 |
여의도순복음교회 원로목사

　기독교인이 하나님을 사랑하는 방법은 다양하지만 크게 두 가지로 나누어서 생각할 수 있다.

　하나는 하나님을 살아계신 하나님으로 확실히 믿고, 또한 그에게 나아가는 자에게 상 주시는 분이심을 믿고 적극적이고 긍정적인 신앙생활을 하는 것이다. 다음으로는 그의 말씀에 순종하여 행동하며 진리의 복음을 땅 끝까지 전하는 것이라고 생각한다.
　특히 예수 그리스도를 부정하는 무신론자들의 발언이 강해지고 사회가 이에 관심을 갖고 있는 요즘 하나님의 말씀을 지키며 변호하는 것은 매우 중요한 일이다.
　그리고 진리 수호의 사명을 받은 신학자들이 하나님의 말씀을 구체적으로 설명하고 모든 이단사상으로부터, 혹은 기독교를 무너뜨리려는 인본주의 및 사탄 세력으로부터 성도들을 보호하는 것 또한 하나님을 사랑하는 한 길이다.

　내가 추천하려는 책 「예수」는 특별히 신학자로서 하나님을 사랑하는 한 길을 보여준다.

한 신학자가 자신이 사랑하는 예수님을 모든 이들에게 소개하고 있다. 그러나 그의 고백들은 진부하거나 결코 천박하지 않다. 복잡한 신학사상을 쉽게 풀어서 설명하면서도, 구약의 예언과 신약의 성취의 관계를 서로 연결해가며 예수님의 탄생에서부터 십자가에서의 죽음과 부활에 이르기까지 언급하고 있다.

특별히 내가 「예수」를 모든 기독교인들에게 소개하려는 이유는, 이 책이 단순한 신앙고백서가 아니라 진리를 수호하는 '예수 변증서'이기 때문이다.

오늘날 우리 기독교는 하나님의 말씀과 진리 상실의 위기에 봉착해 있다. 예수님이 신화적 인물이라고 공공연하게 말하는 자들이 점점 늘어나고 있다. 유럽에서는 신이 인간 다음에 태어났다며 무신론 광고를 대중이 이용하는 전철과 버스에 하는 단체까지 생겨났다.

국내 모 방송사도 예수님의 신성을 모독하는 방송을 내보낸 적도 있다. 많은 기독교 젊은이들이 잘못된 사상의 영향으로 자칫 길을 잃을 수 있어 걱정이다.

바로 이러한 때에 「예수」를 읽게 되면 무신론자들의 주장이 얼마나 잘못 된 것이고 예수님이 지금도 살아 계셔서 역사하신다는 것을 알 수 있다.

「예수」는 모든 현대 신학자들의 무신론적 사상과 예수님에 대한 편견들을 구체적으로 반박하고 있다.

기독인들이 이 책을 통해 다시 한 번 신앙을 정립해 하나님이 기뻐하시는 삶을 살아가길 바란다. 또한 무신론자들에 맞서는 성경 지식의 힘도 기르길 바란다.

| 추천의 글 |

예영수 박사
국제크리스천학술원 원장
국제교회선교단체연합회 대표회장

덴 브라운의 탐정 판타지 소설 〈다 빈치 코드〉가 영화화 되어 Anti-기독교 운동이 세계의 이목을 집중하여 돈벌이를 하더니, 이번에는 한국의 SBS TV가 간 크게도 "신의 길 인간의 길"을 방영하여 예수의 신성과 부활을 부정하는 메피스토펠레스의 졸개 노릇을 함으로써 기독교인들에게 분기어린 웃음을 자아내게 하였다.

이 차제에 김호환 박사의 〈예수〉는 인간의 지능으로서는 설명할 수 없는 하나님의 아들로서의 예수의 미스터리를 믿지 않는 사람들도 이해할 수 있도록 역사적인 인물로서의 예수가 바로 신앙의 대상으로서의 예수임을 극명하게 잘 설명하고 있다.

김호환 박사는 예수의 미스터리는 "나는 처음부터 너희에게 말하여 온 자니라"는 예수의 선재설, "예수님이 하나님이시다"란 바울의 증언 즉 예수가 하나님이시며 또한 하나님의 본체(homoousius)라고 하는 신앙고백, 예수의 부활, 그리고 사복음서에 두루 언급되고 있는 예수의 "인자론" 등이라고 말한다. 이러한 미스터리는 예수 자신의 자기증거로부터 출발하여 오직 선택된 자들에게만 공개된 비밀이지만 김박사는 이 미스터리에 찬 비밀을 신학적이고 성서적인 고증으로서 독자가 이해하도록 풀어나가고 있다.

김호환 박사는 이 미스터리를 이해하도록 설명하기 위해 예수의 탄생과 성장, 복음서에서의 예수와 하나님의 아들로서의 사역, 예수의 죽음과 부활을 근거로 예수를 증언하고 있다. 부록의 역사적 예수 탐구는 이때까지의 무신론적 역사적 예수 탐구에 대한 역사와 그 문제점들을 일목요연하게 독자들에게 조명해주고 있다.

Anti-기독교적 사고에 젖어 있는 사람들의 눈은 감기어져 있고, 귀도 닫혀져 있고, 마음은 완악해져 있지만 이 책을 읽는 자에게는 하나님의 은총으로 깨우침이 있을 것이다. 왜냐하면 이 책은 예언자적 소명으로 예수에 관한 많은 사실들을 극명하게 설명해나가고 있을 뿐 아니라 예수 자신이 곧 계시의 주체로서 마침내 성령의 역사하심으로 이 책을 읽는 무리로 하여금 눈을 뜨게 할 것이고, 귀를 열리게 할 것이고, 그리고 심령에 깨달음을 주실 것이기 때문이다.

이 책의 관심은 오직 예수 그 자신을 독자들에게 소개하고 있기 때문에 Anti-기독교에 열을 올리고 있는 사람들 뿐 아니라 기독교인들, 특별히 신학생들에게와 목회자들에게 한 번은 이 책을 읽어보도록 권유하고 싶은 마음 간절하여 이 책을 추천하는 바이다.

| 추천의 글 |

정성구 박사
전 총신대 및 대신대 총장

　　예수님은 우리의 구주이자 하나님의 아들이며 신앙의 대상이다. 예수님은 길이요 진리이며 생명이시다. 예수님은 무엇을 행하셨는가 보다 예수님이 누구인지를 아는 것이 더 중요하다. 이런 내용은 예수 그리스도를 개인의 구주로 영접하는 성도들이 갖는 기본적인 신앙이며 확신이다.
　　그런데 오늘날 소위 자유주의 신학자들은 예수를 학문의 대상으로 삼을 뿐, 이른바 역사적 예수를 탐구한답시고 그의 역사적 존재에 대해서 의심하고 있다. 그들의 학문하는 방법은 과학적이고 합리적이며, 종교 현상학적으로 예수를 이해한다. 그들의 학문의 전제는 예수를 과학적 연구 대상으로 볼뿐 신앙의 대상으로 믿지도 않는다. 이런 태도가 곧 오늘날 세계적인 신학자로 자처하는 독일을 중심한 세계적 신학의 한 흐름이다.
　　그런데 금번에 이를 안타까이 여긴 김호환 박사께서 자유주의자들의 속내와 그들의 학문적 허구와 유희를 예리하게 지적하면서 보수주의 신학을 변증하고 있다.
　　나는 김호환 박사를 수십 년 동안 가까이 하면서, 그의 학문과 신앙과 인품을 잘 알고 있다. 그는 총신대학과 신학대학원에서 철저한 보수주의적이요, 개혁주의적 신학과 신앙 훈련을 받고, 서울대학교 대학원에 철학적 훈련을 받고 독일 하이델베르크학교에서 공부했다. 그 후 그는 신학대학의 교수이며 또한 목회자로서 뜨겁게 일하고 있다. 마치 옛날에 그레샴 메이첸(J. Gresham Machen) 박사께서 자유주의자들의 소굴인 독일에서 공부했지만 그것 때문에 그의 명저 「기독교냐 자유주의냐」(Christianity and Liberalism)란 작품을 남기고 보수주의 신학의 대변자가 되었다.

    김호환 박사의 이 책은 메이첸 박사의 저서에 비길 만큼 훌륭한 변증서이다. 아무쪼록 이 책이 예수를 역사주의의 미명아래 과학의 잣대로 난도질한 거짓된 신학에 경종을 울리고 성경의 예수 그리스도를 올바르게 믿게 하는 지침서이기를 바라면서 몇 자 적어 추천한다.

| 추천의 글 |

도한호 박사
조직신학, 침례신학대학교 총장

　김호환 박사의 최근 저술「예수」는 하나님의 아들로서 성육신(成肉身) 하신 예수 그리스도에 대한 변증서이며 저자의 신앙 선언문이기도 하다. 저자는 독일 하이델베르그 대학의 저명한 조직신학교수였던 알브레흐트 페터스(Albrecht Peters)박사의 제자였다.
　저자는 독일과 미국에서 신학과 철학 그리고 종교학을 전공한 보기 드문 학자로서 소위 오늘날의 무신론적인 "역사적 예수 탐구자"들의 사상을 누구보다도 잘 아는 학자 중의 한 사람이다. 그는 예수의 동정녀 탄생과 부활을 부정하는 "역사적 예수 탐구자"들의 오류와 편견에 대해 학문적 그리고 논리적으로 문제점들을 지적하면서 설득력 있게 자기논리를 펴고 있다.
　차제에, 그는 현대의 "역사적 예수 탐구자"로 불리는 무신론적 자유주의자들에 대한 포문을 연다. 그리고 그들의 아류인 프리크(Freke)와 갠디(Gandy)의 책,「*예수는 신화다*」(*Jesus Misteries*)를 구체적으로 분석하면서 그들이 잘못 전하는 고대 신화를 조목조목 지적한다. 그리고 그들의 책을 바탕으로 편성된 SBS의 "신의 길, 인간의 길"의 허구성을 철학과 신학 그리고 종교학적 관점에서 예리하게 지적하고 있다. 그리고 "역사적 예수 탐구자"들의 아류인 도올에 대해서도 그의 왜곡된 신학사상을 적나라하게 지적해 주고 있다.

저자는 한 사람의 보수적 신학자로서, 예수의 동정녀 탄생과 부활을 부정하는 무신론에 뿌리를 둔 역사적 예수 탐구자들과 오직 믿음으로 구원 받을 수 있다(Sola fide)는 기본적인 성서적 진리를 부인하거나 의심하는 신학사상을 묵과할 수 없었다. 저자는 머리글에서, 하나님의 아들이시며 구세주로 세상에 오신 예수 그리스도를 변증하기위해 이 저술을 쓰게 되었다고 밝혔다.

저자는 예수의 선재성과 그에 대한 예언, 탄생과 성장, 복음 사역의 시작 및 죽음과 부활을 차례로 서술하고 부록으로 역사적 예수 연구에 대한 역사를 섭렵하였다. 우리 시대에 꼭 필요한 저술이며 신학자들을 포함해서 목회자와 평신도 구분 없이 반드시 읽고 익혀두어야 할 저술로 추천하는 바이다.

| 추천의 글 |

성기호 박사 |
전 성결대학교 총장 |

　　마지막 때가 되면 자기를 보여 그리스도라 하는 적그리스도 (Anti-Christ)들이 나타날 것이라고 예수님께서 친히 말씀하셨습니다. 적그리스도란 그리스도라고 자기를 내세우는 가짜라는 의미도 있지만, 대적하는 자라는 의미도 있습니다. 참 그리스도이신 예수님에 대해 그의 신성을 부정하든가 그의 인성을 부정하는 세력들을 적그리스도의 세력이라고 말할 수 있을 것입니다. 오늘날 우리는 이런 적그리스도의 세력들을 교회 안팎에서 발견하게 됩니다. 많은 독일과 영국 그리고 미국의 신학자들이 예수의 동정녀 탄생과 부활을 부인하고 있습니다. 소위 "역사적 예수 탐구자"들로 알려진 진보신학자들의 영향은 우리들의 신학교와 교회 안의 젊은 평신도들을 어지럽게 하고 있는 것이 오늘의 현실입니다.

　　차제에, 국제크리스천학술원 총무로 활동하시며 현재 미국 Seattle의 한인장로교회의 담임 목사로 수고하시는 전 총신대학 및 대신대학교수이셨던 김호환 박사님께서 기독교 안의 자유주의적 사상을 가진 세력들과 Anti-기독교 세력들의 주장들을 반박하는 내용으로 〈예수〉라는 제목의 책을 출판하셨으니 마지막 때를 살아가는 모든 기독교 지식인들과 성도들에게 필독의 양서라 생각하며 기뻐합니다. 바라건대는 복음주의적인 신앙과 더불어 예수가 참 하나님이심을 학문적으로 잘 설명해주고 있는 이 책이 하나님의 아들이시며 참 인간이 되신 예수님의 진면목을 더욱 밝히며, 우리의 주님이신 〈예수〉에 관해 더 많은 신뢰와 감사를 드리는 계기를 마련할 수 있기 바랍니다.

    이 책이 국제크리스천학술원의 총서로 출판되어 널리 보급됨으로 하나님께 영광을 돌리며 성도들에게 많은 유익을 끼치는 자료가 되기 바라며 기꺼이 추천하는 바입니다.

| 추천의 글 |

이상규 박사
고신대학교 대학원장

　내가 김호환 박사를 알게 된 것은 그의 책 『카리스마와 영성』 이라는 책을 통해서였다. 울산시에 위치한 동산교회의 조형기 목사가 성령의 사역에 대해 연구하던 중 이 책을 읽고 극찬을 하면서 이 책이 제기하는 몇 가지 문제에 대해 나의 의견을 물었다. 이 일로 나는 이 책을 접하게 되었고, 김호환 박사의 신앙과 신학, 그리고 이 책 속에 자연스럽게 드러나 있는 진리에 대한 그의 거룩한 열정을 읽을 수 있게 되었다.
　김호환 박사는 매우 훌륭한 학자라는 생각을 하고 있던 중 이번에는 그의 또 다른 저서 『예수』 라는 책의 원고를 접하게 되었다. 19세기는 역사적 예수에 대한 탐색이 신학계의 주류를 이루던 시기였고, 예수전을 쓰지 않으면 학자로 인정받지 못할 정도로 역사적 예수에 대한 탐색이 그 시대의 주류였다. 그런 현상은 소위 후기 불트만 학파로 불리는 일군의 학자들에 의해 1960년까지 계속되었다. 서구 신학계에서 논구되어 왔던 예수전 연구에 대한 역사와 문제점들에 대한 깊은 식견을 가진 김호환박사님은 예수 그리스도는 누구이며 어떤 분인가를 학문적으로 해명하고 성경이 증거하는 바를 제시하기 위해 이 책을 저술했다.

이 책은 이전의 진보적 신학자들에 의해 전개되어 온 소위 역사적 예수와 신앙의 그리스도라는 도식과는 전혀 다른 복음주의적인 혹은 개혁주의적인 입장에서 쓴 역사적 예수 연구라고 할 수 있는데, 다음과 같은 몇 가지 점에서 귀중한 저술이라고 생각한다.

첫째, 이 책은 성경 계시에 기초하고 있다는 점이다. 이것이 이 책의 가장 중요한 특징이자 장점이라고 할 수 있다. 성경에 기초했다고 해서 다 신뢰할만한 것은 아니다. 성경을 하나의 고대문서로 보는 이들과는 달리, 성경을 하나님의 계시된 말씀으로 보는 저자는 성경의 가르침에 근거하여 예수님의 생애, 곧 복음사를 전개하고 있는 점이다.

둘째, 이 책은 기존의 역사적 예수연구의 신학적 오류와 문제점을 지적하면서 보수주의 신학적 기초에서 예수님의 생애와 가르침, 그 역사성과 하나님의 아들로서의 신국선포를 변호하고 있다는 점이다. 이런 점에서 이 책은 일종의 예수변증서이며 기독교 신앙에 대한 적절한 변증서의 역할을 하고 있다는 점이다.

셋째, 이 책은 성경신학적 기초에서 기록되었지만 교의학적 체계와 역사신학적 지식에 바탕을 두고 있다는 점이다. 이점은 이 책이 지닌 또 하나의 장점이다. 따라서 이 책은 성경이 계시하는 예수그리스도에 대한 통전적인 이해를 가능하게 해준다는 점에서 목회자들만이 아니라 신학도들과 일반신자들에게도 유용한 책이라고 생각된다.

이 책은 한국에서 출판된 예수에 대한 책 중 주목할 만한 저술이라고 생각하며, 예수 그리스도 그가 어떤 분이며 어떤 삶을 사셨고, 그리고 그가 가르치신 복음이 무엇인가를 알고자 하는 이들에게 주신 선물이라고 생각한다. 바라기는 이 책이 널리 읽혀지고 한국교회와 학계에 기여하게 되기를 바라는 바이다.

목 차

추천의 글 / 4

저자서문 / 20
    1. 예수를 생각하며 / 20
    2. 삼류 광대들의 희극을 보며 / 22
    3. 길라잡이 / 26

I. 예수의 미스터리 / 29
    1. 미스터리로의 접근 / 31
        (1) 역사적 예수 탐구의 유래 / 31
        (2) 예수의 어록: 지혜담론과 묵시담론 / 33

    2. 예수의 미스터리 / 57
        (1) 처음부터 말하여 온 자 / 60
        (2) 인자 / 80
        (3) 하나님의 본체 / 86

II. 예수의 탄생과 성장 / 93
   1. 다양한 문제들 / 94
   2. 탄생의 전주곡 / 99
     (1) 예수의 족보 / 99
     (2) 동정녀 탄생 / 102
     (3) 때, 장소, 방문객 그리고 소동 / 119
   3. 예수의 성장 / 135

III. 복음의 시작 / 141
   1. 요단강의 세례 / 142
   2. 광야의 시험 / 155
   3. 회개와 천국 / 165
   4. 나사렛복음 / 173

IV. 복음과 사역 / 181
   1. 바로 그 의도성(ipsissima intentio) / 185
     (1) 하나님의 아들 / 185
     (2) 걸어 다니는 성전 / 192
     (3) 인자와 하나님의 나라 / 195
     (4) 다른 보혜사 / 202

2. 바로 그 말씀(ipsissima Verba) / 206
   (1) 새로운 길: 구약 율법전승과 새 해석 / 207
   (2) 속죄 전승 / 209
   (3) 율법과 지혜 전승 / 210
   (4) 중보자 전승 / 217
   (5) 회개와 기도전승 / 220

3. 바로 그 행위(ipsissima facta) / 224
   (1) 인자의 오심 / 224
   (2) 기적과 치유 / 228
   (3) 식탁공동체 / 232

V. 예수의 죽음과 부활 / 235
  1. 예수의 죽음 / 239
   (1) 대속적 죽음 / 240
   (2) 한 의인의 죽음 / 245
   (3) 죽임 당함의 이유 / 246

  2. 예수의 부활 / 269

부록: 역사적 예수 탐구 그 역사와 문제점 / 277
미주 / 323

| 저자 서문 |

1. 예수를 변호하며 !

"예수"라고 제목 붙여진 이 책은 주님을 조금이라도 변호하고자 하는 나의 작은 충정에서 쓴 글이다.

1985-6년 한 해의 아귀를 꽉 채우면서, 나는 베를린에 있는 독일 국립도서관에 소장된 전 세계의 신학 유명잡지와 논문들의 지난 10년 치를 하루 15시간 이상 읽으면서 긴 한숨을 쉬어야만 했다. 나의 보수신앙이 독일신학자들의 틈새를 비시고 들어가 앉을 자리를 발견할 수 없었기 때문이다.

그러나 하이델베르그 대학(Heidelberg University)에서의 나의 스승 아브레히트 페터스(Albrecht Peters)와의 만남이 내게 한 가닥 위로가 되었다. 그는 주님을 믿고 기도하는 몇 안 되는 독일 신학자 중의 한사람이었다. 그 곳에서 나는 오늘날 역사적 예수 탐구의 선구자인 타이선(Theiβen)을 만났고, 지난 세기의 신학과 철학의 주제들을 이끌었던 많은 주역들을 만났다. 그러나 내가 그들에게 받았던 인상은 나를 흥분하게 만들었던 그들의 학문적 사고체계 이론(Wissenschaft Theorie)이 아니었다. 그들은 예수의 동정녀 탄생도 믿지 않았고, 또 부활도 역사적 사실(Factum Historicum)로 받아들이지 않았다.

오늘날 타이선의 영향을 받은 예수세미나의 북미신학자들 중에는 예수의 역사적 존재 그 자체도 부인하는 사람들이 많다. 그들에게 예수의 동정녀 탄생과 부활은 초대원시공동체의 조작이거나 헛소리에 불과하다. 그나마 예수에게 동정을 표하는 몇 가지 신학적 전통(슈바이처(Schweitzer)의 묵시론적이며 종말론적 예수 이해, 불트만(Bulltmann)학파의 실존론적 예수 이해, 그리고 이 두 전통을 긍정적으로 수용하려는 샌더스(E. P. Sanders)와 그의 동조자들)에 속하는 모든 이들 조차도 예수의 동정녀 탄생과 부활을 부인한다.

나는 한 동안 보수주의 신학의 학문 세계 안에서 누군가가 예수를 변호해 주기를 바라면서 안주하며 살아 왔다. 그러나 불행하게도 대부분의 보수주의자들은 독일과 영국 그리고 미국의 종교학자들의 신학적 전통에 대해 익숙하지 않다. 그들의 제자들은 논제 그 자체가 무엇인지 파악도 못하고 단지 설득력 없는 논리 안에 자신들의 모습을 감추기만 한다. 그러나 오늘날 걱정스러운 것은 진보적이며 또한 무신론적 자유주의를 표방하는 신학자들의 글들이 여과 없이 많이 노출되어 있고, 그들의 사고는 책을 통하여 빈약한 논리와 판단의 희생물이 된 모든 무지한 젊은 기독교인들에게 지대한 영향력을 행사하고 있다.

때문에 이 글을 쓴 목적은 예수 신앙을 부인하는 이들의 주장들로부터 예수 신앙을 변호하는데 있다. 그리고 역사적 예수 탐구자들의 주장이 무엇이며, 그들의 논제가 무엇인지를 소개하려 했다. 그러나 그들의 주장을 이해하기 위한 기본적인 것을 다루는 부록을 덧붙이기는 했지만, 실상 나의 관심은 오직 예수 그 자신을 독자들에게 소개하는데 있다.

2. 삼류 광대들의 희극을 보면서.......

필자가 원고를 탈고하고 있는 동안 한국에서는 난리가 났다 한다. 그렇지 않아도 이런 저런 문제로 시비에 걸려 만신창이가 된 예수(기독교)를 이번에는 광대 셋이서 발가벗기고, 채찍질하고, 급기야는 십자가에 못 박았다고 한다.

이 글을 쓰면서 이전에 "도둑놈 셋이서"란 글의 주인공들인 천상병, 중광 그리고 이외수가 생각난다. 그들은 괴짜 인생을 산, 아니 그들 중에는 이미 세상을 뜬 이도 있지만 아직도 여전히 그렇게 살아가고 있다. 그들이 내 마음에서 도둑질해 간 것은 쓸 데 없는 우쭐거림, 거드름, 잘 난체 함, 소위 학자인체 함 등이다. 그러나 그들이 내 마음에 남긴 흔적은 소박, 순진, 가난, 겸손, 진리 앞에 순수함 등이다. 때문에 그들은 여전히 내게 아름다움으로 남아 있다.

그러나 요즈음 한국에는 삼류광대들이 나타나서 사람들의 마음들을 도둑질 하고 있다고 한다. 마냥 자신들의 코미디를 진실인 양 눈물을 흘리며 연출도 하고 연기도 하니, 순진한 사람들은 박수를 치고, 배꼽을 잡고 웃기도 한다. 그리고 청중들의 웃음에 자신들마저도 마냥 즐겁기만 하다. 그러나 광대들을 더욱 즐겁게 하는 것은 사람들에게 즐거움을 주었다는 예술가의 자긍심이 아니다. 언제나 청중들이 돌아가면서 던지고 간 가룟 유다가 받았던 것과 같은 '은 30냥'이 준 즐거움이다. 그리고 희곡의 내용이 주는 의미도 알지 못한 체 연출을 다 마친 자신이 진짜 예술가라도 된 것 같은 도취감, 베낀 대본이래도 스스로 자신의 필체를 보며 솟아나는 흥분, 그리고 자신의 연기에 대해 밀려오는 뿌듯함 등이 아울러져서 만든 거짓의 향연이다.

티모시 프리크(Timothy Freke)와 피터 갠디(Peter Gandy)는 「예수는 신화다」(The Jesus Mysteries)라는 희곡을 써 내려 간다. 옛 연금술사(영지주의자)들의 낡은 고서들을 뒤적여서 찾아 낸 글들로 거리에서 연극할 희곡을 써 내려가고 있는 것이다. 그들은 자신의 동조자 하나를 찾아 SBS라고 하는 간판이 달린 그의 집 창고 한 모퉁이를 빌려 공연을 한다. 제목은 "신의 길, 인간의 길" 이었다.

그리고 달라이 라마에게 시종 프리크와 갠디의 희곡을 자랑스럽게 읊어대던 도올도 간간이 이어지는 연극의 각 장마다, 막간을 이용하여 관객들이 지겹지 않게 마임(Mime)을 연출한다. 때로는 참신하게 보이기도 하는 그의 기발한 연기에 사람들은 박수를 친다. 그러나 그는 여전히 호응 받지 못하는 원 저작가들("역사적 예수 탐구자"라고 불리는 신학자들)의 대본 줄에 매달려 있는 호두각기 인형에 불과하다.

티모시 프리크와 피터 갠디는 「예수는 신화다」(The Jesus Mysteries)라는 글을 써서 알려진 사람들이다. 그들의 글들은 기독교의 여러 전승들과 2세기 전후부터 나타나기 시작한 영지주의(Gnosticism)라고 알려진 이집트와 당시 근동 그리고 헬라 로마신화의 혼합 종교사상을 담은 문서들인, 낙 하마디(Nag Hammadi)의 문서들을 기반으로 쓰여 졌다.

그러나 프리크와 갠디의 책은 오늘날 예수에 대한 신앙과 부활을 전적으로 부인하는 소위 "역사적 예수 탐구자"들로 불리는 북미지역 신학자 모임인 "예수세미나"(Jesus Seminar) 사람들조차도 소설류로 간주한다. 왜냐하면 그들은 낙 하마디의 문서들을 교과

서로 한 나머지 다른 모든 기독교의 문서들을 거짓(Pseudo) 문서로 간주하기 때문이다. 그 결과 그들은 자신들이 기준으로 하는 영지주의 문서보다 1-2세기를 훨씬 뛰어넘는 기독교의 문서들을 모두 다 부정하기 때문이다. 그리고 모든 초기 기독교전승의 내용인 예수 그리스도마저도 실존인물이었음을 부정하는데 이른다.

그러나 오히려 역사적 예수 탐구자들로 분류되는 신학자들이 볼 때에는 프리크와 갠디의 시도는 하나의 공상 소설을 쓰는 웃기는 일이다. 왜냐하면 2세기부터 발생하는 영지주의란 후대의 사람들이 볼 때 그 기반이 무엇이라고 확정되어진 것이 아닌 여기저기서 모은 신화들의 조각과 사상들에 불과하기 때문이다.

그러나 기독교 신앙에 대한 역사적 예수 탐구자들의 곱지 않는 시선에도 불구하고, 적어도 기독교의 초기문서들은 예수의 실존인물임과 기독교의 역사적 실증을 확인할 만한 진실을 드러내 주고 있다는 데에 아무런 이의(異意)도 제기 받지 않는다. 때문에 필자는 간간히 나의 책「예수」를 써 내려 가면서 왜 프리크와 갠디가 오류를 일으키고 있는지를 밝히며, 또한 그들의 주장들이 어디에 오류가 있는지 지적하고자 한다.

그리고 필자의 글이 SBS를 통해 방영된 "신의 길, 인간의 길"의 잘못된 시각을 수정할 수 있기를 바란다. 문제는 SBS가 검정되지 않은 자료를 방송자료로 사용했다는 것이나, 공정성을 상실하여 한쪽 단편만의 시각을 가진 방송 프로그램을 내어 놓는 것은 적어도 그 방송사의 지적 판단 능력과 역량에 문제가 있음을 뜻하는 것이다.

SBS의 간판에 홈집을 내려는 것은 필자의 의도가 아니다. 이미 지나간 방영이라도 단지 과거의 쓰레기가 되어 쓰레기 하치장으로 보내 질 수 없듯이, SBS가 역사를 쓰고 또한 역사를 후대에 전할 마음으로 방송을 계속하는 한, 잘못된 역사는 바로 잡아져야만 한다. 미안하게도 빈대가 있었던 것도 사실이지만 그렇다고 남의 집 초가삼가를 다 태워 버리고도 여전히 모른 체 하는 것은 사람(방송국 혹은 담당PD ?)의 도리가 아니지 않는가!

차제에 도올에게도 한 말을 해야겠다. 여전히 도올은 십년 전이나 지금이나 변한 것이 하나도 없는 것 같다. 이제는 우주가 어떻고, 세상이 어떻고, 그리고 종교가 어떻든지 간에 자신을 돌아볼 나이도 되었건만, 이곳저곳 기웃거리며 남의 종교를 비난하는 것은 변한 것이 하나도 없다.

그리고 이제는 자신의 글과 소리라도 내어 놓아야 할 때도 되었건만, 남의 말을 자신의 말 인양 둘러대는 것은 여전하다. 필자가 무례했다면 용서하길 바란다. 10년 전에는 필자도 그래도 남아 있는 존경심 때문에 "도올 선생"이라 존경을 표했으나, 이제 필자의 나이도 적지 않고 또한 존경심도 사라졌으니 양해를 바란다.

필자의 책, 「예수」는 소위 역사적 예수 탐구자들로 불리는 자유주의신학자들에 대하여 예수 그리스도의 신앙을 변증하기 위해 쓴 변증서이다. 그러나 도올의 대부분의 주장들은 소위 "역사적 예수 탐구자"들의 부류에 속한 신학자들의 주장을 복사한 것에 불과하기에 역사적 예수 탐구자들에 답하면서 도올의 복사신학도 필자의 글이 방해되지 않는 한 일부 다루고자 한다.

궁극적으로 필자는 「예수」를 변호하기 위해 글을 썼다. 예수가 '하나님의 아들' 됨을 증거 하는 것은 필자의 가장 큰 기쁨이자 목적이다. 이런 이유로 필자는 예수에 대한 역사적 사실(Factum Historicum)과 그리스도 됨(Jesu Christus)을 부인하는 지난 과거의 모든 신학자들과 오늘날 그들의 전통을 잇는 모든 신학자들, 곧 역사적 예수 탐구자들의 주장들을 객관적으로 검토하려고 노력했다.

그리고 필자는 같은 맥락에서 지엽적으로 동일한 문제를 일으키고 있는 티모시 프리크와 피터 갠디의 글, 「*예수는 신화다*」(*The Jesus Mysteries*)와 SBS의 방송 프로그램 "신의 길, 인간의 길"을 부분적으로나마 다루고자 했다. 그들 역시 역사적 예수 탐구를 추구하는 현대 신학자들로부터 얻어진 자료들을 통해 자신의 주장들을 전개하고 있기 때문이다.

3. 길라잡이

이 책은 본래 부록인 "역사적 예수 탐구(Historical Jesus Quest): 그 역사와 문제점"을 머리로 하고 있었다. 그러나 복잡한 신학적인 논쟁과 철학적인 배경에 대한 논의 때문에 독자들의 부담감을 덜기 위해 책의 말미에 두도록 했다.

초기 이 책은 약간의 논의의 주제들을 이미 파악하고 있는 학문적 성향을 가진 독자들을 위한 것이었다. 그러나 주변의 충고로 기독교 평신도들과 오히려 기독교에 편견을 가진 사람들에게도 유익되기 위해 많은 설명을 덧붙였다.

그리고 그 간에 물의가 되고 있는 프리크(Freke)와 갠디(Gandy)의 글 「*예수는 신화다*」(*The Jesus Misteries*)가 잘못 가지고 있는 기독교에 대한 편견과 오시리스-디오니수스의 고대신화에 대한 잘못된 오류를 원문 대조를 통해 지적하도록 했다. 그리고 SBS방송국의 "신의 길, 인간의 길"에서 언급된 자료사용과 고대 종교에 대한 잘못된 해석, 그리고 등장하는 해설자들의 한계 등을 구체적으로 지적하려 했다. 왜냐하면 SBS가 사용한 자료들은 주류의 학술적인 근거로부터 채택된 것들이 아니기 때문이다(특히 1편). 그리고 등장하는 학자들 역시 전문적인 신학적 배경을 가진 사람들이 아니고 한쪽 편향의 부류로부터 출연되었기 때문이다. 그리고 주제에 대한 객관적인 지식의 결여로 인한 무지가 방송의 공정성을 해할 뿐 아니라, 논제에 대한 전통적인 통찰을 빼앗아 가버렸기 때문이다.

그리고 도올에 대한 일부 언급도 곁 들인 이유는 도올 역시 자신의 기독교 사상을 표명하고 나서긴 하지만, 초보의 신학도라 할지라도, 그가 원산지인 독일과 영국, 그리고 미국에서 가공한 미국산 초콜릿을 국산으로 둔갑해서 팔고 있음을 알 수 있을 것이다. 그가 언급하고 있는 Q자료나 도마복음서 등도 특별한 것들이 아니다. 이미 오래 전부터 신학계 한 모퉁이에서 논의되고 있었던 것들인데, 원문들을 곡해한 도올의 너무나도 엉뚱한 해석들을 지적하는 일 때문에 책의 분량이 더하여져 독자들에게 미안함을 느낀다.

그리고 이 책은 1장으로 예수의 미스터리와 그 미스터리를 푸는 실마리로서 예수의 언어의 특이한 유희를 그의 비유를 통해 접근하려 했다. 이러한 맥락에서 특히 마태복음 13장의 "씨 뿌리는 자의 비유"는 그 중요성을 더해 준다.

그리고 이 책의 전개는 예수의 생애에 맞추어서 탄생과 성장을 2장에서 다루었으며, 예수 사상과 복음의 여명과 출발점등을 제3장의 "복음의 시작"에서 다루었다.

그리고 구체적으로 제 3장에서 예수의 복음의 성격과 사역의 특징들을 구약의 언약들과 연관해서 소개했다. 그리고 마지막으로 논의의 초점이 되는 "예수의 죽음과 부활"에 대한 신학적 논쟁과 관심사를 전개했다.

끝으로, 부록에 언급된 "역사적 예수 탐구"에 관한 일반적인 서설은 이 글을 읽는 모든 사람들에게 기본적인 논제의 정보를 제공해주기 위해 쓴 것이기 때문에 각자에게 도움이 되길 바란다.

2009. 1. 15.

시애틀에서
연암(鳶岩) 김호환

I. 예수의 미스터리(Mystery)

I. 예수의 미스터리(Mystery)

 예수는 우리에게 항상 설명할 수 없는 미스터리로 다가온다. 그 때문에 그를 하나님의 아들로 믿지 않는 사람은 그를 알 수도 없고 이해할 수도 없다. 오늘날 오직 역사적 흔적만을 통하여 예수를 파악해보려는 소위 역사적 예수 탐구자들의 노력이 결코 예수의 진실에 가까이 갈 수 없는 것은 그리스도를 믿는 신앙이 없기 때문이다. 실로 예수에 대한 믿음이 없다면, 예수에 대한 진정한 역사에 도달할 수도 없다. 그리고 또한 신앙의 전제 없이는 그 어떤 학문적인 방법론을 동원한다 할지라도 종교적 진실에 도달할 수가 없다.

 그러므로 그리스도 예수를 주(主)로 믿는 신앙의 전제는 예수의 미스터리를 푸는 중요한 열쇠로 작용한다. 그리고 특히 예수의 미스터리를 푸는데 예수가 언급한 마태복음 13장의 씨 뿌리는 자의 비유는 지극히 중요한 실마리를 제공한다. 그리고 그 실마리는 예수 자신이 모든 구약의 예언에 언급되어 오던 바로 그 "처음부터 말하여 온 자"(요8:25)라고 하는 사실을 드러내주고 있다. 그리고 그 실마리는 예수가 자신과 함께 '하나님의 나라'(The sovereignty of God, The Kingdom of God)를 몰고 왔으며, 장차 하늘에서 몰고 내려 올 하나님의 나라(The Heaven of God)의 도래와 관련된 메시야의 묵시적 종말론 사상과 연계되어 있었던 "인자" 그 자신이라는 사실을 간접적으로 확인해 준다. 그리하여 마침내 예수를 믿었던 초대원시공동체인 교회들은 "그리스도 예수가 하나님의 아들이자, 하나님의 본체 (homoousius)"라고 하는 위대한 신앙고백에 도달하게 된다.

1. 미스터리로의 접근

(1) 역사적 예수 탐구의 유래

오늘날 현대의 역사적 예수 탐구는 스피노자의 자연주의의 영향 하에서 출발하고 있다. 스피노자의 자연주의는 종래의 기독교의 하나님의 존재를 부정한다. 스피노자는 인간의 욕구나 필요에 따른 의도나 목적과는 전혀 상관없이 우주가 무한히 연속적으로

무 목적성을 지니고 스스로 흘러가고 있다고 믿었다. 스피노자는 마치 우주를 하나의 유기체로 보거나 혹은 스스로 굴러가고 있는 거대한 기계 조직과 같은 덩어리로 생각했다.

스피노자는 무신론자였던 유대계 화란인으로서 안경제조업을 직업으로 가지고 있었다. 당시 그의 직업은 첨단의 과학적인 직종으로 분류되고 있었고, 그 자신도 역시 과학적인 일에 종사한다고 믿었다. 그러므로 그가 자신의 직업으로부터 가졌던 과학적인 자부심 역시 예수의 부활을 부인하게 하는 한 동인이 되었다.

스피노자의 영향을 받아 17세기 이래 유럽 자유주의신학의 거두들, 라이마루스, 스트라우스, 그리고 슐라이어마허 등과 같은 이들은 예수의 부활을 부인했다. 라이마루스는 예수가 부활한 것이 아니라 제자들이 예수의 사체를 숨기고 그의 부활설을 만들어 냈다고 주장하여 소위 '예수사체유기설'을 주장했다. 그리고 라이마루스의 신학의 영향을 받아 스트라우스는 예수가 십자가에서 죽은 것이 아니라 기절했다고 하는 소위 '예수 기절설'을 주장하여 부활을 부인했다. 그리고 슐라이어마허는 경건주의에 속했던 목회자의 아들로서 기독교 신앙의 경건과 기도의 신앙을 강조하기도하여 '절대 의존적 감정'을 중요시했으나, 그리스도의 부활을 믿을 수 없었기에 최초의 인본주의(人本主義)신학인 자유주의신학의 창시자가 되었다.

지난 과거 역사적으로 납득이 갈 수 있는 예수의 상을 찾아내려 했던 모든 신학자들은, 예수에 대해 역사적으로 파악될 수 있는 인물로서의 예수, 소위 "역사적 예수"(The Historical Jesus)와 신앙의 대상으로서의 예수, 즉 "신앙의 예수"(The Christ of the Faith)

를 구분하여 설명해 왔다.

왜 그들은 그렇게 구분을 해야만 했을까? 그 내면에 숨겨진 이유는 그들이 예수 그리스도를 하나님의 아들로 믿는 신앙이 없었기 때문이다. 그리고 자신들이 살았던 당시의 역사적 입장에서나 과학적 입장에서 예수사건은 도무지 납득이 가지 않았기 때문이었다. 그 결과 그들은 '예수가 하나님의 아들이다'라고 하는 '신앙의 그리스도'는 더 이상 믿을 만한 역사적 사실(Factum Historicum)이 아니라고 생각했다. 다시 말해 그들은 하나님의 아들로서 예수의 탄생과 부활 그리고 그와 함께 따라 다니는 모든 신앙적인 미스터리는, 곧 예수 사후에 초대원시공동체였던 교회들에 의해 고안 각색되어 후대 교회들에게 전승되어진 것이라고 여겼다.

(2) 예수의 어록: 지혜담론과 묵시담론

역사적 예수 탐구자들은 어제나 오늘이나 오직 남아 있는 예수의 역사적 흔적들을 여기저기에서 찾으려 노력하고 있다. 그러나 그들이 예수에 대한 신앙적이며 신비적인 모든 자료들과 이야기들을 역사의 증거품의 목록에서 제하여 버림에 따라 남는 것은 짧은 경구 중심의 지혜와 윤리적 주제들을 다루는 오직 예수의 어록의 일부분이었다. 소위 지혜담론이라고들 말하는 "예수 가라사대"(Saying Gospel)로 시작하는 예수의 어록은 이런 연유로 그들의 중요한 연구 대상이 되었다. 그러나 그들은 예수 자신이 한 말들을 다 역사적 자료로 채택하지는 않았다. 그들이 생각하건데, 예수 자신이 언급한 묵시적이며 종말적인 언급은 '신앙의 예수'의 영역에 해당한다고 생각했으며, 또한 그러한 예수의 언급들은 후대 사람들이 만들어 지어낸 것이라 생각했다.

그러므로 예수 자신이 스스로 유대인들이 열망하여 기다리던 바로 그 메시아이며, 또한 자신이 하나님의 아들이며 장차 다시 세상을 다스리기 위해 오실 것이라고 하는 종말적이며 묵시적인 담론들과 진술들은 역사적 예수 탐구자들의 불신앙적인 시각에 의해 의도적으로 배제되었다. 오히려 그들은 최초에 예수께서 "**오른 뺨을 때리거든 왼 뺨까지 내 놓아라**"하는 말씀과 "**오리를 가자거든 십리를 같이 가라**"는 삶의 지혜와 도덕적 가르침을 전해주는 윤리적인 경구 중심의 지혜담론만을 말했다고 믿는다.

지혜담론과 그 문제점

역사적 탐구자들은 윤리적인 가르침을 담은 지혜담론이 예수의 최초의 가르침이었으나, 급박한 시대적 환란을 맞이하여 풍지박살이 된 초대원시공동체를 되살리기 위해 사도들이 의도적으로 점차 예수를 신격화시키는 묵시적이고도 종말론적인 내용으로 바꾸었다고 생각한다. 따라서 그들은 예수 사건에 따라오는 모든 기적의 내용들도 지어낸 설화나 담론의 내용과 같은 맥락에서 이해했다.

때문에 공관복음서 중 가장 먼저 쓴 마가복음서보다 마태와 누가가 공통으로 참조했을 것으로 자신들이 여기는 많은 예수의 지혜담론들을 포함하고 있는 Q자료나, 기원 후 2세기 후 한참 지나서 지혜담론의 윤리적 경구 형식으로 쓴 도마복음서가 중요한 연구 대상이 된 것도 이 때문이다. 오히려 가장 오래전에 쓰여 졌음에도 마가복음서가 지닌 예수 수난과 부활에 대한 깊은 인상 때문에, 그들은 메시아로서 예수의 묵시적이며 종말론적인 미래 도래의 약속과 부활의 기록을 지닌 마가의 기록을 초대교회의 순교를 부추기기 위한 신앙적 이데오르기(ideology)로 쓰인 내용물이라고 생각한다. 다시 말해 마가복음 역시 자신들의 공동체신앙을 유지하고 메시아에 대한 담론을 담은 '신앙의 그리스도'를 드러내 놓기 위해 후대에 작성됐다는 것이다.

지혜담론과 묵시담론을 구분하여 이해하는 것은 모든 역사적 예수 탐구자들에게는 일반적인 특징이다. 그리고 예수의 지혜담론은 예수 자신이 한 말로, 그리고 묵시담론이나 예수 신앙과 관련된 기적 이야기 등은 예수 사후 초대원시공동체가 자신들의 신앙 집단 유지를 위해 조작하여 첨가했다고 생각한다. 이런 전형은 20세기의 신약학의 거두인 불트만과 그의 제자들, 그리고 현대의 모든 역사적 예수 탐구자들에게 일반적으로 나타나고 있는 특징이다. 같은 맥락에서 입장을 같이 하고 있는 캐나다 토론토대학의 신약학자인 크로펜보르그(Kloppenborg)의 주장을 도울이 자신의 말처럼 내세우는 것 역시 이러한 시대적 경향 때문이기도 하다.

역사적 예수 탐구자들은 무엇을 잘못알고 있을까? 우선 그들은 단지 지혜와 윤리적 담론만을 담은 예수의 어록만을 통해 역사적 예수의 잔재로 여겨지는 것들을 찾는 일은 불가능한 일임을 모르고 있다. 실제로 그들은 이 천년 전 갈릴리를 중심으로 기적과 역사를 베풀었던 그 생생한 예수의 삶은 전혀 배제시키고 있다. 그리고 더욱이 문제가 되는 것은 예수의 어록에는 극소수의 역사적 실증 밖에 나타나 있지 않다는 점이다. 예수의 사상과 그에 대한 신앙의 미스터리를 제거해버리고 단지 윤리적인 가르침만을 선별해서 편집한 어록은, 단지 예수를 한 사람의 도덕가로 만들거나, 혹은 모든 세속적인 것으로부터 정신적인 해방을 외쳤던 냉소적 견유철학자(Cynic philosopher)로 만들 뿐이다.

사실, 대부분의 오늘날 소위 예수의 신성을 부인하는 제 3세대의 역사적 예수 탐구자들, 예를 들면 북미신학자들의 모임인 예수세미나(Jesus Seminar)에서는 신약성경 중 단지 16%만이 사실성을 소지 했다고 결론을 내린다. 그리고 소위 진짜 예수가 언급했다고 그들이 믿는 부분은 예수가 언급한 신약성서의 내용 중 단지 2%만이 진실이라고 받아들인다.

그러나 SBS가 자신의 프로그램 '신의 길, 인간의 길'에 자기 정당성을 위해 내세웠던 로버트 프라이스(Robert M. Price) 같은 이들은 그 2% 마저도 믿지 않는다. 오직 예수는 영지주의를 통해 초기 기독교가 만들어낸 디오니수스(Dionysus)의 종교적 이미지를 현재화한 상(像)에 불과하다고 주장한다. 이에 대해 같은 예수세미나를 주도하고 있는 아이리시 출신의 성서고고학자인 크로산(John Dominic Crossan)이나 유명한 유대계 옥스퍼드의 신학자 게자 버미스(Geza Vermes) 같은 이들은 요세푸스(Flavius Josephus, AD 37-c. 100)의 예수에 대한 글이나, 타키투스(Tacitus, c. 56-c. 117)의 예수에 대한 기록 등을 들어 프라이스의 견해에 반대한다. 예수는 실존인물이었기 때문이다. 때문에 프라이스의 글은 흥미롭기는 하지만 위험한 역병(疫病)을 일으킨다고 영국의 에든버러의 감독인 리처드 홀로웨이(Richard Holloway)는 지적한다.

주후 112년에 쓰인 "비투니아에서 온 편지"(Letter from

Bithynia)에서 당시 비투니아 총독 젊은 플리니우스(Plinius, AD 61-113)는 트라얀 황제(Kaiser Trajan)에게 예수가 세상에 살았고, 초대교회 신자들에 의하여 신성(하나님의 아들, 인자 등)으로 불렸던 인물이었다고 증언하고 있다, "비투니아에서 온 편지"라고 불리는 플리니우스의 서신(Epistles 10:96)은 오늘날까지 남아 있는, 나사렛 예수에 관한 가장 오랜 자료이다. 로마 역사가 타키투스(Tacitus, AD 55-120) 역시 「연대기」(Annals)에서 "크레스챤들"(Chrestianer), 곧 그리스도인이란 이름을 이 종파의 창설자 그리스도에게 소급시키고 있다. 그는 예수가 로마 황제 디베리우스(Diberius)치하에서 유대 총독 빌라도의 명령에 의하여 십자가에 처형되었다고 말한다(Annals, 15:44, 2-5).

그러나 역사적 예수 탐구자들은 역사를 손에 쥐고 있는 단지 몇 조각의 예수 어록 중심으로 이루어진 지혜담론만을 객관적인 사실(objective fact)로 인정한다. 예수의 어록 이외의 모든 신앙적인 진술, 즉 예수가 일으킨 기적이야기나 혹은 예수 자신이 하나님의 아들이라고 주장했다고 하는 부분은 비역사적인 사건이나 역사적으로 가치가 없는 것으로 간주한다. 결국 예수 이야기는 대부분 신앙적인 부분으로 간주되어 객관적인 역사적인 사료로는 배제되고, 단지 주관적인 의미의 영역(subjective meaning)으로 처리된다.

그러나 이러한 접근은 역사학적 관점에서 볼 때 반칙에 해당한다. 본래 역사학에서는 역사를 이루는 개개의 역사적 사건(event)은 사건 그 자체가 지닌 역사적 사실(fact)과 그 역사적 사실에 대한 해석과 의미(meaning)의 종합으로 이루어진다고 믿는다. 그러나 역사학에서 논란이 되는 것은 역사를 단지 사실과 의미의 종합으로만 간주하지 않는다는 것이다. 그렇게 날카롭게 구분할 수 없는 것이 '역사라고 하는 덩어리'라는 것을 역사학에서는 자명한 진리로 받아들이기 때문이다. 그런데도 역사적 예수 탐구자들은 예수 어록을 역사적 사실(fact)로 간주하되, 역사의 의미(meaning)를 담고 있는 기적과 표적을 담은 신앙과 관련된 묵시담론은 배제하자고 주장하고 있다.

그러나 역사는 '사실이라는 객관'과 '의미라고 하는 주관'의 종합으로 이루어진 덩어리이다. 예수가 지닌 공간은, 가령 그들의 생각대로 예수에 대해 단지 추정되는 역사적 자료가 존재한다고 해도, 예수에 대한 신앙과 예수의 실존적인 삶의 모든 것을 부정한다면, 과연 그것 자체로 기독교를 다 설명할 수 있는 것인가? 그러므로 예수가 가지고 있는 신앙의 미스터리를 의도적으로 다 제해버린 체, 몇 가지의 자료인 어록만으로 예수의 삶과 역사를 다 안다고 말하는 것은 어리석은 일이다.

그러나 역사적 예수 탐구자들은 예수의 지혜담론과 메시아의 자기 비밀을 담은 묵시담론(apocalyptic narrative)을 동시에 공평하게 다루지 않는다. 그들은 예수의 어록의 원형으로서 지혜담론이 존재했었으나, 예수 사후의 절박한 상황의 전개에 따라 초대 원시공동체가 오직 묵시담론을 의도적으로 첨가했다고 믿는다. 본시 예수 당시에 예수 자신이 직접 지혜담론과 묵시담론을 함께 거론했었다는 명백한 증거가 있는데도 말이다. 그 증거는 소위 자신들이 가장 원류적인 문서로 분류하는 Q자료 안에도 여전히 들어 있기 때문이다.

소위 Q자료란 근원, 즉 '크벨레'(Quelle)라는 독일어의 처음

문자 Q를 써서 표현한 것이었다. 자유주의적인 신학자들에 의해 최초의 기록된 복음서로 간주되는 Q자료는 마태와 누가의 글에 230개의 일치하는 문장으로 이루어져 있다. 소위 이 230개 문장으로 이루어진 Q자료를 역사적 예수 탐구자들은 마태나 누가가 그 글들을 참조했거나 그대로 복사했을 것으로 믿는다. 이 때문에 역사적 예수 탐구자들은 소위 Q자료를 근원적 자료로 간주한다.

그러면 실제로 그들은 정당한 방법으로 문제에 접근하고 있는가? 아니다. 소위 마태와 누가의 230개의 문장과 일치하는, 그리하여 '마태나 누가가 그 글들을 참조했거나 그대로 복사했을 것'(Q자료설)으로 믿는 Q자료마저도 단지 지혜담론만을 포함하고 있는 것이 아닌, 종말론적이고도 신비한 예수사건을 포함하고 있기 때문이다. 즉, Q자료는 마귀에게 시험받는 예수의 모습을 그대로 기록하고 있다. 그리고 **"이러므로 너희도 예비하고 있으라. 생각지 않은 때에 인자가 오리라"**고 말하는 지혜담론과는 전혀 상관없는 종말적인 묵시에 관한 부분도 들어 있기 때문이다(Q55, 마 24:44, 눅12:40). 그리하여 예수의 신성 그 자체를 부인하는 불트만조차도 이런 미래 종말의 묵시론적 표현 때문에 Q가 단지 일방적으로 예수의 지혜담론만을 담고 있는 것이 아님을 인정한다.

인간예수에 대한 관심: 사회학과 종교학의 수용

그리고 또 다른 그들의 실수는 예수를 바울의 이해에 따르는 헬라적 시각에서 본 예수와 이 천년 전 유대 땅에 존재했던 한 유대인 젊은이인 유대적 시각에서 본 예수로 구분해서 후자의 예수의 존재를 부각시키려고 하는데 있었다. 분명 전자의 예수는 지난 이천년의 기독교 역사에 나타나고 있는 하나님 아들로서의 예수의 모습이다. 그리고 후자의 인간 예수는 예수에 대한 역사적 탐구자들이 강조하는 부분이다.

분명 인간 예수를 새롭게 밝혀보자는 새로운 시도는 예수의 인간적인 모습을 발견하자는데 참신한 요소를 제공해 준다. 그러나 역사적 예수 탐구자들의 문제는 전자인 신앙의 예수와 후자인 인간 예수의 견해들을 균형을 잡자는데 초점을 두지 않고 전자를 제해버리고 후자만을 주장하는데 있다. 최근의 역사적 예수 탐구자들의 신학적 입장은 바울이 예수를 '하나님의 아들' 혹은 삼위일체 중의 '한 위'로 승격시켰다고 믿는다. 이 때문에 인간 예수를 재발견하자는 시도가 최근 30-40여년에 걸쳐 독일신학과 영미신학에 나타났다. 그리고 사회학과 종교학은 신학의 새로운 방법론으로 부상했다.

특별히 주목할 만한 새로운 신학적 방법론을 제시한 사람들은 타이센(Theiβen)과 샌더스(E. P. Sanders)였다. 독일의 하이델베르그 대학의 신약학교수인 타이센은 한 사람의 정치적 혁명가로서 인간 예수를 사회학적 지평에서 이해하려 했다. 그리고 옥스퍼드와 헬싱키 그리고 뉴욕의 유니온신학교에서 각기 문학박사와 신학박사학위들을 받았던 샌더스는 기독교를 일반 종교의 중의 하나로 간주하려는 종교학적 관심사로부터 예수 당시의 세계관을 예수를 유대전통의 관점에서 새롭게 이해하고자 하는 유대주의적 관점에서 재해석하려고 했다.

그리고 샌더스는 바울이 반 율법주의적인 입장에서 믿음과 행위 혹은 신앙과 율법이라는 이분적 구조를 통하여 믿음과 신앙만을 특별히 강조했었다고 정통교회들이 믿어 왔지만 실상 그것은 바울에 대한 오해였다고 주장한다. 그가 믿는 바울은 반 율법주의자가 아니라 아브라함에게 약속한 유대민족에게 구원을 약속한 언약행위로서의 율법을 강조한 사람이었다고 주장한다.1) 그는 또한 예수와 바리새인을 포함한 유대 지도자들 사이에는 그 어떠한 갈등도 없었다고 주장한다.2) 그러한 그의 신학적 주장은 오늘날 제3세대의 역사적 예수 탐구자들에게는 극히 중요한 신학적 전제로 받아 들여졌을 뿐 아니라 결과적으로 그들의 중요한 신학적 편견으로 자리 잡게 되었다.

우선 샌더스의 사상의 근원을 거슬러 올라가자면, 불트만이 거론될 필요가 있다. 불트만은 지난 20세기의 중반까지 독일신학의 큰 주류를 만든 신약학자 이었다. 불트만은 예수를 하나님의 아들로 보기보다는 다가올 종말에 대한 실존적 염려와 고뇌에 찬 한 인간으로 설명한다. 불트만의 이러한 예수에 대한 실존주의적 이해는 동료교수였던 마틴 하이덱거와 더불어 독일의 마부르그대학에서 재직하던 중 함께 성경공부를 하면서 그로부터 받은 인간이해 이었다. 하이덱거는 자신의 저서「존재와 시간」(*Sein und Zeit*)에서 모든 인간은 세상에 관련된(zu dem Welt-Sein) 염려(Sorge)와 고뇌(Angst)를 가지고 있는 실존적인 존재로 묘사한다. 불트만의 예수는 단지 묵시론적 종말사상과 연결된 예수를 설명하고 있지만, 하이덱거의 염려하고 고뇌하는 바로 그 실존적인 인간 예수를 설명하고자 했다. 그러기에 불트만은 예수를 역사적인 인물로서 다루는데 흥미를 가지고 있지 않았다. 그 때문에 역사적 예수의 흔적을 탐구하려고 한 현대 역사적 예수 탐구자들에게는 그러한 불트만이 불만의 대상이었다.

그리고 다른 한편으로 역사적 예수 탐구자들이 불트만의 신학을 거부한 것은 신학의 주된 관심사인 성서연구를 장르(유형)별로 나누어서 다루려는 문학비평의 일종인 양식비평(Form Criticism)의 틀 속에서만 이해하려 했기 때문이었다. 때문에 역사적 예수 탐구자들은 신학을 문학비평의 좁은 틀 안에만 가두고 있었던 불트만의 사상에 반기를 들었다. 그의 제자들과 그의 사상적 맥을 잇던 대부분의 현대 자유주의신학자들은 불트만의 좁은 신학적 틀 때문에 신학을 새로운 영역으로 끌고 갈 필요를 느끼고 있었다. 이로 인해 새로운 학문적인 영역을 통해 폭 넓은 신학이해가 필요하다고 생각했던 것이다.

따라서 폭넓은 신학이해를 위해 사회학이 새로운 신학적 방법으로 사용되었다. 그 결과 예수가 한 사람의 사회 혁명가로 이해되게 되었다. 그리고 타종교와 연합을 강조한 시대적 유행에 따라 종교 다원주의적 태도가 새로운 신학적 입장이 되었고, 그 결과 예수에 대한 종래의 기독교만의 예수가 아닌 다원주의적인 시각에서 본 예수 해석이 요구되었던 것이다. 자연히 지금까지의 정통교회가 이해해 왔던 하나님 아들로서의 유일한 구원자로서의 예수 이해와는 전혀 다른 모든 종교에서도 환영받을 수 있는 인간 예수에 대한 새로운 해석이 유행하게 된 것이다.

이러한 세속화된 반정통적 기독교의 맥락에서 역사적 예수 탐구자들은 종래 정통교회가 그린 예수상은 너무 바울의 해석에 따라 예수를 신격화한 헬라적으로 이해된 예수였다고 자연스럽게 주장했다. 지금의 기독교는 바울의 종교라고 말하는 이까지 생겼다.3) 이 때문에 이천년 전의 유대 땅에 있었던 유대인인 예수를 그대로 발견하자는 신학적인 반성이 독일 신학계에 있었다. 이러한 분위기 가운데 역사적 예수 탐구자들은 바울사도 이래 지난 이천년 역사의 기독교는 바울이 보았던 신격화된 예수를 믿는 왜곡된 신앙을 그대로 고수해 왔다고 주장한다.

그리고 그 반작용으로 오늘날의 역사적 예수 탐구자들은 유대교와 기독교간의 대화를 중시하는 현대적 경향과 더불어 종교다원주의적인 입장으로부터 예수를 새롭게 해석함으로써, 유대교와 기독교간의 간격을 의도적으로 좁히려는 시도를 하고 있다. 그리고 지난 세기의 바울 중심의 예수 해석으로부터 유대주의적인 한 인간으로서의 예수를 새롭게 극대화하는 최근의 경향 때문에, 복음서 안에 나타나고 있는 예수와 유대 종교지도자들 간의 갈등을 지워 버렸다.4) 역사적 예수 탐구자들은 유대지도자들과 마찬가지로 예수 자신도 자기를 하나님의 아들로 생각하지 않았다고 믿었기 때문에 그들(예수와 유대지도자들) 간에 어떠한 갈등도 없었다고 생각한다.

그리고 유대주의와 기독교의 접목을 원하는 대부분의 학자들은 예수와 유대 지도자들 간의 갈등이 존재하지 않았다는 주장을 확대해서 초대원시공동체와 유대사회 간에도 불화가 없었음을 주장한다. 그러나 예수 당시에는 예수와 유대 지도자들 간에 갈등은 분명히 존재했다. 그러나 예수 사후에 초대교회는 유대사회로부터의 핍박을 피하기 위해 유대사회와 어느 정도 친화적 태도를 가질 수밖에 없었다. 오늘날 역사적 예수 탐구자들은 예수와 유대 지도자들 간에 갈등이 없었다고 주장하지만, 후기 초대교회의 친화적 상황으로 예수 당시의 갈등 상황을 희석해 버리는 잘못을 범하고 있다. 예수 당시의 시대적 상황이 아니라, 예수의 사후 새로 태어난 기독교 공동체가 유대인들의 핍박을 피해 유대주의와 어느 정도 좋은 관계를 가졌어야만 했던 초기원시공동체의 상황들을 마치 유대사회와 초대공동체간에 갈등이 전혀 없었던 것처럼 부각시켰다.

말하자면, 역사적 예수 탐구자들은 자신들의 종교 다원주의적 입장을 통해 초대교회와 유대사회 간의 친화적 과거사를 예수 당시의 상황이 그랬던 것처럼 말하고 있다. 그들이 이러한 주장들을 계속 말하는 것은 예수가 자신이 메시아 혹은 하나님의 아들이라고 주장한 적이 없으므로 유대 지도자들과 갈등을 가질 필요가 없었다는 것을 주장하고 있는 것이다. 역사적 예수 탐구자들은 예수가 메시아 혹은 하나님 아들이라는 것은 후대 교회의 조작이라고 주장하고 싶은 것이다. 또한 그들은 예수가 메시아였다는 고백은 정통교회가 믿어왔던 대로 구세주라는 의미로 해석하지 않고 단지 종교적 혹은 정치적 지도자로서의 구원자라는 의미로 사용되었다고 주장한다.

'예수의 언어의 유희'

그러나 이렇게 되면, 예수의 언어의 유희(play)를 예수로부터 발견할 수 없게 된다. 일반적으로 복음주의적 신약학자들은 예수의 말이 한편으로는 자신의 적대자들과, 또 다른 한편으로는 자신을 따르는 자들이라는 전혀 다른 두 대상을 의식하여 각기 다른 방식으로 대화를 전개하는 언어의 방식을 사용하고 있기 때문에 그

것을 소위 '예수의 언어의 유희'라고 말한다. 즉, 복음서에 나타나는 예수의 언어의 특징은 의도적으로 바리새인들과 사두개인 혹은 서기관과 율법사들에게 자신을 감추고 자기를 따르는 자들에게는 자신을 드러내는 형태를 취하고 있다.

특히 비유는 이러한 예수의 언어의 이중적 성격을 가장 잘 드러내주고 있다. 예수는 유대 지도자들과 갈등이 있었기 때문에 자신의 본 의도를 숨기고 비유들을 통해 자신의 의도를 드러냈던 것이다. 만일 오늘날 역사적 예수 탐구자들의 주장대로 예수와 종교 유대 지도자들 간에 아무런 갈등이 없었다고 전제해 버린다면, 자신이 만나는 대상에 따라 말을 하고 있는 예수의 언어의 이중적 성격을 전혀 파악하지 못하게 되기 때문이다.

이미 앞에서 언급했듯이, 소위 역사적으로 파악될 수 있는 예수를 찾으려 하는 모든 오늘날의 역사적 예수 탐구자들은 우선 예수의 어록을 중심으로 하는 지혜의 경구로 이루어진 담론과, 예수에 대한 이야기 중심의 종말적이며 메시아의 도래와 구속적 대망과 관련된 묵시적 담론이라고 하는 각기 다른 부분으로 나눈다. 그리고 그들은 오직 예수의 어록 중 지혜담론에 속한 부분들만을 사실적인 역사로 받아들인다. 소위 메시아의 구속적 대망과 연관된 이야기형식의 설화체로 간주된 부분들은 과학적인 근거를 가지고 있지 않은 신앙이야기에 불과하기 때문에, 역사적 예수 탐구의 대상이 아니라고 생각한다. 그러나 전혀 다른 관점에서 보면, 예수의 지혜담론을 포함하는 어록과 그에 대한 이야기 중심의 메시아의 구속적 대망을 담고 있는 이야기들은 전혀 다른 별개의 것이 아니다. 지혜담론과 메시아의 도래와 연관된 묵시담론은 단지 동전의 앞면과 뒷면에 해당하기 때문이다.

다시 말해, 예수의 언어는 자신의 미스터리, 곧 비밀을 털어놓고 있는 자신의 사람들에게는 이야기체를 통한 신앙의 비밀을 이야기하고 있고, 또한 자신의 말을 거절하는 유대 종교지도자들에게는 단지 유대 율법에 대한 재해석 내지는 그들의 죄를 지적하는 새로운 율법적 요구(새로운 삶의 방식, *modus vivendi*)를 전하고 있는 이중적 구도를 가지고 있었다. 이러한 궁극적인 이해는 예수와 유대 지도자들 간의 갈등과 불화를 파악하기 전에는 결코 얻어낼 수 없는 결론이다. 그러므로 오늘날 역사적 예수의 흔적을 찾으려는 예수 탐구자들이 당시의 상황을 오해함으로서 예수의 이 이중적 언어유희를 발견하지 못하고 있는 것이다.

역사적 예수 탐구자들은 오랫동안 예수를 오해해 왔다. 그들이 예수를 오해했던 큰 이유는 대부분의 신앙적인 고백이 섞여있는 예수에 대한 여러 이야기들, 소위 자신들이 기적설화 내지는 이적설화로 분류하는 부분들과 예수 자신이 직 간접적으로 밝힌 자신이 하나님의 아들이라는 고백들은 초대교회의 창작이라고 생각했기 때문이다. 그것은 편견이자 오해였다. 그들은 또 다른 전제를 가지고 있었던 것이다. 그들은 기적이나 혹은 믿음이 없이는 인정하기 불가능한 성서의 기적 사건들을 대할 때, 역사적 사실로는 받아들일 수 없는 자료들이라고 생각했다.

그리고 역사적 예수 탐구자들은 설상가상으로 예수와 당시의 유대 종교 지도자들 간에 불화가 존재했었다는 사실을 부인했기 때문에, 예수의 말이 어떤 이에게는 진리로 들렸으나, 어떤 이들은 전혀 이상한 이해할 수 없는 말로 들리는 예수의 언어의 유희(화

술)를 발견해 낼 수가 없게 된 것이다. 그러나 실제로 예수는 자신과 갈등을 가지고 있었던 당시의 종교지도자들을 의식하여 단지 그들에게는 율법과 지혜담론을 포함하고 있는 어록 중심의 신랄한 윤리적인 자각을 주고 있었던 반면, 자신의 사람들과 자기의 복음을 듣는 이들에게는 이야기 형식과 비유들을 통하여 자신의 사명과 자기 자신에 대한 미스터리를 은연중에 전부 드러내놓고 있었던 것이다.

다시 말해 예수는 스스로 윤리적이고도 냉소적인 경구를 담은 어록 중심의 형식과 신앙의 이야기, 즉 자신과 관련된 메시아의 비밀을 담은 미스터리를 구분하여 사용하고 있었다는 말이다.5) 그는 **"대답하여 가라사대 천국의 비밀을 아는 것이 너희에게는 허락되었으나 저희에게는 아니되었나니"**(마13:11)라고 말 한다. 그의 이러한 의도의 진정성을 처음에는 그의 제자들까지도 몰랐다. 또한 율법을 짧게 언급하는 지혜 담론에 익숙한 유대교적 사고 체계 아래서 자라왔던 제자들조차도 여전히 유대교적 이었기에, 어떤 성서저자들의 글에는 윤리적이고 율법적인 가르침을 특별히 강조하는 경향이 일부 나타고 있다.

예를 들어 특히 랍비였던 야고보는 유대교적 전통을 따라서 행함을 강조함 나머지 "행함이 없는 믿음은 죽은 믿음"이라고까지 말한다. 때문에 그의 글들은 특히 지혜담론적 성격을 지닌 글들을 많이 쓰고 있다. 우리는 성경이 계시를 받은 사도들에 의해 쓴 것으로 믿지만, 사도들도 유대사회의 분위기에서 자랐기 때문에 그들의 글에는 개인적인 성향 뿐 아니라 당시의 종교적 관습이 묻어나고 있다. 그리고 분명 어떤 글들에는 성경 저자의 율법적인 성향들이 두드러지게 그대로 나타나 보이고 있다.

Q자료, 도마복음서 그리고 디다케

이러한 유대의 율법적인 성향과 관련해서, 자유주의자들에 의해 기원 후 50-60년대에 작성되어 존재했을 것으로 여겨지는 Q자료나, 이집트의 나일 강변의 낙 하마디(Nag Hammadi)에서 발견되어진 2-3세기의 영지주의적인 가르침을 포함하고 있는 도마복음서 혹은 1세기말에서 2세기 초에 이르는 기독교 공동체의 목회적 가르침을 전하는 디다케(*Didache*) 같은 작품들이 율법중심의 경구들로 이루어져 있는 윤리적인 가르침을 중심으로 비슷한 경향을 띤 것도 이러한 이유 때문일지도 모른다. 즉 자신의 비밀을 이야기 혹은 설화 중심의 미스터리를 통해 설명하고 있었던 예수에 대해 도마서복음서나 디다케를 쓴 저자들은 유대적 율법적 경향 때문에 예수의 어록 중심의 한 부분들만을 특히 강조한 나머지, 율법적인 어록 중심의 지혜담론만을 설파하는 윤리적인 예수만을 내비치는 결과를 만들어 냈던 것이다.

그러나 앞에서 지적했듯이 역사적 예수 탐구자들이 주장하듯이 Q나 디다케가 다 윤리적인 성격을 소지한 것만은 아니었다. 부분적이나마 묵시적이며 영적인 가르침을 드러내고 있는 것도 간과해서는 안 될 것이다. 소위 원복음적(原福音的) 자료로 간주되는 Q자료 안에는 예수의 40일간의 광야시험과 마귀를 물리치는 장면이 나타나고 있다. 즉, 인간 예수 그 이상의 예수가 다루어지고 있는 것이다. 그리고 디다케가 윤리적인 가르침과 교육을 주로 다루고 있지만, 예언과 영적 은사에 관해서 언급하고 있는 것

(Did.11:8-12)을 보면 단지 윤리적인 측면만 다루고 있는 것이 아니다.

그러나 도마복음서의 경우는 다르다. 일반적으로 도마복음서에 대하여 역사적 예수 탐구자들은 예수의 말(logion)들이 도마복음서에 처음 원형 그대로 담겨있다고 믿는다. 그래서 도마복음서를 중요하게 생각하는 이들은 도마복음서를 "로고이 소폰"(logoi sophon), 즉 현자의 지혜담론이라고 말한다.6) 때문에 도마복음서는 현대의 역사적 예수 탐구자들에 의해 그 중요성이 강조되고 있다. 도마서의 내용들은 전혀 종말적이거나 묵시적인 이야기(인자에 대한 이야기)들이 아닌 예수가 직접 언급했던 말들을 수록하고 있다. 역사적 예수 탐구자들의 구미에 맞는 자료가 발견된 셈이다. 역사적 예수 탐구자들의 입장을 복사하고 있는 도올도 같은 생각을 한다.7) 그러나 그들은 이 자료가 사도 도마가 직접 기록한 것으로 여겨 최초의 복음서에 해당한다고 주장하지만, 그러나 실상 이 자료는 전형적인 영지주의 사상을 담고 있는 경구들을 포함하고 있는 것으로 보건데, 2-3세기에 있었던 영지주의의 발단의 시기와 맞물려 있어 한참 후대의 기록에 해당한다.

도마복음서는 다음과 같은 말로 시작된다. "이것은 살아있는 예수께서 했던 비밀의 말씀이며, 디두모 유다 도마가 기록한 것이다." 그가 말씀하셨다 '누구든지 이 말들의 뜻을 밝히는 자는 죽음을 맛보지 않을 것이다.' 깨달음은 죽음까지도 초극한다는, 즉 육체적 삶보다는 깨달음을 통한 정신적인 세계를 강조하고 있는 전형적 영지주의적인 표현이다. 도마복음서의 예수 어록(logion) 중 영지주의적인 표현들을 나타내는 대표적인 구절들을 소개하면, "예수께서 말씀하시니라. 만약 너희 인도자들이 너희에게 말하길, '보라 아버지의 나라가 하늘에 있노라'고 한다면 공중의 새들이 너희를 앞설 것이요, 만일 그들이 너희에게 말하길, '아버지의 나라가 바다에 있노라'고 한다면 물고기들이 너희를 앞설 것이라. 차라리 그 나라는 너희 안에 있으며 또 너희 바깥에 있느니라. 너희가 자신을 안 즉 알려진바 될 것이요 너희가 살아계신 아버지의 자녀임을 깨달으리라. 그러나 만약 너희가 자신을 모른다면 빈곤 가운데 사는 것이며 또 너희는 빈곤이니라." 이 구절들은 물질계와 정신세계를 구분하여 인간이 물질계를 강조한다면 바다의 고기나 새보다도 못한 존재가 된다는 것을 강조하고 있다. 즉, 내부로부터의 깨달음과 하나님의 나라는 오직 정신적인 것이라는 주장을 강조하는 전형적인 영지주의적 표현이다.[8]

그리고 역사적 예수 탐구자들은 물론, 도올 역시 도마복음서가 Q자료보다 더욱 앞선 최초의 예수의 어록(logion)의 진본(眞本)이라고 우기지만, 자세히 분석해 보면 한참 후대의 글들임을 알 수 있다. 도마복음서의 예수의 어록 13 번에는 도마가 다음과 같이 예수의 물음에 답한다. "예수가 묻기를, 너희들에게 나는 누구와 같으냐?...... 도마가 말하기를, 선생님, 나의 입은 도무지 당신이 누구와 같은지 말할 수 없습니다." 어떤 학자는 도마의 이 말을 해석하기를, '하나님이 자기를 숨기심(Deus absconditus)과 같이 당신도 자기를 숨기시는데(homo absconditus) 어떻게 제가 알겠습니까'라는 부정의 답변을 통해 하나님을 깨닫는데 이르는 부정의 신학 전통(apophatic theological traditon)을 드러내는 전형이라고 주장한다.[9] 즉, 이런 형태의 질문은 알렉산드리아의 클레멘트

(Clement of Alexandria, c. 150-211/216)의 글과 위(僞) 디오니시우스(Pseudo-Dionysius, AD 5C) 그리고 프로티누스(Plotinus, c. AD 204-270)의 글, '아홉 편'(Enneads)에서 자주 발견되는 표현이기 때문에 적어도 도마복음서는 기원 후 150년이래의 작품이라는 결론에 도달하게 된다.

도마복음서에 나타나는 어록 30번을 보자! "예수가 말했다. 세 신들이 있는 곳에 신들이 있다. 둘 혹은 하나의 (신이) 있는 곳에 내가 그들과 함께 있다." 삼위일체에 대한 언급이라고 생각한다면, "세 신"에 대한 개념은 바울 사도를 제외한다면, 니케아 종교회의 때(A.D. 313)에야 비로써 어느 정도 정립된다. 때문에 도마복음서를 바울 이전의 최초의 문서로 보는 데에는 무리가 있다.

그리고 예수의 어록 112번, 즉 "예수가 말했다. 영혼에 의지하는 육에게 화가 있을 것이다. 육에 의지 하는 영혼에게 화가 있을 것이다." 이 구절은 영과 육(psycho-sometic)에 대한 이분적(二分的) 구분을 의식하여 경계하고 있는 말이다.[10] 그러나 바울의 저작을 제외하고는 다른 사도들에게서 이런 구분의식을 찾아 볼 수 없다. 왜냐하면 예수 당시의 유대이즘(Judaism)은 인간을 구분해서 파악하지 않기 때문이다. 따라서 도마복음서는 초기 유대-기독교공동체의 산물이 아닌 헬라적 영향을 받은 한참 후기의 작품인 것이다.

그리고 만일 도마복음서가 Q보다 앞선 50년대 이전의 작품이었다면, 왜 도마복음서는 초기원시공동체의 긴박감이나 상황변화에 대해 전혀 언급을 회피할까? 그것은 도마복음서의 사회적 배경은 예수의 죽음 직후의 긴박감이 전혀 나타나고 있지 않는 적어도 2-3세기의 사회적 배경을 가지고 있기 때문이다. 이미 2-3세기 당시는 기독교가 지하에서나마 안정된 위치에 있었다. 따라서 긴박한 사회적 상황이 지나가고 더 이상 예수의 메시아적 도래의 대망과 연관이 강조되지 않았던 시기이므로, 예수의 윤리적이고 율법적인 가르침이 중점적으로 전달되고 있었다. 그리고 당시의 헬라적 영지주의 사상과 기독교의 혼합이 자연스럽게 도마복음서를 통해 이루어지게 되었던 것이다. 그러므로 도마복음서의 대부분의 내용은 삶의 지혜에 대한 예수의 윤리적 가르침과 당시의 철학이었던 영지주의적 사고가 중심이 될 수밖에 없었던 것이다.

그러나 실상 바울과 요한은 역사적 예수 탐구자들에 의해 예수를 하나님의 아들이라는 미스터리의 존재로 만든 장본인들로 간주되어 부정되고 있다. 그러나 그들은 역사상 예수의 본심과 그의 의도성을 가장 잘 파악했던 예수해석자들이었다.

기원 후 51년 이래 예루살렘 총회의 수장을 하고 있었던 예수의 동생이자 부활 후 예수에 의해 복음을 비로써 접한 야고보서의 저자인 야고보(12사도 중의 한사람이 아닌)는 분명 유대교에서 회심한 랍비였다. 그의 지도아래 있었던 초대교회는 여전히 유대교적 율법주의의 영향 아래에 있었다. 바울에게 이방선교에 대한 지침, 즉 **"우상의 제물과 피와 목매어 죽인 것과 음행을 멀리할찌니라"**(행15:29)는 메시지를 전달하는 그들의 기준은 여전히 율법적이기 때문이다.

그리고 이스라엘 총회의 지도자였던 야고보와 그를 따르는 율법적 전통을 소지했던 소위 "유대로부터 온 자들"(Judaiser)이라고 바울이 칭했던 예루살렘 출신의 유대적 전통의 목회자들은 여전히 율법적인 형식을 통해 기독교를 이해했다. 이들에 대한 문제점을 바울은 잘 알고 있었다. 그들은 진정으로 예수의 비밀을 알지 못하는 어리석은 세상적이고 율법적인 지혜만을 구하는 자로 바울은 여겼다(고전2:7-9). 예수 자신이 언급했던 바를 후일에서야 깨닫게 된 제자들의 당시 상황을 반영이라도 한 듯, 사도 요한도 자신도 비로소 **"태초부터 있는 생명의 말씀에 관하여는 우리가 들은 바요 눈으로 본 바요 주목하고 우리 손으로 만진 바라"**(요일1:1)고 그의 노년에 고백하고 있다.

궁극적으로 말하자면, 예수의 윤리적 가르침을 담은 지혜담론과 그의 존재에 대한 신앙이야기, 즉 묵시담론은 단지 형식의 차이만을 뜻하는 것이 아니었다. 예수의 어록(예수가 직접 언급한 말) 안에는 이미 전술한 바와 같이 자기 공동체와 대적자들 간에 차이를 둔 대화의 구분이 뚜렷하게 나타나고 있었다. 예수의 말은 항상 비밀스럽게 자신이 대하는 대상들의 차이에 따라 차원에 맞추어 진리 전달을 했다. 예수가 언급했던 한 진술이 듣는 사람에 따라 각기 달리 들리었기 때문에, 그의 말을 이해하지 못했던 사람들은 항상 그를 미스터리의 존재로 이해했다. 결국 여전히 유대적 율법주의적인 전통의 한계 때문에 예수의 의도를 파악하지 못한 이들은 단지 랍비로서의 예수의 일면 만을 보았고, 그의 랍비로서의 율법적인 해석에만 특별한 관심을 기울이게 되었던 것이다.

따라서 이미 앞에서 언급했듯이, 소위 마태와 누가의 글에 나타나는 Q자료의 내용을 이루는 대부분이 율법적 경구 형식을 띈 지혜담론들인 것은 그들 저자들의 랍비전통에 따른 예수 해석만을 주로 취사선택했기 때문이었다. 그리고 역시 도마복음서가 당시의 일반적인 대화방식인 율법적 경구 형식을 띈 지혜담론 형식을 띠고 있는 것도 바로 이 때문이었다. 그리고 1세기말에서 2세기 초에 작성된 초대교회의 문서였던 디다케(*Didache*) 역시 동일한 방식으로 이해 될 수 있다. 그러나 예수의 지혜담론이 오직 의사전달의 수단으로 어떤 이들은 듣고, 어떤 이들은 듣지 못하게 하는 이중적 의도성에 의한 도구로만 사용된 것은 아니었다. 산상보훈과 같은 대표적인 예수의 지혜담론들은 누구든지 하나님의 나라 백성이라면 귀 담아 들어야 할 다가올 하나님의 나라가 요청하는 '새로운 삶의 방식'(*nova modus vivendi*)을 거론하고 있기 때문이다.

결 론

결론적으로 말해서 예수의 어록과 관련된 지혜담론에서 예수자신의 존재와 하나님 나라의 비밀에 대한 미스터리를 발견하기가 어려운 것은, 예수가 스스로 자신의 윤리적 가르침과는 차별하여 자신의 정체와 비밀에 대해 구별하는 어법을 쓰고 있었기 때문이다. 그리고 예수공동체의 일원이 되어 **"내 말이 너희 안에 거하면"**(요15:7)에 해당하는 이들은 진리의 비밀을 들을 수 있었으나, 그 밖의 사람들은 여전히 "허락받지 못한" 이방인이었다. 즉, 예수가 진리를 스스로 감추었기 때문이다(마13:11).

예수에 대한 교회의 신앙고백 안에는 예수의 미스터리가 숨겨져 있었다. 그것은 곧 교회가 생각하는 예수의 역사이자, 또한 엄밀한 사실(brutum Factum)로서의 예수에 대한 역사가 예수를 둘러

싸고 있는 이야기와 신앙고백 안에 녹아져 있는 것이다. 그나마 예수는 자신의 공동체만이 알아들을 수 있게 하기 위해 자신의 미스터리를 서서히 그리고 비밀리, 혹은 비유를 통해 밝힌다. 그리고 제자들에게 자신이 누구인지를 점진적으로 밝히고 있다.

그러나 이러한 사실에 대하여 슈바이처와 불트만 이래 많은 역사적 예수 탐구자들은 생각을 달리 한다. 그들은 예수 자신이 초기에는 자기가 하나님의 아들이라고는 생각하지 않았으나, 후에는 생각을 바꾸어 자신이 바로 선택된 그 하나님의 아들 메시아라고 생각하게 되었다는 것이다. 그들은 역시 예수가 자신이 메시아라고 생각하게 된 것은 그러한 생각의 변화, 즉 예수자신의 자기이해(self-understanding)의 발전 때문에 생긴 것이라고 주장한다.

이러한 주장은 지난 세기 초 이래 슈바이처와 불트만을 거쳐 60년대에서 80년대를 풍미했던 독일신학의 중심 주제였다. 그러나 교회와 사도들의 증언은 성령이 자신들에게 사실을 가르칠 때, 특별한 성령에 의한 경험을 통해서 비로써 예수가 자신의 비밀을 계획적으로 하나씩 풀어 놓았었다는 것을 깨닫게 된다. 결론적으로 말해, 예수의 메시아로서의 자기이해는 그가 성장해 가면서 형성되어진 것이 아니었다는 것이다. 이미 예수는 처음부터 자신이 메시아라고 생각하고 있었고, 또한 비밀스러운 미스터리를 처음부터 자기 안에 가지고 있었던 것이다.

그러나 **"예수의 지혜와 키가 자라가더라"**(눅2:52)라고 말하고 있는 누가의 글은, **"내가 내 아버지 집에 있어야 될 줄을 알지 못하셨나이까"**(눅2:49)라는 자신의 다른 기록과 충돌한다. 전자가 보통 인간인 예수를 설명하면, 후자는 이미 자신의 존재를 확인하고 있는 신인의 모습이다. 이 서로 상충되는 엇갈린 주장들은 예수의 자기인식의 발전의 가능성을 말해주면서도, 이미 예수는 태어나기 전에 하나님으로 계셨다고 하는 선재적(先在的) 자기 인식, 즉 자신이 누구였는지를 알고 있었다는 말이 된다. 역사적 예수 탐구자들이 생각하듯이 성경저자들이 예수에 대한 신앙을 세우기 위해 각본을 짜 맞추었다면, 예수의 사람됨과 예수의 하나님 됨 간의 상호 충돌되는 문맥들을 서로 엇갈리게 기록하지는 않았을 것이다.

그러나 문제는 오늘날 자유주의 신학자들과 역사적 예수 탐구자들이 성경저자들과 사도들에 대해 자신들과 같은 분석적인 훈련을 받은 사람으로 간주하고, 예수의 죽음 이후 지도자가 상실된 공동체의 위기를 극복할 수 있는 교묘한 정책을 감안하고 있었던 계산적인 인간들로 간주한다는 점이다. 성령의 임재 경험이 성경 기자들의 사고체계를 뛰어 넘게 하는, 초분석적이며 인간의 계산을 넘어서는 논리와 심령을 관통하는 성경 저술의 능력을 만들어 내었다고 하는 사실을 도무지 그들에게서는 찾아 볼 수가 없다는 점이 문제다.

2. 예수의 미스터리

우리가 처음으로 다루어야 할 예수의 미스터리는 우선 예수 자신이 하나님으로서 인간으로 태어나기 전에 이미 하늘에 계셨다고 하는 선재설(Pre-existence)에 집중되어 있다. **"그의 근본은 상고에, 태초에니라"**(미가5:2)와 관련된 예수에 대한 신앙고백은 주로 그의 선재설과 관련하여 요한의 글에 두드러지게 나타나고 있다. **"태초에 말씀이 계시니라. 이 말씀이 하나님과 함께 계셨으니 이 말씀은 곧 하나님이시니라. 그가 태초에 하나님과 함께 계셨고 만물이 그로 말미암아 지은 바 되었으니 지은 것이 하나도 그가 없이는 된 것이 없느니라."**(1:1-3), **"예수께서 가라사대 진실로 진실로 너희에게 이르노니 아브라함이 나기 전부터 내가 있느니라 하시니"**(8:58), **"아버지여 창세 전에 내가 아버지와 함께 가졌던 영화로써 지금도 아버지와 함께 나를 영화롭게 하옵소서"**(17:5), 그리고 **"나는 알파요 오메가요 처음과 나중이요 시작과 끝이라"**(계22:13).

그리고 예수의 선재설에 대한 증언은 사도 바울의 글에도 역시 나타나고 있다. **"그는 근본 하나님의 본체시나 하나님과 동등됨을 취할 것으로 여기지 아니하시고"**(빌 2:6), **"만물이 그에게 창조되되 하늘과 땅에서 보이는 것들과 보이지 않는 것들과 혹은 보좌들이나 주관들이나 정사들이나 권세들이나 만물이 다 그로 말미암고 그를 위하여 창조되었고 또한 그가 만물보다 먼저 계시고 만물이 그 안에 함께 섰느니라"(골1:16-17). 그리고 **"그러나 우리에게 한 하나님 곧 아버지가 계시니 만물이 그에게서 났고 우리도 그를 위하며 또한 한 주 예수 그리스도께서 계시니 만물이 그로 말미암고 우리도 그로 말미암았느니라"**(고전8:6). 그리고 역시 바울의 글로 추정되는 히브리서에는 **"이는 하나님의 영광의 광채시오 그 본체의 형상이시라 그의 능력의 말씀으로 만물을 붙드시며 죄를 정결케 하는 일을 하시고 높은 곳에 계신 위엄의 우편에 앉으셨느니라"**(1:3)고 말한다.

예수의 선재설과 관련된 요한의 글과 바울의 글은 "예수님이 하나님이시다"라는 증언으로 초지일관 한다. 이 때문에 어떤 이들은 바울이 요한에게 영향을 주었을 것이라고 생각하고, 또한 바울을 따라 다니던 이들과 요한을 중심으로 한 무리들 사이에 깊은 신학적인 교류가 있었을 것으로 추론한다. 충분히 가능성이 있는 말이다. 이런 이유 때문에 현대의 역사적 예수 탐구자들은 요한의 글과 바울의 글을 역사적 가치를 상실한 신앙 이야기로 간주하고 무시해 버린다. 현대 신학자들과 역사적 예수 탐구자들은 바울과 요한이 서로 공모해서 소위 '신앙의 그리스도'(The Christ of the Faith)를 세우기 위한 가상적인 작품을 썼다고 생각한다.

그러나 바울의 글은 역사적 예수 탐구자들에 의해 그러한 가상의 공모가 시작된 것으로 생각되고 있는 70년대 전후의 초대교회에 의해 기록된 것이 아니라 훨씬 전인 50년대에 기록된 것이다. 또한 예수의 부활 직후 당시의 예수 목격자들 사이에서도 이미 예수가 하나님의 아들이며 부활했다고 하는 동일한 신앙고백의 공감대가 형성되고 있었음을 간과해서는 안 된다. 즉, 예수의 선재설이 초대교회의 산물이라고 역사적 예수 탐구자들이 주장한다면, 그 연대는 기원 후 50-60년대의 Q자료나 최초의 복음서로 간주되는 마가의 기록시기로 자신들이 간주하는 70년대 전후가 된다.

그러나 예수의 선재에 대한 바울의 글은 Q자료의 시기나, 마가의 저작 시기 훨씬 전인 50년대에 기록된 것이다. 실제로는 예수의 부활 승천 직후 2-3년 후에 다메섹에서 개종했던 바울이 일관되게 선포했던 것이 예수의 하나님 됨 이었다. 그리고 당시 예수 목격자들이 부활사건을 당연한 사실로 받아들였다는 것을 미루어 보건데, 예수의 선재설은 후대의 초대교회의 조작이 아니라, 예수 자신의 주장과 부활에 의해 이미 제자들에게 알려져 있었음을 알 수 있다.

예수의 선재설과 관련된 몇 가지 주제들을 좀 더 깊이 살펴보면, 첫째로 요한복음에 기록된 **"나는 처음부터 너희에게 말하여 온 자니라"**(8:25)라고 하는 예수 자신의 자기증거로부터 발견할 수 있다. 이 예수 자신의 자기증거는 **"모세와 및 모든 선지자의 글로 시작하여 모든 성경에 쓴바 자기에 관한 것을 자세히 설명하시니라"**(눅24:27)라는 말씀과도 중요한 연관을 가지고 있다. 둘째로 예수 자신의 자기증거와 관련된 말씀으로 **"하늘에서 내려온 자 곧 인자 외에는 하늘에 올라간 자가 없느니라"**(요3:13)와 관련된 구약의 예언과 전승들을 배경으로 나타나고 있는 "인자론"을 들 수 있다. 이 그리스도의 인자론은 성경의 최대의 미스터리이요, 현대신학의 최고의 스캔들로 거론되고 있다. 즉, 메시아사상과 관련된 예수의 '인자'(The Son of Man)됨은 예수를 단지 한 사람으로 해석하려는 역사적 예수 탐구자들을 넘어지게 하는 걸림돌(scandalos)이기 때문이다. 그리고 마지막으로 바울의 복음의 핵심인 **"그는 근본 하나님의 본체시나"**(빌2:6)와 관련된 예수의 선재설(Pre-existence)을 들 수 있다. 바울은 그리스도의 선재설, 즉 이미 계신 하나님 됨을 가장 구체적으로 설명했던 성경의 저자였다.

(1) "처음부터 말하여 온 자"

비유와 미스터리

예수의 선재설과 관련된 미스터리는 예수 자신의 자기증거로부터 출발하고 있다. 그러나 이 미스터리는 오직 선택된 자들에게만 공개된 비밀이다. 예수는 이 비밀을 공개하는 수단을 비유를 통해 사용한다.

최초로 예수는 **"이르시되 하나님 나라의 비밀($\mu\upsilon\sigma\tau\eta\rho\iota o\nu$)을 너희에게는 주었으나 외인에게는 모든 비유로 하나니 이는 저희로 보기는 보아도 알지 못하며 듣기는 들어도 깨닫지 못하게 하여 돌이켜 죄 사함을 얻지 못하게 하려 함이니라"**(막4:11,12)고 언급한다. 역시 마태의 기록에 **"대답하여 가라사대 천국의 비밀을 아는 것이 너희에게는 허락되었으나 저희에게는 아니되었나니"**(13:11)라고 말씀하신다.

이 비유의 말씀은 직접적으로 예수의 선재성과 관련된 미스터리를 푸는 열쇠를 제공하지는 않는다. 그러나 간접적이나마 매우 중요한 실마리를 제공하고 있다. 이 최초에 언급된 비유는 하늘나라 그 자체에 대해 언급을 하고 있고, 간접적으로 메시야의 시대가 열리고 있음을 시사해 주고 있다. "**씨 뿌리는 자가 씨를 뿌리러 나가서**"라는 말씀은 새로운 하나님의 시대의 장이 열림을 뜻한다.11) 즉, 예수는 새로운 메시아의 성취의 시대를 여는 자, 즉 자신이 씨를 뿌리는 자라는 암시를 이미 하고 있다.

특별히 역사적 예수 탐구자들은 이 '씨 뿌리는 자의 비유'를 중요시한다. 예수의 최초의 어록(logion)으로 간주하는 도마복음서 17장에 나타나고 있기 때문이다.12) 그러나 역사적 예수 탐구자들이 중요시하는 것은 씨 뿌리는 자의 비유의 내용이 결코 아니다. 씨 뿌리는 자의 비유가 예수의 최초의 어록(logion)인데, 그 말이 도마복음서에 들어 있다는 점 때문이다. 즉, 그들은 도마복음서를 예수의 최초의 어록을 담고 있는 책으로 간주함으로써, 그들이 지혜담론의 전형으로 보는 도마복음서의 우위를 주장하여 묵시담론과 그리스도 예수 신앙을 외친 바울의 글들은 후대에 기록된 것이라는 것을 주장하고 싶어 한다. 이로써 그들은 도마복음서의 지혜담론이 예수의 최초의 어록의 원형이며, 바울의 묵시담론은 교회의 예수에 대한 신앙을 불어넣기 위해 후대에 조작했다는 것을 주장함으로써, 소위 예수가 하나님이 아들이라고 하는 고백은 예수 사후의 바울과 초대원시공동체의 산물(産物)이었다고 하는 자기 정당성을 확보하려 한다.

이제, 본론으로 들어가서 마가와 마태에 기록된 씨 뿌리는 자의 비유를 자세히 살펴보면, "**내가 저희에게 비유로 말하기는 저희가 <u>보아도 보지 못하며 들어도 듣지 못하며</u> 깨닫지 못함이니라**"(마13:13)(필자 밑줄)고 한 예수의 말씀은 이사야의 예언인 "너희가 <u>듣기는 들어도 깨닫지 못할 것이요 보기는 보아도 알지 못하리라</u> 하여 이 백성의 마음으로 둔하게 하며 그 귀가 막히고 눈이 감기게 하라 염려컨대 그들이 눈으로 보고 귀로 듣고 마음으로 깨닫고 다시 돌아와서 고침을 받을까 하노라"(사6:9-10)(필자 밑줄)는 말씀을 인용하신 것임을 알 수 있다.

또 다른 이사야의 글(사29:9-12)은 다른 각도에서 이스라엘의 영적 상태를 이야기하고 있다. "**너희는 놀라고 놀라라 너희는 소경이 되고 소경이 되라 그들의 취함이 포도주로 인함이 아니며 그들의 비틀거림이 독주로 인함이 아니라**"(9)는 이사야의 글은 당시 사람들이 소경이 되어 보지 못하고 있다는 것을 알 수 있다. 그리고 "**대저 여호와께서 깊이 잠들게 하는 신을 너희에게 부어 주사 너희의 눈을 감기셨음이니 눈은 선지자요 너희 머리를 덮으셨음이니 머리는 선견자라**"(10)는 표현은 이스라엘이 말씀을 듣지 못하게 하는 "잠들게 하는 신"에 의해 빙의(憑依)되고 있음을 알 수 있다. 그리고 또한 "**그러므로 모든 묵시가 너희에게는 마치 봉한 책의 말이라 그것을 유식한 자에게 주며 이르기를 그대에게 청하노니 이를 읽으라 하면 대답하기를 봉하였으니 못하겠노라 할 것이요, 또 무식한 자에게 주며 이르기를 그대에게 청하노니 이를 읽으라 하면 대답하기를 나는 무식하다 할 것이니라**"(사29:11-12)라는 이사야의 언급은 이스라엘이 하나님의 말씀을 거절하고 있다는 사실을 드러내주고 있다.

다시 말해, 이사야의 글은 다음 세 가지 내용을 포함하고 있었다. 이스라엘이 소경이 되었다는 점과 그 소경된 이유로 잠들게 하는 신이 그들의 눈을 감기고 있다는 점, 그리고 이스라엘의 유식한 자나 무식한 자가 다 하나님의 말씀을 거절하고 있다는 점을 지적해 주고 있다. 그러나 이스라엘이 하나님의 말씀을 듣지 않는 것은 오히려 하나님의 계시의 말씀이 그들에게 대하여 감추어 졌기 때문이라고 말 한다.

이스라엘은 이사야의 때나 예수의 때에 여전히 말씀에 대하여 소경된 자와 같았다. 어제나 오늘이나 마귀, 즉 사탄은 그들의 눈을 감기게 하고 있다. 그리고 이스라엘은 여전히 선지자 이사야의 말을 거절했듯이, 예수의 말을 거절하고 있다. 이사야의 문서를 인용함으로써 그 문서의 내용에 대해 이미 알고 있었던 예수는 그 문서와 관련해서 자기 앞에 펼쳐지는 상황들이 이사야 때의 상황과 방불하며, 또한 이사야가 예언했던 대로 하나님의 예언이 자신에 의해 성취가 되고 있음을 간접적으로 알리고 있다. 즉, "**하나님의 나라의 비밀을 너희에게는 주었으나 외인에게는 모든 것을 비유로 하나니, 이는 저희로 보기는 보아도 알지 못하며 듣기는 들어도 깨닫지 못하게 하여 돌이켜 죄 사함을 얻지 못하게 하려 함이니라**"(막4:11-12)(필자 밑줄)고 말씀하심으로, 이사야의 글(6:9-10)을 생각나게 하고 계시는 것이다.

그리고 예수는 자신의 비유를 알아듣지 못한 이들이 지닌 문제점들을 설명하는 과정에서, 그들 자신들의 완고함과 세상의 염려와 재리의 유혹을 지적한다. 그리고 예수는 또 다른 영적인 원인을 하나님의 직접적인 허락을 받지 못한 상태, 즉 사탄이 말씀을 빼앗아 간 것(마13:19,25;막4:15)으로 해석하고 있다. 이 때문에 예수는 하나님의 말씀을 빼앗아가는 마귀에 대해 하나님의 대적자로 인식했고, 자신의 공생애 동안의 사역 중의 하나였던 악마추방(exorcisms)을 자신의 사역의 중심으로 다루게 된다.

결국 예수는 이사야의 예언이 자신의 때에 이루어졌으며, 자신이 설명하는 비유가 듣고 이해하게 하기 위함과 들어도 깨닫지 못하게 함의 순기능(順機能)과 역기능(逆機能)을 동시에 포함하고 있음을 설명하고 있다. 그리고 예수는 이사야가 하나님 말씀을 깨닫지 못하게 하는 **"깊이 잠들게 하는 신"**(사29:10) 이라고 지적한 하나님의 대적자 사단 혹은 악한 자(마13:19)라는 영적 실체를 역시 의식하고 있었다.

마태는 예수의 씨 뿌리는 자의 비유가 무엇보다 중요한 것임을 강조한 나머지 시편(78:2)의 말씀, **"내가 입을 열고 비유를 베풀어서 옛 비밀한 말을 발표하리니"**는 말씀을 인용하여, **"이는 선지자로 말씀하신 바 내가 입을 열어 비유로 말하고 창세부터 감추인 것들을 드러내리라"**(마13:35)고 말한 예수의 말을 기록하고 있다. 즉, 이 비유는 예수의 미스터리를 푸는 중요한 실마리(Rote Faden)로 작용하고 있는 것이다. 창세 이래 전해 내려오는 비밀에 대해 이사야의 예언들은 모세의 글들로부터 시작하여 예수에 이르는 그 긴 여정의 성취를 위한 중간 다리 역할을 하고 있는 것이다. 그렇다면 이 비유의 비밀의 근원은 무엇이며, 이것이 메시야의 미스터리와는 어떤 상관관계를 가지고 있는 것일까?

마가복음과 마태복음에서 예수가 인용하고 있는 말씀은 이사야로부터 인용된 것이었다. 그리고 이사야의 예언들은 모세의 글에서 동일한 내용을 찾아보게 된다. "**모세가 온 이스라엘을 소집하고 그들에게 이르되 여호와께서 애굽 땅에서 너희 목전에 바로와 그 모든 신하와 그 온 땅에 행하신 모든 일을 너희가 보았나니, 곧 그 큰 시험과 이적과 큰 기사를 네가 목도하였느니라. 그러나 깨닫는 마음과 보는 눈과 듣는 귀는 오늘날까지 여호와께서 너희에게 주지 아니하셨느니라**"(신29:2-4)(필자 밑줄).

이미 광야 40년을 마치면서, 이 말을(신29:5) 하고 있는 모세는 홍해와 시내 산에서의 기적과 하나님의 이적들을 보았음에도 이스라엘이 여전히 눈과 귀와 깨닫는 마음이 없음을 한탄한다. 또한 그러한 은혜가 이스라엘에게 아직 주어지지 않았음을 말하고 있다.

과연 그 은총은 어느 때에 주어지는 것일까? 이사야 때는 아니었다. 여전히 사람들의 눈은 감기어 있고 그들의 마음은 완악해져 있기 때문이다. 그러나 예언된 말씀이 이루어지고 있는 예수의 날에 그 은총이 나타나고 있는 것이다. 어쩌면 그 은총의 때를 기다리며 죽은 모세는 그 날을 기다리며 죽었을 것이다. "**내가 그들의 형제 중에 너와 같은 선지자 하나를 그들을 위하여 일으키고 내 말을 그 입에 두리니 내가 그에게 명하는 것을 그가 무리에게 다 고하리라**"(신18: 18)는 하나님의 예언은 모세를 대신하여 세우심을 받은 여호수아를 가르치고 있으면서도, 먼 훗날의 메시아이신 예수에 대한 예언으로 연결되고 있다. 예언의 전형적인 형태로 직접적으로는 그 시대와 해당 인물들에게, 간접적으로는 메시아의 사건을 설명하는 예언의 이중적 성질이 엿보이는 부분이다.

예수 당시의 유대인들은 모세가 언급한 "그 선지자"가 자기들에게 오실 메시야로 알고 있었다. 대제사장이 세례 요한에게 **"네가 그 선지자냐"**고 물었던 것도 이미 모세가 말한 그 선지자는 오실 메시아의 다른 통칭이었다고 하는 증거가 된다. 그리고 또한 메시아가 자신들의 당대에 올 것을 기대하고 있었다.13)

이러한 사실은 오늘날 대부분의 역사적 예수 탐구자들이 주장하는 대로 예수 당시의 이스라엘이 기다린 메시아란 종교적인 구세주가 아니라 정치적인 영웅을 뜻한다는 주장에 반대되는 것이다. 적어도 유대인들은 메시아개념에 대한 오해 때문에 이사야가 언급한 '고난을 받는 여호와의 종'(사53)에 대한 인식 부족으로 십자가에 달린 예수를 부인했을 찌라도 그들이 기다리고 있었던 사람은 분명 종교적이며 정치적 해방을 가져다 줄 수 있는 신인(神人)이었던 것이 틀림없다.

예수는 친히 이렇게 말한다. **"내가 너희에게 말하노니 많은 선지자와 임금이 너희 보는 바를 보고자 하였으되 보지 못하였으며 너희 듣는 바를 듣고자 하였으되 듣지 못하였느니라"**(눅10:24)(필자 밑줄). 예수의 이 말은 자신의 때에 모세와 이사야의 예언이 이루어졌음을 간접적으로 증거하고 있는 말씀이다.14) 누가는 모세의 때로부터 전해지는 이 예언이 예수 자신의 시대에 이루어지고 있음을 보았다(눅8:10;행28:26-27). 그리고 사도 바울 역시 자신의 때에 이 예언이 이방인들에게까지 성취되고 있음을 인식하고 있었다. **"기록된 바 주의 소식을 받**

지 못한 자들이 볼 것이요 듣지 못한 자들이 깨달으리라 함과 같으니라"(롬15:21)(필자 밑줄)고 그는 말한다.

요한의 기록은 모세가 기다리던 때가 곧 예수가 나타난 때이며, 땅에 서신 하나님이신 예수를 만나 마침내 듣고, 보고, 주목하고 손으로 만지게 됨을 강조하고 있다(요한1서 1:1). **"태초부터 있는 생명의 말씀에 관하여는 우리가 들은 바요 눈으로 본 바요 주목하고 우리 손으로 만진 바라."**(필자 밑줄) 따라서 이 성경구절은 이미 앞에서 언급한 마태의 글(13:16-17)과 누가의 글(10:23-24)에 직접적으로 연결 된다.

요한 1서의 기록은 궁극적으로 예수의 씨 뿌리는 자에 대한 비유에 대한 결론을 내린다. 비유의 내용이 문제가 아니라 마침내 비유를 통한 계시의 세계가 열린 것이며, 예수는 곧 계시의 주체로 마침내 나타나서 우리로 보고, 듣고 그리고 만져 심령에 깨달음을 주시는 분이시라는 것을 강조한다.

결국 예수는 인간이 에덴에서 잃어버린 것들, 즉 하나님의 영광의 광체를 보는 일을 상실하여 생명나무는 제쳐두고 왜곡의 상징적 의미를 소지한 선악과만을 추구하는 인간을 구원하시기 위해 오신 것이다. 그리고 또한 하나님과의 거룩한 교제(Santus Communio)를 떠나 신속히 마귀와 대화하여 하나님과의 대화가 단절되고 들음을 포기한 불순종의 지배 아래 있는 우리를 구원하기 위해 오신 것이다.

다시 말해, 선악과를 먹음으로 하나님을 상실한 혼돈과 체념의 허탄한 마음으로 방황하는 우리들에게, 하나님의 형상과 영광의 빛으로 믿음을 통해 다가오셨다. 그리고 하나님의 음성을 듣게 하고 정한 마음을 주심으로 장구한 계획을 통해 타락한 인간을 회복시키신다. 그리고 마침내 우리의 구원을 이루셨던 것이다. 바로 이 구원의 때가 "씨를 뿌리는 자"의 비유를 말씀하심으로서 마침내 열리고 있는 것이다.

언약과 말씀(Logos)

비유를 통해 전개되는 예수의 미스터리는 그가 모세의 예언(신29:4)과 이사야의 예언(사6:9-10)의 성취자로서 이 땅에 오신 것뿐 아니라, 들을 귀 없는 자를 듣게 하며, 볼 눈이 없는 자를 보게 하며, 또한 심령을 깨닫게 하는 분으로 설명된다. 곧 인간의 구원을 위해 찾아오시는 하나님의 모습이 그를 통해 나타나고 있다. 모세는 이 찾아오시는 하나님을 시내 산의 불꽃 가운데서 만나는 경험을 한 바 있다. 이 경험이 그로 하여금 자기 민족의 조상 아브라함을 찾아오시는 하나님, 곧 **"처음부터 너희에게 말하여 온 자"**(요8:25)에 대한 전승을 언급하게 하고 있는 것이다.

모세의 글에는 야훼(Yahweh)라고 언급되시는 하나님이 두 천사와 함께 아브라함에 나타났다는 기록이 있다. 부지중에 하나님을 뵙게 된 아브라함은 그를 극진히 대접한다. 하나님은 아브라함에게 **"기한이 이를 때에 내가 정녕 네게로 돌아오리니 네 아내 사라에게 아들이 있으리라"**(창18:10)고 말씀하신다. 그러나 아브라함과 사라가 그 말씀을 믿지 않자, 그는 또 한 번 **"기한이 이를 때에 내가 네게로 돌아오리니 사라에게 아들이 있으리라"**는 약속을 확약하신다(14). 하나님의 약속의 말씀 중에는 중요한 비밀이 들어 있었다. 그의 말은 히브리어로 이렇게 번역이 되어 있다. **"생명의 날이 이르면(혹은 소생의 때가 오면) 내가 네게로 돌아오리니 네게 아들이 있으리라"**(10). 그리고 14절에는 **"기한이 이르면(약속된 때가 오면) 내가 네게로 돌아오리라"**고 기록되어 있다.

그리고 모세의 글에 기록된 "생명의 날"과 "약속의 때"란 말은 이중적 복합의미를 드러내 놓고 있다. 메시아의 그림자인 아브라함의 아들 이삭과 앞으로 먼 미래에 탄생될 메시아인 하나님의 아들 예수에 대한 이중적 예언이 언급되고 있는 것이다. 즉, 그리스도 예수의 탄생과 연결되는 말씀이다.

여기에 요한복음 8장은 그 확실한 의미를 더해준다. **"저희가 말하되 네가 누구냐 예수께서 가라사대 나는 처음부터 너희에게 말하여 온 자니라"**(25)고 답변하신다. 그리고 그는 **"너희 조상 아브라함은 나의 때 볼 것을 즐거워 하다가 보고 기뻐하였느니라**(56)고 말한다. 이 때문에 유대인들은 **"네가 아직 오십도 못되었는데 아브라함을 보았느냐"**(57)고 논박한다. 그러나 예수는 **"가라사대 진실로 진실로 너희에게 이르노니 아브라함이 나기 전부터 내가 있느니라"**(58)고 답변하신다. 예수가 스스로 자신이 아브라함을 만나 약속하시던 하나님이자, 곧 (메시아의 탄생의) 기한이 이를 때에, (우주의) 생명의 날(곧 탄생의 날)에 돌아오리라고 한, 하나님 그 자신이었다는 사실을 언급하고 있는 것이다.

그러나 라이마루스와 스트라우스, 그리고 불트만의 전통을 따라서, 역사적 예수 탐구자들은 아브라함이 예수를 만났다고 하는 구절은 요한 자신의 삽입이며, 초대원시공동체가 만든 허구적 메시

이상이라고 믿는다. 예수는 오직 인간일 뿐이라고 하는 그들의 전제가 언제나 똑같은 결론을 맺게 한다. 그러나 그들이 예수가 하나님의 아들이 아니라고 부인하는 주장은 역시 추정으로부터 얻어진 많은 신학적인 결단 중 단지 하나에 불과하다. 그러나 어떤 신학자들은 확실히 아브라함 사건과 메시야로서 자기증거를 하고 있는 예수사건을 자연스럽게 연결시킨다.15) 전혀 다른 관점에서 예수 그 자신이 아브라함에게 약속을 하신 바로 그 하나님이라는 자기증거를 믿음으로 자연스럽게 받아들이고 있는 것이다.

유대인들과 예수의 아브라함 논쟁에서 발견되는 또 다른 흥미로운 점은 "처음부터 말하여 온 자"에 대한 그의 "말씀"이라고 하는 다른 실마리가 발견된다는 점이다. 요한복음 8장 58절의 예수가 쓴 **"아브라함이 나기 전부터 내가 있느니라**(ego eimi)"라는 어법은 하나님이 자기 이름을 밝힐 때 쓴 '**나는 (스스로 존재하는 자)이다**(ego eimi)'(출3:14)라는 말을 반복한 말 이었다.

출애굽기 3장 14절에 기록된 문헌을 보면, 팔레스타인 광야의 떨기나무가 타오르는 불꽃 가운데 나타나신 하나님께서 모세를 부르셨다. 모세는 하나님을 만나 이집트에서 바로의 학정아래 고통당하는 자기 백성을 구하라고 하는 사명을 받게 된다. 두려움에 떨면서 모세는 혹시라도 있을 바로의 물음, 즉 누가 자신을 보내었는지에 대한 답변을 위해 하나님의 이름을 묻게 된다. 하나님은 자신을 가르쳐 "**나는 스스로 있는 자**(I am that I am, ego eimi ho on)"라고 말씀하신다.

예수가 지금 쓰고 있는 말, "**내가 있느니라**"(ego eimi)는 말은 바로 하나님께서 자신을 언급할 때 썼던 "**나는 (스스로**

존재하는 자)이다(ego eimi ho on)"라는 바로 그 말 이었다. 말하자면 하나님 자신이 '**나는 (스스로 존재하는 자)이다**(ego eimi ho on)라고 자기 이름을 말하신 것을 예수가 그대로 반복하고 있는 셈이다. 곧 예수가 자신이 하나님이라는 자기증거를 나타내고 있는 것이다. 만일 우리가 하나님이 삼위일체로 계심을 조금이라도 이해한다면 이 말이 결코 엉뚱하게 들리지는 않을 것이다.

그러므로 요한복음 8장 24절과 28절에 나타나고 있는 "**내가 그인 줄 알리라**"(I am(ego eimi) He)는 예수의 말은, 복음서 최초로 자기가 하나님 자신임을 드러내는 표현이다. 왜냐하면 자신이 하나님의 말, "**나는 (스스로 존재하는 자)이다**"(I am; ego eimi)라는 말을 쓰고 있기 때문이다. 이는 하나님이 자신에게 하신 말씀으로 예수가 자기를 설명하기 위해 이사야의 글에서 인용한 말씀 이었다. 즉, 하나님께서 "**나 여호와라 태초에도 나요 나중 있을 자에게도 내가 곧 그니라**"(사41:4)(필자 밑줄)고 하시고, 그리고 "**그렇다 그리고 예로부터 내가 곧 그니라**"(사43:10)(필자 밑줄)고 증거 하셨다.

따라서 많은 복음주의 신학자들은 예수가 자신이 하나님으로서의 자의식을 가지고 있었고, 그 결과 분명히 자기가 하나님이라는 자기 증거를 보이고 있다고 생각한다.16) 예수는 하나님의 이름, 야훼(Yaweh)에 해당하는 말인 "에고 에이미"(ego eimi)라는 말을 의도적으로 자신이 마치 하나님 당사자인 것처럼 쓰고 있기 때문이다.17)

한편 하나님의 이름에 얽힌 신학적인 의미를 살펴보면, 모세에게 언급된 **"나는 스스로 있는 자**(Eheyeh Asher Eheyeh)"란 하나님 자신의 언급은 분명 두 가지의 의미로 해석된다. "에헤에 아쉐르 에헤에"는 **"나는 존재한다**"는 말과 **"나는 너와 함께 있을 것이다**"라는 동음이어(同音異意)의 이중적인 뜻을 포함하고 있는 말이었다.

 이집트로 가야만 하는 모세는 우선 자기를 보낸 자에 대한 설명이 필요했다. '누가 너를 보냈는가?'고 바로가 필연적으로 물을 것이기 때문이다. 그래서 모세는 하나님에게 그 자신의 이름을 묻는다. 하나님은 자신을 **"나는 스스로 있는 자**"라고 밝히며, 어느 누구로부터도 속박되지 않는 스스로 있는 유일한 존재라고 자신을 밝힌다. 그러면서도 이집트로 혼자가야 하는 두려움에 떨고 있는 모세에게 나는 그 곳에서도 너와 함께 있게 될 것이라고 그에게 약속을 한다. 때문에 하나님이 말씀한 자신의 이름은 "나는 유일한 존재자다"(I Am That I Am) 라는 의미와 함께 "내가 너와 함께 있을 것이다"(I Will Be with You)라는 이중적 의미로 해석된다.

 하나님이 **"나는 스스로 존재하는 자이다**"라고 언급했듯이 예수 역시 **"나는 그이다**"(요8:24)라고 밝힌다. 예수는 의도적으로 하나님의 이름인 야훼(Yahweh)라는 이름을 자신에게 쓴다. 하나님 자신이 밝힌 자기 이름과 동일한 용어를 씀으로서, 자신이 모세의 글로부터(눅24:27) "그(처음부터 말하여 온 자)"임을 우리에게 알려주고 있다. 곧 하나님이 언급해 오시던 그 말씀이 육신을 입고 이 세상에 나타났는데, "그가 곧 자신이다"라는 말을 하고 있는 것이다.

그리고 "내가 너와 함께 있을 것이다"라는 하나님 자신의 이름이 지닌 두 번째의 말은 하나님이 자기 백성과 함께 하시기 위해 나타나신다는 하나님의 임재(Divine Presence)사상, 즉 세키나(Shekinah)사상과 연결되어 있다. 즉, 구약에서 세키나란 성막에 임재하시는 영광스러운 하나님의 임재를 뜻하는 것으로, 하나님의 빛 혹은 영광의 임재라는 의미로 전승되어 온 말이다. 그리고 그 궁극적인 하나님의 임재의 목표는 곧 예수 그리스도의 오심이었다. 우리는 이를 임마누엘이라 부른다.

요한은 이 두 사상(하나님의 존재사상과 임재사상)을 자신의 의식 속에서 연결시킨다. 곧 요한복음 1장 14절의 "**말씀**(Logos)**이 육신이 되어 우리 가운데 거하시매 우리가 그 영광을 보니 아버지의 독생자의 영광이요 은혜와 진리가 충만하더라**"는 언급은 "말씀이 육신이 되었다"는 로고스(Logos)사상과 "우리 가운데 거하시매……독생자의 영광"이 나타났다고 하는 임재사상(세키나)을 나타내고 있다.

우선 요한의 생각 속에 있었던 두 사상, 즉 로고스사상과 세키나사상 중 로고스사상을 먼저 살펴보도록 하자!

요한복음 1장에 나타나고 있는 로고스(logos)사상은 "**태초에 말씀이 계시니라 이 말씀이 하나님과 함께 계셨으니 이 말씀은 곧 하나님이시니라**"(1)는 말씀으로 시작한다. 복음의 대상이 되는 유대인과 이방사람 모두에게 다 알아들을 수 있는 복음에 대한 공동적인 의미의 용어가 로고스였다. 요한에 의해 유대인들에게 언급된 로고스는 많은 신학자들[18]의 연구에서 드러난 것처럼 유대 지혜문학(잠언, 전도서, 아가서)에서 언급되고 있는 "지혜"와도 깊은 연관이 있었다. 이 연관을 밝히는 일은 매우 흥미로운 일이다.

그러나 도올은 딜스와 크란츠(Diels-Kranz)의 로고스(Logos)에 대한 언급을 인용하여, 마치 요한이 헤라클레이토스(Herakleitos, BC 540/535-BC 483/475)가 언급한 말을 요한복음 1장(특히 3절)에 그대로 배껴 기술한 것처럼 주장한다. 즉, 요한이 헤라클레이토스의 말 즉, "내가 아무리 말(Logos)에 관하여 기술을 하여도 사람들은 항상 말을 이해하지 못한다. 말을 듣기 전이나, 말을 들을 때조차도 똑같이 말이 무엇인지를 모른다. 만물이 이 말에 따라 일어나지 않는 것이 없음에도 불구하고(Alles geschieht nach diesem Logos, 만물은 말의 설명으로 구체화된다는 뜻) 사람들은 말에 관한 체험이 없다"(필자 밑줄)는 말을 그대로 배껴 **"만물이 그(Logos)로 말미암아 지은 바 되었으니 지은 것이 하나도 그가 없이는 된 것이 없느니라"**(요 1:3)(필자 밑줄)고 말씀(Logos)이신 예수로 말미암아 세상이 나왔다는 것을 주장하기 위해 헤라클레이토스의 말을 둔갑을 시켰다는 것이다.

얼핏 보기에는 위의 두 밑줄 친 문장들이 동일한 문장인 것처럼 보인다. 그러나 헤라클레이토스의 언급하고 있는 이 초기의 말은 '모든 것이 (내) 말을 통해 발생(설명)됨에도 불구하고'라는 뜻이다. 즉, 헤라클레이토스 자신의 담화를 말하는 것이다. 대부분의 학자들은 헤라클레이토스가 언급한 이 말은 종교적인 의미나 혹은 철학적인 의미로 사용된 우주의 이성(reason) 혹은 신의 정신(nous) 등으로 그렇게 해석하고 있는 것이 아니라, 자신의 말(대화)에 대해서 언급하고 있는 것으로 해석한다.19) 그러나 도올은 이 밑줄 친 헤라클레이토스의 초기 언급(담화)과 후기의 헤라클레이토스의 사상에 나타나는 신의 아들로서 로고스에 대한 글(신의 정신으로서 Logos)들의 차이를 잘 모르고 있기 때문에, 요한이 헤라클레이토스의 글을 아전인수격으로 배껴 썼다고 생각하는 것이다.

궁극적으로 요한의 로고스는 헤라클레이토스와는 아무런 관계를 가지고 있지 않았다. 그리고 그리스 철학의 그 어떤 사상과도 관련을 가지고 있었던 것도 아니다. 그러나 요한의 사상은 실제로 히브리 지혜문학으로부터 그 사상을 빌려온 것이었다.20) 단지 기독교 사상을 전달할 수 있는 적절한 용어로 로고스라는 말을 발견했을 따름이었다. 그도 그럴 듯이 로고스라는 말은 터키의 에베소 지방에서 쓰던 말이며, 요한은 자신의 노년을 죽을 때까지 그 곳에서 보냈기 때문에 로고스라는 용어를 쓰는 것이 그에게는 결코 어색한 말이 아니었을 것이다.

일반적으로 유대 지혜문학에서의 지혜는 두 가지 의미로 사용되었다. 우선 하나는 인격을 띈 하나님의 아들(protogonos huios)이라는 의미로 사용되었다.21) 그리고 다른 하나는 명철(明哲)이라는 의미로 뛰어난 이지(理智, wisdom)를 말했다. 우리의 관심사는 지혜에 대한 두 의미 중에 로고스와 연관된 지혜로, '인격을 띈 하나님의 아들'(protogonos huios)이라는 의미로 사용되는 용어이다. 즉, 이 말은 구약에 사용되고 있는 말씀인 잠언 8장 22절에서 26절의 말씀과 연관되어 있다. 즉, "**여호와께서 그 조화의 시작 곧 태초에 일하시기 전에 나를 가지셨으며 만세 전부터, 상고부터, 땅이 생기기 전부터 내가 세움을**

입었나니 아직 바다가 생기지 아니하였고 큰 샘들이 있기 전에 내가 이미 났으며 산이 세우심을 입기 전에, 언덕이 생기기 전에 내가 이미 났으니 하나님이 아직 땅도, 들도, 세상 진토의 근원도 짓지 아니하셨을 때에라 (잠언8:22-26).

이 잠언에 언급된 지혜는 그리스도의 선재사상을 담고 있는 구약에서 발견되는 가장 로고스사상과 가까운 표현이다.22) 바울은 그리스도를 하나님의 지혜라고 말한다. 그는 **"오직 부르심을 입은 자들에게는 유대인이나 헬라인이나 그리스도는 하나님의 능력이요 하나님의 지혜니라"**(고전1:24)고 언급한다. 이로서 하나님의 아들로 불리는 로고스와 역시 하나님의 아들로 불리는 지혜는 헬라세계와 유대세계를 향하여 하나님 아들이신 예수 그리스도를 설명하는 좋은 도구가 된 것이다.

그러나 로고스는 유대적이기 보다는 헬라적이다. 로고스라는 말의 의미가 기원 전 6세기경의 철학자 헤라클레이토스(Heraclitus)가 쓴 말이기 때문이다. 그러나 그는 에베소에서의 종교적 배경을 지닌 이 말을 철학적으로 해석했다. 로고스는 본시 우주의 궁극적인 존재(Being)가 남긴 그림자의 신 데미우르고스(Demiurgos)였다. 그리스 세계관에 나타나는 신은 불완전한 세계창조에 개입을 할 수 없었기에 자신의 대리자로 하여금 세상을 창조하도록 한다. 이 대리자의 신이 데미우르고스(그림자의 신) 혹은 로고스였다.

요한은 예수가 하나님의 아들로서 로고스이며, 또한 유대사상에 나타나는 하나님에 의해 언급되고 있는 지혜에 해당한다는 것을 잘 알고 있었다. 그는 유대와 헬라 두 세계를 충족시켜 줄 수 있는 신과 인간의 중재자의 개념을 헬라의 로고스와 유대문학의 지혜라는 개념을 통해 설명하려 했던 것이다.

그러나 헬라사상인 로고스와 유대사상인 지혜를 서로 연관 짓게 된 것은 단지 요한의 창작에 의한 것만이 아니었던 것 같다. 왜냐하면 중간기 시대에 이미 유대교에서는 소위 "메므라"(memra'), 즉 '신의 말씀'이라는 헬라의 로고스사상과 비슷한 개념이 나타나고 있었기 때문이다. 즉, 하나님의 선지자들을 통해 언급된 예언의 말씀들이 인격화되어 전승되고 있었다. 언제부터인지 "메므라"는 하나님의 말씀이자, 하나님의 아들이라는 의미로 전승된 것이다.

신의 대행자 혹은 제 2의 신인 로고스의 헬라적 의미도 역시 유대의 "메므라"와 비슷한 의미로 헬라세계에서 사용되고 있었다. 그리하여 자연스럽게 하나님에 의하여 처음부터 말하여 온 자인 예언된 유대 메시아적 상징적 표현인 "메므라"라고 하는 신의 중재자 혹은 매개자로서 설명되었다. 그리고 기독교의 이방선교의 과정에서 하나님의 아들이자 유대사상의 인격화된 하나님의 지혜였던 예수에 대한 설명은 자연스럽게 헬라사상의 로고스개념과 짝지어지게 되었다. 왜냐하면 로고스는 바로 신의 아들이었기 때문이다.

후일 이러한 로고스사상과 지혜사상의 일치는 2세기 경 알렉산드리아의 클레멘트(Clement)사상에서 발견된다. 그는 예수를 로고스의 다른 이름인 "위대한 데미우르고스(Demiurgos)시여"라고 말한다.[23] 그러나 로고스는 더 이상 본래 지니고 있었던 헬라적 의미의 절대 신의 다음가는 제 2의 신이 아닌, 기독교에서는 삼위일체 중의 한 분인 예수에 대한 다른 별명으로 사용되기 시작했던 것이다. 후에 로고스의 그리스 사상이 지녔던 본래적 의미를 강조했던 아리우스(Arius) 같은 이들은 로고스인 예수를 본래부터 그 용어가 지니고 있었던 의미인 제 2의 신, 즉 피조물로 봄으로써 기독 논쟁을 불붙이기도 했다. 후일 아리우스는 예수를 창조주 하나님 자신(the same as God), 곧 호모우시우스(homoousius)가 아니라, 그 창조주 하나님과 거의 비슷한(like God) 수준의 존재 호모이우시우스(homo-i-ousius)라고 말함으로써 정통교회로부터 이단정죄를 받게 된다.

이제 결론적으로 요한은 예수가 하나님의 지혜이자 말씀(Logos)이라고 말 한다. 그리고 그는 이 하나님의 말씀이 육신을 입고 이 세상에 왔다고 하는 사실을 세상에 알리고 싶었던 것이다. 그는 헬라 세계에 대한 복음증거를 위해 하나님의 아들이신 예수를 로고스사상을 통해 설명하기 원했다. 그리고 또한 유대인들에게는 유대 전승인 하나님의 자기 백성에게 다가오심 혹은 임재하심이라는 세키나사상을 구약의 전승을 인용하면서 설명하기를 원했던 것이다.

그렇다면 요한의 생각 속에 있었던 다른 개념인 임재사상, 즉 세키나 사상을 살펴보도록 하자.

요한은 **"말씀(Logos)이 육신이 되어 우리 가운데 거하시매 우리가 그 영광을 보니 아버지의 독생자의 영광이요 은혜와 진리가 충만하더라"**(요한복음1:14)고 말한다. 이 언급은 곧 처음부터 하나님이 말하여 오던 자에 대하여 하나님은 다른 유형(typology)을 통해 그림언어(graphic language)를 사용하고 있었음을 말하고 있다. 즉, 모세의 성막이 광야에 섰을 때, 이스라엘은 하나님의 영광(세키나)이 그들의 성막 위에 임하는 것을 보았다. 그런데 요한은 바로 그 성막이 세워졌을 때(말뚝을 박아 세울 때) 하나님의 영광이 나타난 것처럼, 예수의 발이 성막이 세워졌을 때와 같이 광야에 섰을 때, 곧 하나님의 영광이 그 얼굴에 나타났다는 말을 하고 있다.

요한은 곧 처음부터 언급하여 온자에 대한 하나님의 말씀이 마침내 인격을 띠고 인간으로 오셨는데, 예수는 성막의 궁극적인 실체이며 모세의 성막은 그의 그림자라는 말을 하고 있다. 그리고 의도적으로 "거하신다"(말뚝을 박다)는 말을 사용함으로써 모세 성막을 세울 때 쓰는 말을 의식적으로 광야에 서신 예수에게 쓰고 있는 것이다. 여기에 유대 세키나사상이 발생한다. 모세의 성막에 하나님의 영광이 나타났듯이 예수의 얼굴에 하나님의 영광이 나타났다는 것이다. 곧 예수는 드러난 하나님의 영광이었다. 그 영광의 빛이 이스라엘 광야에서 비취고 있는 것이다.

히브리서의 기자는 **"어두운 데서 빛이 비취리라 하시던 그 하나님께서 예수 그리스도의 얼굴에 있는 하나님의 영광을 아는 빛을 우리 마음에 비춰셨느니라"**(고후4:6). 또한 **"이는 하나님의 영광의 광채시요 그 본체의 형상이시라 그의 능력의 말씀으로 만물을 붙드시며 죄를 정결케 하는 일을 하시고 높은 곳에 계신 위엄의 우편에 앉으셨느니라"**(히1:3)고 말한다. 예수는 유대 세키나사상의 실현자로 이 땅에 오셨다. 그는 자신의 얼굴에 나타난 영광의 광체를 통해 사람들의 마음에 비춘다. 그리고 그것은 구약의 성막에 임재 하시던 하나님의 영광의 실체가 이스라엘 앞에 드러난 것이라고 요한은 말하고 있는 것이다.

궁극적으로 요한은 예수를 로고스 사상과 세키나 사상을 통하여 설명하고 있다. 그의 궁극적인 관심은 무엇이었을까? 요한은 바로 모세에게 자신의 이름을 밝히며, **"나는 스스로 존재하는 자"**라고 말씀하시던 하나님의 존재를 가장 극명하게 설명해 줄 수 있는 개념을 유대 지혜개념과 더불어 로고스개념을 통해서 설명하고 있는 것이다. 그리고 그는 역시 모세에게 밝힌 하나님의 이름의 또 다른 의미인 "내가 너와 함께 있을 것이다"라는 언약의 말씀이 유대광야의 성막에 나타난 하나님의 임재로 확증됨을 주장한다(요1:14). 그리고 또한 그 성막의 실체인 예수와 그의 얼굴에 나타난 진정한 세키나의 증거, 곧 예수의 얼굴의 영광을 통하여 그의 얼굴을 구하는 모든 이들을 구원하시는 하나님의 장구한 언약의 성취가 마침내 이루어졌음을 궁극적으로 설명하고 싶었던 것이다.

(2) 인자(The Son of Man)

다음으로 우리가 관심을 기울여야 할, 예수의 존재에 대한 미스터리와 예수의 선재(先在)사상을 함께 지니고 있는 유대 기독교적 사상은 "인자론"(人子論)에 집중되어 있다. 사복음서에 두루 언급되고 있는 "그 사람의 아들", 즉 "인자"에 대한 칭호는 예수 자신이 자기를 가르치는 말로 쓰고 있고, 그 칭호를 예수의 자기 지칭을 통해서 사복음서의 기자들도 자연스럽게 쓰고 있었다. 또한 그 말을 듣는 사람들인 이스라엘 사람들과 종교지도자들도 익숙한 말로 이해하고 있었다.

예수는 자신에 대하여 **"사람들이 인자를 누구라 하느냐"** (마16:13)고 제자들에게 물으셨다. 예수는 자신을 가르쳐 분명히 인자라는 말을 썼다. 그리고 그의 물음 안에 나타나는 계산된 어법은 구약으로부터 전승되어 오고 있는 인자 개념을 자기에게 연결시키고 있음이 분명했다. 그리고 역시 자신을 인자라고 말할 때, 분명히 특정적인 "그 사람의 아들"(The Son of Man), 즉 특정적인 인물을 가르치는 정관사를 사용함으로써 자신이 구약의 메시아 전승과 관련된 바로 "그 사람의 아들"이라는 말을 간접적으로 하고 있는 것이다. 왜냐하면 당시에 통용되던 인자라는 말은 오늘날 역사적 예수 탐구자들이 줄곧 주장하듯이, 정관사가 있는 특정한 어떤 인물을 가르치는 뜻으로는 사용되지 않고 있었기 때문이다.

그러므로 역사적 예수 탐구자들은 단지 '인자'란 우리말에 상대방을 지칭하는 '이 사람아(a son of man) 혹은 저 사람은'에 해당하는 상용어에 불과 했다는 것이라고 주장한다. 예수는 다분히 의도적으로 자신을 구약에 언급하고 있는 메시아로서의 인자라는 것을 드러낸 셈이다. 이러한 예수의 언어유희는 당시의 사람들에게 혼란을 가져다주기도 했다. 어떤 이들은 그를 구약의 전승(에스겔 1:26; 다니엘 7:9-13)이 가르치는 하나님의 아들로 받아들인 반면, 어떤 이들은 단지 일반적인 용어로 이해했다. 때문에 예수는 자신의 비밀을 숨기는, 그러면서도 자기 공동체에게는 자신이 구약의 전승에 관련된 메시아인 인자라고 하는 사실을 가르치는 이중적 미스터리의 언어로 인자개념을 사용했던 것이다.

마태복음 16장에 나타나는 예수의 물음과 관련하여, 베드로는 "**주는 그리스도시요 살아계신 하나님의 아들이시니이다**"(16)라고 말한다. 그러나 마가의 글에는 예수의 물음이 다르다. "**너희는 나를 누구라 하느냐**"(막8:29). 베드로가 대답하여 가로되 "**주는 그리스도시니이다**"(29)라고 되어 있다. 분명히 의도적으로 마태는 마가에서 발견되는 베드로의 답변과는 다른 "**주는 그리스도시요 살아계신 하나님의 아들이시니이다**"라는 말로 바꾸어 놓은 것이다. 즉, 예수는 인자이며, 인자인 예수는 하나님의 아들이라는 의미로 마태는 이해를 하고 있었음을 알 수 있다. 그러나 역사적 예수 탐구자들은 마가는 단지 '주는 그리스도'라고만 말했다고 주장함으로써, 예수 당시 흔히 종교적인 지도자들에게 그리스도라는 말을 썼다고 하는 주장과 함께 마가 역시 예수를 하나님의 아들로는 생각하지 않았다고 주장한다. 그러나 마가는 다른 자신의 글(막15:39)에서 백부장의 고백을 빌려 "**이 사람은 진실로 하나님의 아들이었도다 하더라**"고 언급하고 있다.

인자와 메시야인 하나님 아들에 대한 일반적인 인식은 놀랍게도 예수 당시의 종교지도자들 조차도 가지고 있었다. 즉, 역사적 예수 탐구자들의 주장과는 달리 인자에 대한 개념을 하나님의 아들이라는 개념으로 생각했던 것이다.

예수는 "**네가 찬송 받을 자의 아들 그리스도냐**"(막14:61)고 묻는 대제사장의 물음에 이렇게 답한다. "**예수께서 이르시되 내가 그니라 인자가 권능자의 우편에 앉은 것과 하늘 구름을 타고 오는 것을 너희가 보리라**"(막14:62). 대제사장의 물음에 예수가 답하자, 대제사장은 그가 분명 사형에 해당하는 죄인으로서 자신을 하나님의 아들과 동일한 자로 여기고 있다고 생각했다. 이미 유대 종교지도자들 역시 인자에 대해 구약의 메시아전승과 연결해서 이해하고 있었다는 간접적인 증거인 셈이다.

인자에 대한 역사적인 배경을 보면, 예수 이전에는 잘 사용하고 있지 않았던 것 같다. 그러나 많지 않는 자료(에스겔 1장 26절, 다니엘 7장 9-13절, 제 4에스라 13장, 에녹의 비유서, 그리고 쿰란문서 4Q 243[24])에도 불구하고, 직접적으로 그 근원을 거슬러 가면 에스겔 1장 26절에 도달하게 된다. 즉, "**그 머리 위에 있는 궁창 위에 보좌의 형상이 있는데 그 모양이 남보석 같고 그 보좌의 형상 위에 한 형상이 있어 사람의 모양 같더라.**" 아마도 구약에 언급된 최초의 하나님 형상과 인자와 연결 짓고 있는 말씀일 것이다.

그리고 이 말씀은 다니엘 7장의 인자와 간접적으로 연관이 되었을 것이다. 다니엘의 글을 살펴보면, "**내가 보았는데 왕좌가 놓이고 옛적부터 항상 계신 이가 좌정하셨는데 그 옷은 희기가 눈 같고 그 머리털은 깨끗한 양의 털 같고 그 보좌는 불꽃이요 그 바퀴는 붙는 불이며,........ 내가 또 밤 이상 중에 보았는데 인자 같은 이가 하늘 구름을 타고 와서 옛적부터 항상 계신 자에게 나아와 그 앞에 인도되매**"(단 7:9-13)(필자 밑줄)라고 언급하고 있다. 다니엘은 분명 "**옛적부터 항상 계신 이**", 그리고 "**인자 같은 이**", 즉 한 사람의 아들 같기도 하고 또 "**옛적부터 항상 계신 자**"와 같기도 한 천상적(天上的)인 인물을 보았던 것이다. 그리고 그에게 모든 천사와 모든 민족이 나아와 그를 섬기는 것을 보았다.

이제 지상에 내려온 인자는 천사들의 수종을 받게 된다. 천사들이 그를 시중들기 위해 **"하늘이 열리고 하나님의 사자들이 인자 위에 오르락내리락하는 것을 보리라"**(요1:51)고 예수는 말씀하신다. 이는 야곱의 꿈속에 나타나고 있는 **"사닥다리가 땅 위에 섰는데 그 꼭대기가 하늘에 닿았고 또 본즉 하나님의 사자가 그 위에서 오르락내리락하고"**(창28:12)라는 말씀을 인용하신 말이다. 그리고 이 말은 잠언 30장 1-4절에서 인용하신 말 이었다. 즉, **"이 말씀은 야게의 아들 아굴의 잠언이니 그가 이디엘**(Ithiel)**과 우갈**(Ucal)**에게 이른 것이니라. 나는 다른 사람에게 비하면 짐승이라 내게는 사람의 총명이 있지 아니 하니라. 나는 지혜를 배우지 못하였고 또 거룩하신 자를 아는 지식이 없거니와 <u>하늘에 올라갔다가 내려온 자</u>가 누구인지, 바람을 그 장중에 모은 자가 누구인지, 물을 옷에 싼 자가 누구인지, 땅의 모든 끝을 정한 자가 누구인지, 그 이름이 무엇인지, <u>그 아들의 이름이 무엇인지 너는 아느냐</u>"**(필자 밑줄)고 언급하신 말씀 이었다.

이 성경 말씀들에서 **"하늘에 올라갔다가 내려온 자"**라는 말을 눈여겨 볼 필요가 있다. 하늘에서 내려와서 올라간 자 곧 인간으로 오셔서 십자가의 죽음을 이기고 부활하시기까지의 예수의 삶을 간접적으로 드러내는 말씀이다.

그리고 예수는 야곱의 표현과 잠언에서 언급된 동일한 표현을 자기에게 씀으로써, 하나님이 구원받을 백성의 포괄적인 대표자인 야곱과 함께 하신 것과 같이 자신도 자기 백성과 함께 한다는 것을 설명하고 있다. 즉, '내려왔다가 올라간다'는 표현을 인용함으로써 이 땅에서의 자신의 사명을 설명한다. 그리고 다른 한편으로는 자신이 이스라엘의 대표자로서 야곱에게 함께하시겠다고 언약하신 하나님의 구원 약속을 자신을 통해 실현시키고 있음을 보여주고 있다. 야곱의 사닥다리라는 꿈의 예언적 통로를 통해 마침내 야곱의 영적 자손들을 위해 내려오시고 올라가심을, 그리스도이신 예수가 성취하고 있는 것이다.

그리고 잠언 30장 1-4절의 말씀은 역시 하늘에 올라간 그리고 내려온 자에 대한 말씀과 바람을 장중에 모으며 물을 옷에 싼 자 곧 하나님의 아들에 대해 말하고 있다. 즉, 하나님 밖에 할 수 없는 일들을 하는 자, 즉 하나님의 아들의 이름이 무엇인가라는 물음이 이 말씀 안에는 들어 있다. 미스터리의 말씀이지만 하나님의 아들을 지칭하는 말씀임을 금방 알 수 있다. 그리고 아굴이 언급한 두 아들은 실제로 한 사람으로서, "이디엘-우갈"(Ithiel-Ucal)로 해석이 가능하다. 즉, **하나님이 나와 함께 하시니**(Ithiel), **내가 할 수 있다**(Ucal)"(God is with me so that I am able)라는 뜻이다.

히브리어인 "이디엘"(Ithiel)이라는 이름은 놀랍게도 "하나님이 나와 함께 하신다"는 뜻을 지닌 잠언 30장 4절의 "**그 아들의 이름**"은 인자를 가르치는 말씀이다. 그리고 그 이름은 "임마누엘"(Immanuel)이라는 이름과도 공교롭게도 같다. 모세에게 말씀하신(출3:13-15) 하나님의 이름은 "**스스로 있는 자**"로서 '오직 나만이 존재 한다'는 뜻과 "내가 너와 함께 할 것이라"는 이중적 의미를 소지하고 있다. "이디엘"은 하나님이 모세에게 밝힌 자신의 이름 "내가 너와 함께 있다"는 뜻을 지닌 언어로, 곧 하나님의 아들의 별명이자, 하나님 아들 자신을 가르치는 말씀이다. "이디엘"로서 예수는 이러한 구약의 전승을 잘 알고 계셨다. 때문에 그는 **"하늘에서 내려온 자 곧 인자 외에는 하늘에 올라간 자가 없느니라"**(요3:13)고 잠언의 말을 인용하여 말씀하셨던 것이다.

그러나 인자는 또 다른 모습으로 우리에게 소개 된다. 예수는 자신을 가르쳐 **"인자의 온 것은 섬김을 받으려 함이 아니라 도리어 섬기려 하고 자기 목숨을 많은 사람의 대속물로 주려 함이니라"**(막10:45)고 말한다. 바로 이사야 53장의 10절의 다음과 같은 말씀을 기억나게 한다. **"여호와께서 그로 상함을 받게 하시기를 원하사 질고를 당케 하셨은즉 그 영혼을 속건제물로 드리기에 이르면 그가 그 씨를 보게 되며 그 날은 길 것이요 또 그의 손으로 여호와의 뜻을 성취하리로다"** 메시아인 인자는 다니엘의 예언 성취가 있기 전에 만인을 구원의 길로 인도해야할 하나님의 '고난 받는 종', 즉 "에베드 야훼"(Ebed Yahweh)이라고 하는 또 다른 사명을 띠고 이 땅에 오신 것이다.

(3) 하나님의 본체(homoousius)

예수에 대한 최대의 미스터리이며 선재사상의 최고의 핵심은 "예수는 하나님과 일체(Oneness)이며, 아버지 하나님과 더불어 한 분 하나님이시다"라고 고백하는 주후 325년의 니케아신경(Nicea

Creed)에 나타나고 있다. 니케아신경이 초대교회의 신앙적 고백의 결정체라고 믿기 때문에 당연히 역사적 예수 탐구자들은 역사로서의 가치를 인정하려 들지 않는다. 왜냐하면 '예수가 하나님이다'라는 고백은 역사적 예수 탐구자들에게는 역사가 아니라 단지 신앙적인 고백으로서만 이해되기 때문이다. 그럼에도 불구하고 모든 그리스도의 교회는 니케아신경의 입장을 자신의 정체성으로 받아들이며, 또한 자신의 신앙으로 고백해 오고 있다.

예수가 하나님이며 또한 하나님의 본체라고 하는 신앙고백은 예수의 부활 후 제자들의 신앙고백으로 굳어져 갔다. 그러나 그리스도는 "하나님의 본체"라고 하는 고백은 직접적으로 바울로부터 나타나고 있다. 바울은 자신의 글에서 **"그는 근본 하나님의 본체시나 하나님과 동등 됨을 취할 것으로 여기지 아니하시고, 오히려 자기를 비어 종의 형체를 가져 사람들과 같이 되었고, 사람의 모양으로 나타나셨으매 자기를 낮추시고 죽기까지 복종하셨으니 곧 십자가에 죽으심이라"**(빌2:6-8)고 언급하고 있다. 또한 바울은 오늘날 삼위일체 하나님의 신앙에 대한 고백으로 간주되는 **"주 예수 그리스도의 은혜와 하나님의 사랑과 성령의 교통하심이 너희 무리와 함께 있을찌어다**(고후13:13)는 축복의 선언을 교회에 남기고 있다.

바울은 무엇을 근거로 예수를 그의 선재사상의 핵심이 되는 하나님의 본체라고 주장했을까? 바울은 그리스도인들을 핍박하기 위해 다메섹으로 가던 중 '예수 그리스도의 계시로 말미암아' 그의 복음을 받았다(갈1:12,16)고 고백하고 있다. 그리고 그는 **"곧 계시로 내게 비밀을 알게 하신 것"**(엡3:3)이라고 말한다. 그리고 **"이 비밀은 만세와 만대로부터 옴으로 감추었던 것인데 이제는 그의 성도들에게 나타났고, 하나님이 그들로 하여금 이 비밀의 영광이 이방인 가운데 어떻게 풍성한 것을 알게 하려하심이라 이 비밀은 너희 안에 계신 그리스도시니 곧 영광의 소망이니라"**(골1:26-27)고 말한다. 즉, 바울은 다메섹 도상에서의 예수를 만난 체험을 자신의 복음의 핵심적인 계시로 생각하고 있었으며, 이전에 자신이 대적했던 예수가 하나님의 만세 전부터 내려오는 비밀이라는 고백을 하고 있다.

다메섹에 나타난 예수는 빛 가운데 하늘로부터 내려왔다. 그의 얼굴에는 영광의 광체가 비취었고, 그 빛 앞에 사울이라고 하던 바울은 엎드려져 단지 그로부터 소리만 듣게 된다. **"사울아 사울아 네가 어찌하여 나를 핍박하느냐"**(행9:4). 사도 바울은 이 때 예수로부터 들은 말씀을 통해 하나님의 계시의 음성을 듣게 된다. 사도 바울은 하늘로부터 내려오는 예수를 보았을 때, 바울은 충격을 받았다. 자신이 이단의 괴수라고 생각했던 그이가 하늘로부터 구름타고 내려오는 다니엘 7장의 '인자' 같으신 분이 아닌가! 예수의 얼굴로부터 나오는 빛은 바울 자신의 마음에 비추어 알지 못했던 무지와 어두움으로부터 빛을 비추고 있는 것이 아닌가!

바울은 **"어두운데서 빛이 비취리라 하시던 그 하나님께서 예수 그리스도의 얼굴에 있는 하나님의 영광을 아는 빛을 우리 마음에 비취셨느니라"**(고후4:6)고 그리스도를 만난 후 고백 한다. 그리스도의 얼굴에서 하나님의 영광의 광채를 발견하고 있는 것이다. 후일 동방교회의 신학의 내용이 된 그리스도의 얼굴의 영광(Doxa:Dogma)을 보고, 바울은 유대전승과 랍비전승 뿐 아니라 에스겔과 다니엘에 의해 예언되던 분을 만난 것을 알았다.

이 만남을 통해서 바울은 자신의 영혼을 뒤흔들어 놓는 깨달음을 가지게 된다. 예수는 자신에게 왜 핍박을 하느냐고 힐문하고 있다. 그리스도의 몸인 교회들을 괴롭힌 것이 곧 그리스도 예수를 핍박한 것이라고 예수는 말하고 있지 않는가! 이로서 바울은 위대한 하나님의 계시인 두 가지 진리를 깨닫게 된다. 예수는 다니엘의 예언에서 기록된 '옛적부터 계신 이' 옆에 계신 '인자 같으신 분'으로 명명되는 바로 그 분임을 알게 된다. 예수가 하나님의 아들 이며, 또한 하나님 그 자신, 곧 본체(homoousius)시라는 것을 깨닫게 된 것이다. 그리고 하나님으로부터 부르심을 받은 교회가 그리스도 예수의 몸이라고 하는 '그리스도의 몸'(The Body of Christ)의 신학을 세우게 된 것이다. 기독교의 중심교리인 기독론과 교회론이 형성되는 순간이다.

예수의 미스터리와 선재사상의 실마리는 바울의 다메섹 체험을 통해 확실해 졌다. 적어도 바울의 이 경험은 예수의 부활 이후 2-3년에 이루어졌으며, 아직 어쩌면 유대적 전통에서 완전히 벗어나지 못한 예수의 다른 제자들의 신학에는 예수께서 하나님으로써 자신의 선재설(先在說)을 이미 밝히고 있었음에도 불구하고, 그리스도가 하나님 자신이시다란 고백은 아직 발견되고 있지 않은 것 같다. 왜냐하면 유대인의 사고는 헬라적 배경을 지닌 바울의 사고와는 판이하게 달랐기 때문이다. 바울이 헬라적 영향으로 좀 더 철학적이며 분석적이었기 때문에, 하나님 아버지와의 관계에서 예수의 위치를 좀 더 분명히 하고 있는 것이다. 그러나 아직 유대전승에 익숙한 다른 제자들은 하나님 자신에 대하여 분석적으로 생각하지도 않았고, '하나님의 아들 예수'라는 포괄적인 개념 안에 그리스도를 이해하고 있었던 것이다.

역사적 예수를 탐구하는 현대 신학자들은 예수에 대한 기독론적인 이해, 곧 예수는 하나님의 본체라고 하는 니케아신경을 바울식 전통의 산물로 간주한다. 그리고 다메섹경험은 단지 종교적인 개인적 체험이기 때문에 신학적 진술로서의 가치를 상실한다고 믿는다.25) 그들은 신앙적인 체험은 학문적인 진술 혹은 법정의 진술(Aussage)로서 인정을 받을 수 없으며, 단지 무엇에 대한 문학적인 표현(Ausdruck)에 불과하다고 생각하기 때문이다.

독일에서는 법정에서 받아들일 수 있는 확실한 증거를 '아우스자게'(Aussage)라고 말한다. 그러나 법정에서 증거로 받아들일 수 없는 허구적인 이야기는 '아우스드룩'(Ausdruck)이라 한다. 지난 세기 독일신학에서는 '예수가 하나님이다', 혹은 '예수가 하나님의 아들이다'라는 예수 이야기는 법정에서 증거로 받아들일 수 있는 '아우스자게'가 아니라, 법정에서 받아들일 수 없는 단지 문학적인 표현인 '아우스드룩'으로 간주해 왔다.

그러나 기독교는 사람들이 알지 못하는 자기만의 체험을 바탕으로 한 고백으로부터 출발한다. 그 사실을 역사적으로나 과학적으로 입증을 받는데 목을 매지 않는다. 그러나 이해할 수 없다고 해서 설명할 수 없는 종교경험들을 다 제거해버리면, 기독교는 더 이상 존재할 수 없다. 그러나 기독교를 제거하려고 하는 그 자신 역시 새롭게 해석되며 다가올 미래를 제해 버렸기 때문에 자신의 미래도 사라진다는 것을 알아야 한다. 왜냐하면 판단하는 그는 단지 현재의 지식과 개념의 한계로 초경험적 세계와 미래를 닫아 버렸기 때문이다.

결 론

　　예수는 비유를 통해 자신의 미스터리를 드러낸다. 그러나 그 미스터리는 오히려 그를 믿지 않는 사람들에게는 넘어지게 하는 걸림돌이 된다. 그러나 그의 말씀을 듣는 이들은 하나님의 비밀을 깨닫게 된다. 그런 점에서 '씨 뿌리는 자'의 비유는 중요한 예가 된다.
　　그리고 예수는 처음부터 하나님의 말씀으로 예언되던 그 말씀의 인격적 형상이자, 하나님의 예언의 궁극적 인격의 실현이었다. 모세의 글로부터 언급되던 아브라함이 만났던 하나님이며, 모세 자신에게 계시된 하나님의 이름을 소지한 분이었다. 그는 묵시적 종말론적 유대전승에 나타나는 메시야로서 하나님의 아들 이디엘(Ithiel)이며 인자이다. 또한 하나님의 언급된 로고스(말씀)이다. 궁극적으로 예수는 바울의 다메섹경험으로 드러난 '인자'이며, 또한 하늘로부터 내려와 세상을 주관하는 분, 즉 하나님 그 자신(homo-ousius)이시다. 그에 대해 우리가 말할 수 있는 최상의 적절한 표현은 무엇일까?

"베들레헴 에브라다야 너는 유다 족속 중에 작을찌라도 이스라엘을 다스릴 자가 네게서 내게로 나올 것이라 그의 근본은 상고에, 태초에니라"(미가5:2)

II. 예수의 탄생과 성장

II. 예수의 탄생과 성장

"이는 한 아기가 우리에게 났고 한 아들을 우리에게 주신 바 되었는데 그 어깨에는 정사를 메었고 그 이름은 기묘자라, 모사라, 전능하신 하나님이라, 영존하시는 아버지라, 평강의 왕이라 할 것임이라. 그 정사와 평강의 더함이 무궁하며 또 다윗의 위에 앉아서 그 나라를 굳게 세우고 자금 이후 영원토록 공평과 정의로 그것을 보존하실 것이라 만군의 여호와의 열심이 이를 이루시리라"(사9:6-7)

1. 다양한 문제들

　예수의 탄생과 관련된 주변을 싸고 있는 모든 이야기들은 예수가 동정녀(Virginal Conception)로부터 탄생했다고 하는 사실을 믿음으로부터 받아들일 수 없는 모든 이들로 하여금 당혹감을 느끼게 만든다. 동정녀 탄생이 과학적으로나 역사적으로 증명될 수 있는 성질의 것이 아니기 때문이다. 즉, 포유동물에게 수컷의 도움 없이 암컷만의 처녀생식(Parthenogenesis)이 가능한 경우는 있어도, 동정녀 탄생이란 아직도 인과론의 틀 안에서 과학적 사고를 하는 모든 인간들에게는 상상도 할 수 없는 일이기 때문이다.

　이러한 연유로 역사적 예수를 탐구하는 많은 신학자들은 예수가 동정녀로부터 탄생했다는 사실(fact)을 부정한 체, 단지 의미(meaning)만을 밝히는데 관심을 가지고 있다. 혹은 전혀 과학적으로나 역사적인 사실로 받아들일 수 없다는 이유로 그들은 예수의 동정녀 탄생의 진실을 단지 '은유적인 탄생설화'(metaphorical birth narratives)의 일종으로 간주한다. 그러므로 예수의 동정녀 탄생을 분명히 과학적으로나 역사적인 사실로 증거를 하는 것은 난제가 따른다.

　그러나 신앙은 하나님께서 인류 역사 가운데 행하신 모든 사건을 믿는 믿음으로 출발한다. 또한 진정한 역사란 예수의 탄생을 증거하고 있는 모든 개인의 실존적인 경험과 예수 동정녀 탄생과 부활과 같은 신비한 사건들에 대한 예수의 자기 진술에 귀를 기울여야 할 의무를 전제로 한다. 단지 눈으로 확인된 것만이 오직 역사일 따름이라는 역사주의에 근거한 역사란 자기이해와 체험 그리고 해석이 빠진 무의미의 연속에 불과하기 때문이다. 이 때문에 예수의 탄생과 관련된 모든 경험들과 진술은 적어도 '이 세상 역사 속에서 일어났던 사건'이라는 점에서 역사의 내용으로 다루어져야 한다. 그러나 그 사실의 진위를 밝히는 문제는 결코 판단의 대상이 될 수 없기에, 믿을 수 없다면 '판단중지'(epoche)의 영역으로 남겨두어야 할 것이다.

예수의 동정녀 탄생을 믿지 않는 역사적 예수 탐구자들이 예수의 탄생과 관련해서 제기하는 몇 가지 문제들을 살펴보면, 소위 탄생설화가 나타나고 있는 마태와 누가의 1-2장들의 기록을 제외하고, 이미 그 이전에 기록된 마가나 바울의 글에는 전혀 예수의 탄생 이야기가 나타나지 않는다는 점을 지적한다. 더욱이 마태의 글과 누가의 탄생에 대한 보고와 예수의 족보에 대한 기록이 서로 다르다는 점을 지적한다. 구체적으로 말하자면, 마태가 아브라함을 예수족보의 선조로 기록하고 있는 반면, 누가는 아담까지 거슬러 올라가서 기록하고 있다. 그리고 마태에 기록된 예수의 조상은 요셉을 거슬러 올라가 다윗, 솔로몬 그리고 유다의 왕들에 이른다. 그러나 누가는 솔로몬이 아니라 나단, 다윗으로 거슬러 올라가는 가계로 설명하고 있다고 지적한다.

그리고 마리아와 요셉이 거주하던 곳을 살펴보면, 누가의 기록에는 나사렛에서 살다가 인구조사를 연유로 베들레헴으로 가서, 그 곳 어느 여관에 딸린 마구간에서 예수를 낳은 것으로 되어 있다는 것이다. 그리고 그들은 나사렛 집으로 돌아간 것으로 기록되어 있다. 그러나 마태에는 마리아와 요셉이 베들레헴이 본래 자신의 집이었고, 예수는 마구간이 아닌 자신들의 집에서 출생한 것으로 드러난다고 주장한다. 그리고 이집트에서 시간을 보내다가 나사렛으로 돌아갔다는 것이다. 즉, 마태에는 베들레헴으로 여행했다는 기록이 없다는 것이다.

그리고 역시 마태에 기록된 동방박사들과 별의 출현이 누가에는 없다는 것이다. 대신 천사들이 밤하늘에 목자들 앞에 나타났다는 기록이 있을 따름이라는 것이다. 그리고 마태에는 헤롯이 두 살 아래의 베들레헴 아이들을 다 죽이라는 명령을 했다는 것과 마리아와 요셉이 예수를 데리고 이집트로 피신했다는 기록이 있는 반면, 누가의 기록에는 헤롯의 집단적 유아살해의 공작도, 이집트로의 여행도 없었다는 것이다. 그리고 마태나 누가가 동일한 히브리어 성경 원전을 참고하고 있었음에도 불구하고, 마태에는 **"선지자로 하신 말씀에"**라는 다섯 군데의 언급(마1:23;사7:14;2:6;미5:2;2:15;호11:1;2:18)이 나타나고 있는 것에 비해, 누가에는 단지 예수의 어머니 마리아(the Magnificat)와 사가랴(Zechariah)의 찬송으로 대치하고 있다는 점을 들어서 예수의 탄생 이야기를 조작했다고 주장하고 있다.

역사적 예수 탐구자들이 예수의 탄생에 대해 문제시하는 것들은 거의 대동소이 하다.[26] 우선 과학적이지 않고, 역사적인 기술로 받아들이기에는 너무나 허구성이 짙거나 사료(史料)의 차이가 많이 나타나고 있다고 생각한다. 이들의 주장은 우리가 앞으로 변증해 나가야 할 주제들이다.

그러나 역사가 객관성(objectivity)과 사실의 문제를 다루어야 할 것과 함께 주관성(subjectivity), 즉 역사 기록 당시의 개인과 사회의 여러 가지 구조 관계성을 포함한 저자의 경험과 해석이 차지

하는 공간인 의미의 문제가 함께 다루어져야 한다. 이러한 점에서 쉽게 과거 역사의 '한 덩어리'(stuff)를 단지 실증적 사건의 연속으로만 단순화시키는 것은 금물이다. 지난 세기 많은 신학자들은 역사주의가 단지 현재의 입장에서 수용 가능한 실증적 사건만을 역사로 다루는 한계 때문에 반역사주의적인 입장을 피력해 왔다. 때문에 특별히 독일 신학자들은 일반적으로 역사(History)라는 말과 더불어 신앙의 진술을 포함시키는 구속사(Geschichte)라는 말을 역사(Historie)가 체 설명할 수 없는 다른 범주를 설명하는 용어로 사용해 오고 있다. 사실 역사는 객관의 영역과 주관의 영역으로 뚜렷하게 구분 지을 수 없는 훨씬 복잡한 덩어리임을 알아야 한다. 이 때문에 우리들의 사건 파악 속에 드러난 역사적 사실을 역사로 받아들이는 일과, 또한 역사적 과거 사실 속에 뒤엉켜있는 과거의 신앙과 신학적인 이해들을 밝히는 일 역시 역사를 다루는 일임을 알아야 한다.

2. 탄생의 전주곡

(1) 예수의 족보

　예수의 생애는 초대교회의 모든 이들의 초미의 관심사였다. 그리하여 자신들의 삶으로 다가온 예수의 사건들에 대해 기록으로 남기려 했던 이들이 많았던 것 같다(눅1:1). 마태나 누가는 그들 중에 한 사람이었다. 그러나 예수에 대한 대부분의 글들은 이미 소실되었거나 중단되었을 것이다. 그리고 예수의 출생에 대해 직접적인 증언을 해 줄 수 있는 사람은 예수의 어머니 마리아 이외에는 전무한 형편이었을 것이다.
　예수 당시의 여리고의 세리장으로 식자층에 속했던 사람인 마태는 예수의 사건을 자기 민족에게 전해야겠다는 소명을 가지고 있었다. 그는 유대인들의 관례를 따라 예수의 정통성을 설명해야 할 필요성을 강하게 느끼고 있었다. 그가 자신의 복음서의 처음을 예수의 가계 족보로 채운 것은 이 때문이었다. 유대인들이 자신들의 유일한 선택받은 조상이라고 여겼던 아브라함(요8:33)을 전면에 부각시키는 것이 무엇보다도 중요함을 그는 잘 알고 있었다. 이 때문에 그는 아브라함과 메시아 후손에 대한 신탁을 하나님께 받았던 다윗의 이름을 빌려 위로부터 아래로 이어져 나가는 예수의 하향족보를 써 내려갔다.
　그러나 그는 자신의 마음속에 챙겨두었던 두 가지 사실을 잊지 않고 있었다. 하나는 유대인들에게 예수가 다윗의 자손이라는 정통성을 납득시키기 위해 육신의 아버지 요셉의 가계를 설명해야 했다는 점이다. 그러나 다른 하나는 유대인들의 회유를 위해 쓴 자신의 글의 성격 때문에 드러내 놓고 주장할 수 없는 예수의 탄생에 대한 또 다른 진실, 예수가 요셉의 아들이 아니라 하나님의 아들이라는 사실을 은연중에 드러내 놓는 일이었다.

마태는 자신의 숨겨진 목적을 위해 이렇게 기록하고 있다. **"야곱은 마리아의 남편 요셉을 낳았으니 마리아에게서 그리스도라 칭하는 예수가 나시니라"**(1:16). 이 성구에는 두 가지의 의도가 숨겨져 있다. 낳고, 낳고, 낳고의 긴 연속의 족보 서술의 표현이 갑자기 사라지고, 갑자기 쓰던 표현들이 생략되는 현저한 대조를 보인다. 마태는 요셉이 예수의 아버지가 되었다거나, 혹은 예수를 낳았다는 표현을 의도적으로 회피하고 있다. 그리고 요셉을 "마리아의 남편"이라고 기록함으로써 예수의 출생이 동정녀 탄생이었다는 사실을 간접적으로 알리고 있는 것이다.

예수의 사건에 대한 누가의 태도는 전혀 달랐다. 마태가 유대인의 왕 다윗의 자손 예수를 기록하고 있는 반면, 누가는 로마 황제이자 이 세상 임금이었던 아우구스투스(Augustus)와 견줄만한 세상의 왕을 세상 사람들에게 알리고 싶었다. 그런 연유로 누가는 마태가 세상의 왕 바로와 모세라고 하는 구도를 지니고 바로에 해당하는 헤롯과 모세가 지칭하던 그 새로운 선지자 예수의 구도를 그리고 있는 반면, 자신은 세상의 왕 아우구스투스와 하나님의 아들 예수라고 하는 대칭구도를 가지고 있었다. 따라서 그는 예수를 온 세상과 연관시킨다. 그 때문에 자연스럽게 그의 족보는 아담에 이르기까지 거슬러 올라간다. 그러면서도 누가는 "**다윗의**

자손 요셉이라 하는 사람과 정혼한 처녀"(눅1:27) 마리아의 아들이라는 표현을 쓰며 예수의 정통성을 확보하려 한다.

그러나 누가의 내심에 있는 중심은 확실하다. 예수는 "**성령이 네게 임하시고 지극히 높으신 이의 능력이 너를 덮으시리니 이러므로 나실바 거룩한 자는 하나님의 아들이라 일컬으리라**"(눅1:35)는 천사의 예언의 성취자이다. 그러므로 그는 더 이상의 마태의 기록에서 보여 진 것처럼 선지자들의 예언을 인용할 필요성을 느끼지 못한다. 단지 그 예언의 성취에 대한 감사만 있을 따름이다. 이것이 왜 누가가 마태처럼 선지자의 예언들을 나열하지 않고 단지 마리아와 사가랴의 찬송시만 기록했는지에 대한 답변이다. 그리고 흥미를 더하는 사실은 탈무드의 기록을 보면, 요셉과 마리아는 둘 다 다윗의 자손이라고 기록되어 있다는 점이다. 탈무드에는 누가의 기록 "요셉도 다윗의 집 족속인고로"라는 표현을 "그들(요셉과 마리아)은 다윗의 집 족속인고로"27)라고 기록하고 있다.

결론적으로 언급하자면, 마태의 예수 족보는 요셉의 가계를 나타내고 있다. 그러나 누가의 예수 족보는 마리아의 가계의 족보를 나타내고 있는 것이다. 동일한 히브리어 구약성서를 인용하고 있을지라도 마태와 누가의 각각의 시각이 그들의 기록을 이렇게도 상이하게 그리도록 만들었던 것이다. 마태가 유대인의 족보 기록법에 따라 그 운율을 맞추기 위해 7의 배수인 "아브라함으로부터 다윗까지 열 네 대요 "(14(7X2)대), "다윗부터 바벨론으로 이거할 때까지 열 네 대요", "바벨론으로 이거한 후부터 그리스도까지 열 네 대러라"는 형식으로 기록하고 있으나, 누가의 상향족보는 역시 운율을 맞추기 위해 하나님의 이름과 더불어 77(11X7)대로 서술하고 있다. 운율을 맞추었다는 것은 그들의 족보 가운데는 생략된 자들도 있다는 것을 의미한다. 궁극적으로 누가의 관심은 결국 예수는 하나님께로 거슬러 올라가는 하나님의 아들이라는 증거를 하고 있는 것이다.

(2) 동정녀 탄생

예수가 동정녀 마리아로부터 태어 낳았다고 하는 사실은 오랫동안 논쟁거리가 되어 왔다. 고대 문헌에 보면 어떤 이들이 비아냥거리며 예수를 로마병사의 사생아라고까지 말하기도 했다.[28] 반기독교주의자였던 켈수스(Celsus, 2C)와 역시 기독교를 비하하려는 목적을 지니고 작성된 유대인 구전집(口傳集)에 따르면, 로마궁수 판데라(Tiberius Lulius Pantera, c.22BC-AD40)가 예수의 아버지라는 주장을 했다. 마리아가 요셉과 정혼하기 전에 로마 궁수 판테라(Pantera)에게 몸을 팔아 예수가 탄생했다는 것이다. 그러나 기독교를 적대시했던 켈수스는 처녀라는 의미의 판테노스(Panthenos)와 로마 궁수 판테라(Pantera, or Panthera) 사이의 언어적 유희를 사용하여 예수의 동정녀 탄생을 비하코자 했던 것이다. 그러나 실상 예수라는 이름은 예수 당시에는 우리나라의 '철수'라는 이름만큼이나 흔한 이름이었다. 그러나 궁극적으로 오늘날 역사적 예수 탐구자들의 아류(亞流)인 도올까지 나서서 예수의 동정녀 탄생을 문제 삼는 것[29]은 예수의 동정녀 탄생이 우선 과학적으로나 역사적으로 도무지 납득이 가지 않는다는 점 때문이다.

예수의 동정녀 탄생이 부인되는 몇 가지 이유는 다음과 같다. 첫째는 동정녀 탄생을 알리는 이사야의 글(7:14)이 처녀(*betula*)가 아니라 젊은 여자('*almah*)라고 번역되기 때문이다.

그리고 둘째로 당시의 많은 동정녀 탄생을 주장하는 설화들이 이방의 신화들(Mithraism and Zoroastrianism)에 이미 공존하고 있었기 때문이다. 그러나 미트라 종교와 조로아스터 종교의 동정녀 탄생과 부활은 극히 우화적인 이야기에 불과했지만, 후에 2-3세기 헬라 영지주의 사상의 영향으로 당시의 이단 사상이었던 기독교의 혼합주의가 만들어졌다. 그 결과 기독교 후기의 영지주의 문서인 낙하마디의 문서들이 오히려 예수의 동정녀 탄생과 부활의 원본처럼 다루어지는 풍자를 만들어 내었다. 최근의 프리크(T. Freke)와 갠디(P. Gandy)의 「*예수는 신화다*」(The Jesus Mysteries)라는 글이 세계적인 베스트셀러가 됐음에도 불구하고, 오히려 역사적 예수 탐구자들에 의해 소설류의 책으로 간주된 것도 이 때문이다. 후대에 영지주의의 영향으로 작성된 문서를 이미 몇 세기를 앞서가는 문서들의 원형으로 다룬 실수는 단지 문헌학자들의 실수 정도가 아니라, 그들이 소설을 썼다는 것을 역사적 예수 탐구자들도 알기 때문이다.

그리고 마지막 셋째로 성서의 초기 기록자들인 바울이나 마가가 예수의 탄생 기사를 전혀 언급하지 않는다는 점도 한 몫을 담당했다.

우선 첫째의 동정녀 문제의 실마리는 예수의 동정녀 탄생을 알리는 직접적인 기사인 이사야의 글에서 찾아 볼 수 있다. "**그러므로 주께서 친히 징조로 너희에게 주실 것이라 보라 처**

녀가 잉태하여 아들을 낳을 것이요 그 이름을 임마누엘이라 하리라"(7:14). 문제는 여기에 기록된 처녀라고 하는 말이 히브리 성경에는 '알마'('almah)라고 기록되어 있다는 점이다. 그러나 진작 유대인들은 처녀라고 하는 말의 표현을 '베투라'(Bethulah)라고 쓰고 있다. 때문에 이사야는 메시아의 탄생에 대한 자신의 예언을 언급할 때, 메시아가 처녀로부터 탄생하리라고 하는 특별한 생각이나 강조를 하지 않았다는 말이 된다. 그런데다가 다른 창세기의 기록에는 "**그 소녀**(리브가)**는 보기에 심히 아리땁고 지금까지 남자가 가까이 하지 아니한 처녀더라**"(창24:16)(필자 밑줄)라는 성구에서 "**처녀**"(베투라)라고 말하고 있다. 이 때문에 현대 신학자들과 역사적 예수 탐구자들은 예수의 동정녀 탄생을 믿지 않는다.

그러나 "알마"라는 표현 역시 고대 히브리 표현에서는 "베투라"와 서로 상용해서 사용하고 있었다는 점을 간과해서는 안 된다. 리브가에 대한 "베투라"의 표현(창24:16)은 금방 "알마"(창24:43)로 바뀌고 있기 때문이다. 요엘의 표현을 보면, "**너희는 애곡하기를 처녀가 어렸을 때에 약혼한 남편을 인하여 굵은 베로 동이고 애곡함같이 할지니라**"(1:8)는 표현에는 과부를 "베투라"라고 말한다. 히브리어의 영어번역 사전인 「루벤 알카라이」(*Reuben Alcalay*)에는 결코 "베투라"를 동정녀로 의미하지 않는다. 오히려 히브리어 성경에 7번 사용되는 "알마"의 뜻 안에 처녀라고 하는 의미가 들어 있다(창24:43;출2:8;시68:25;아1:3;6:8;잠30:19;20). 그러나 다른 성경에는 "알마"가 남자와 관계를 한 사람으로 나타나고 있다. 기독교 이전의 역사, 예를 들어 보면 70인경(LXX)의 "알마"(parthenos)는 자연스럽게 처녀를 의미한다. 70인경은 "베투라"와 "알마"를 동의어(synonyms)로 이해한다. 기독교의 동정녀 논쟁이 "베투라"와 "알마"의 용어 간의 구별을 분명히 하도록 만든 것이다.

문제는 기독교의 신앙을 인정하느냐 못하느냐에 달려 있다. 동정녀 탄생이 인간의 죄의 성질을 가지지 않은 자, 즉 육체의 혈통을 소지하지 않은 자만이 인간을 구원할 수 있다는 3-4세기에 살았던 교부 성 어거스틴(St. Augustinus)의 신학적 결단으로 구체적으로 불거져 나왔지만, 그 전에 이미 초대교회들은 자신들의 고백과 니케아신경과 같은 공동체의 신앙고백을 통해 분명히 예수의 동정녀 탄생을 고백하고 있다. 예수가 동정녀에게서 탄생했거나 아니거나 그의 구원 사역에 큰 변화를 주지 않는다고 역사적 예수 탐구자들은 말한다. 또 그들의 아류인 도올도 그렇게 주장한다.[30] 그러나 그들의 시각을 받아들이면 사실을 부인하게 되고, 예수의 구원자로서의 탄생의 의미만을 인정하게 된다. 그러나 여기에 함정이 있음을 알아야 한다. 의미 없는 사실이 공허한 것처럼 사실이 없는 의미는 거짓의 함정으로 빠져들게 되는 것이다.

동정녀 탄생과 관련된 두 번째 문제는 예수의 탄생 이야기가 이교적 전통과 연관이 되어 있다고 하는 주장으로부터 온다. 예수의 탄생 이야기가 이교의 탄생설화의 영향을 받았느냐, 아니면 유대적 신탁에 의한 예언적인 이야기로부터 출발하고 있느냐 하는 문제는 오랫동안 논쟁거리였으나 대부분의 학자들은 전자보다는 후자를 택하고 있다.[31]

예수의 동정녀 탄생을 역사적으로 이해하려는 종교사학파의 시도는 다른 종교들의 유사한 경험들 속에서 예수의 탄생의 개념을 파악해보려고 한다. 문제는 비교종교학에서 항상 발견되는 유사성과 동질성 간의 구분이다. 구조가 같다고 해서 그 성질이 같은 것은 아니다. 그리고 종교를 수평적으로 비교할 때 생기는 유사성과 동질성 간의 착오의 문제 이외에도, 또 다른 문제는 현재의 시각을 가진 연구자가 과거의 시간과 그 과거 속에 발생되는 공간들 간의 큰 간격들을 자기도 모르게 좁혀서 생각한다는 점이다. 이 때문에 예수의 탄생 이야기와 동일한 것 같이 보이는 수없이 많은 설화들을 다 예수의 동정녀 탄생과 동일한 사건으로 간주하려는 오류를 범하는 것이다.

분명히 현재까지 알려진 바로는 예수의 동정녀 탄생과 같은 성질의 사건은 단 한 번도 없었다. 타 종교의 탄생설화는 인간이나 동물을 가장한 신이나 혹은 인간들의 성관계를 통해 생겨난 탄생설화가 주를 이룬다.

그들의 동정녀 탄생설화를 보면, 고대 그리스와 로마의 신 아도니스(Adonis)는 키니라스(Cynyras)와 몰약나무로 변한 그의 딸 사이에서 나무로부터 태어난다. 그리고 거대한 바위로부터 출생한 아그디스티스(Agdistis)의 피는 석류나무가 되고, 그 석류나무로부터 임신되어 태어난 아이가 고대 기원전 7세기경의 리디아지역의 신 아티스(Attis)의 탄생설화이다.

인도의 신 크리쉬나(Krishina)는 데파키(Devaki)공주의 여덟 번째의 아들로서 신비스럽게 태어난다. 기록을 인용하자면, "당신은 모든 것의 최초입니다. 당신은 모든 것보다 우세하고, 나뉘지 않은 초월의 영을 가지신 분입니다. 그러기에 당신은 밖에도 안에도 존재하지 않습니다. 당신은 결코 데바키의 자궁 속에 들어 간 적이 없습니다. 오히려 당신은 이미 거기에 존재했습니다."[32]라고 말 한다. 이것이 인도 고대철학이 탄생시킨 탄생설화이다.

이외의 어느 신들의 이야기, 가나안 토속 신 바알(Baal), 로마의 술의 신 박카스(Baccus), 오딘(Odin)의 아들 발더(Balder), 부처의 잘못된 표현인 일본의 베드루(Beddru), 부처의 또 다른 표현인 태국의 신 데바타(Devata), 고대 미트라신화(Mythraism)와 관련된 그리스의 술의 신 디오니수스(Dionysus) 이야기에도 동정녀 탄생설화는 나타나지 않고 있다. 디오니수스는 세메레(Semele)와 제우스(Zeus) 사이에 비밀리 태어난 사생아였다. 죽은 세메레의 몸에 잉태해 있었던 디오니소스를 제우스는 자신의 허벅지 살 속에 숨겨 탄생케 한다. 그리스도 예수의 동정녀 탄생과는 거리가 멀다.

이집트의 태양신(Re)과 죽었다가 살아난 신 오시리스(Osiris)의 아들 호루스(Horus)는 동정녀 탄생이나 그리스도의 부활과는 아무런 관련이 없다. 가끔 오시리스나 호루스가 예수 그리스도와 비교되지만, 이집트 고대 신화의 원본을 이루는 전설은 예수 그리스도와는 전혀 관계가 없다. 단지 2세기부터 발생하기 시작한 이집트의 혼합종교의 형태를 띤 영지주의와 기독교의 토착화 과정에서 예수가 마치 오시리스나 호루스처럼 묘사된 글들이 낙 하마디에서 발견되어 관심거리가 되기도 하지만 그런 글들은 기독교의 초기 이집트 토착화 신앙의 굴절로부터 생겨난 것들이다.

그리고 고대 짜라투스트라(Zarathustra)의 글에서 언급된 미트라(Mithra)신은 바위로부터 출생했다. 초대교회의 영지주의 사상과 함께 오르페우스(Orpheus)신앙은 기원 후 3-4세기에는 그리스도 예수의 십자가상을 도용해서 한 때 자신들의 혼합적인 종교적 모델을 만들어 내기도 했다. 아카디안(Akkadian)의 탐무즈(Tammuz)나 스칸디나비아인들의 토르(Thor)는 결코 동정녀 탄생과 멀고, 호수에서 수영하던 처녀가 물에 떨어진 조로아스터(Zoroaster)씨를 받아 잉태케 된다는 사오시안트(Saoshyant)의 잉태설화도 결코 예수의 동정녀 탄생과는 거리가 멀었다.33)

그렇다면 이들 신들은 왜 항상 기독교의 예수와 그의 사건들과 연관이 되는 것일까? 그것은 이들 모든 신들이 죽었다가 살아난다는 설화를 다 간직하고 있기 때문이다. 즉, 예수의 부활의 구조와 유사한 형태의 구도를 자신들의 설화에 담고 있기 때문이다. 그러나 그들의 부활은 극히 우화적(allegorical) 이다. 그러나 유사성을 동질적인 것으로 착각하는 현대 신학자들과 역사적 예수 탐구자들이 결코 포기하지 않는 것은 기독교를 다른 종교들과 동일한 수평선상에 놓고 연구하고 싶은 충동이다.

필자가 주장하는 것은 기독교만의 독선을 주장하는 것이 아니라, 오히려 비교종교학에서 자주 일어나는 다양한 성질의 종교들 간에 비슷한 구도들이 나타날 때, 유사성을 동질성으로 간단히 오해해 버리는 반복되는 실수를 피하기 위해서이다. 이러한 반복되는 실수가 죽음 그리고 부활이라고 하는 구도를 가진 이미 앞에서 언급한 모든 종교의 탄생설화와 기독교의 동정녀 탄생을 동일한 구도로 보게 하는 것이다.

그러나 기독교의 동정녀 탄생이야기는 다른 모든 종교의 탄생설화와 별개로 존재한다. 어떤 이들은 이들 다른 종교의 탄생설화가 기독교 신앙에 간접적인 영향을 주었다고 주장하지만, 고대의 모든 탄생설화의 창작 연대는 동정녀 탄생에 대한 초기 기록된 기원전 8세기의 이사야의 예언(7:14)을 넘어서지 못한다. 대체로 그들의 주장들이 기독교와 관련이 된 것은 영지주의의 기독교 내의 출현 이후부터였다. 1945년 낙 하마디(Nag Hammadi)에서 발견된 많은 문서들 중에 나타나고 있는 미트라종교, 오르페우스종교, 그리고 오시리스와 디오니수스 종교의 혼합적 영향은 영지주의라는 태반을 통해 기독교 안에 스며들어오게 되었다.[34] 이것 때문에 오늘날 우리들에게는 오히려 기독교가 이교들로부터 영향을 받은 것처럼 잘못 전달되고 있는 것이다.

최근에 출판된 프리크(T. Freke)와 갠디(P. Gandy)의 「*예수는 신화다*」(The Jesus Mysteries)라는 글은 이러한 전형적인 실수를 범하고 있다. 그들은 낙 하마디(Nag Hammadi)에서 출토된 2세기경의 지중해 연안의 토속신앙과 사상을 지닌 영지주의(Gnosticism)와 기독교의 혼합종교의 문서들을 통해 그 문헌보다 훨씬 앞선 1세기 기독교 자료들과 기독교 신앙의 주체가 되었던 예수의 역사적 존재마저도 부정한다.

프리크와 갠디의 주장에 따르면, 기독교의 예수신앙은 그들 자신들이 스스로 붙인 이름인 오시리스-디오니수스(Osiris-Dionysus)의 신앙을 모방 조작했다는 것이다. 그 증거로, 오시리스-디오니수스는 하나님의 아들로서 동정녀로부터 탄생했고, 그리고 그는 예수와 같은 날인 12월 25일에 탄생했다는 것이다. 그리고 그의 탄생과 함께 별이 나타났고, 동방의 3인의 현인들이 나타나 예물을 그에게 주었다고 한다. 그리고 역시 오시리스-디오니수스는 자기 제자들에게 세례를 베풀었다고 한다. 또 그는 결혼식장에서 물을 포도주로 만든다. 그는 12제자를 세우고, 또 나귀를 타고 입성하여 사람들은 그를 반기며 종려가지를 흔들었다고 한다. 그리고 그는 부활절 즈음에 세상 죄를 지고 십자가에서 죽는다. 그리고 그는 죽은 자들의 세상에 갔다가 삼 일 만에 다시 살아나 하늘로 승천한다. 그리고 그는 마지막 날 세상을 심판하러 다시 올 것이다. 그의 죽음과 부활은 떡과 포도주, 즉 그의 살과 피를 상징하는 식찬 예식을 통해 기념된다는 것이다.

프리크와 갠디는 위의 언급한 오시리스와 디오니수스의 신화들은 영지주의자들(Gnostics)의 영향을 통해 기독교 초기부터 있었다고 말한다. 그러나 반(反)신비적이며 유대 율법적 전통을 내세우는 기독교 정통주의자들인 문자주의자들(Literallist Christian)에 의해 영지주의자들이 제거되었다는 것이다. 그리고 역시 하나의 종교적 사상으로 통일 로마제국을 세우려 했던 콘스탄틴 황제(the emperor Constantinus)에게도 영지주의가 방해가 되었기 때문에 기독교 영지주의는 말살 당했다고 주장한다. 그리고 그 결과 오늘날 로마 가톨릭과 개신교의 정통 문자주의자들의 전통만이 남게 되었다고 주장한다.

그러나 실상 영지주의는 2세기 이후 발생된 기독교 안의 혼합주의 사상이고, 프리크와 갠디에게 학문적 영향을 준 영지주의 대가 프린스톤대학의 이레인 페이겔스(Elaine Pagels) 역시 영지주의의 발생을 2세기 이후로 본다.[35] 즉, 페이겔스는 기독교의 영지주의 사상의 영입을 발렌티누스(Valentinus, c.100-c.160)로 보기 때문에,[36] 영지주의는 이미 기독교의 대부분의 신학이 자리를 잡고 있었던 한참 이후에 나타났으므로 기독교 초기부터 영지주의가 중요한 위치를 차지했다고 하는 것은 근거 없는 가설(假說)에 불과하다. 그러므로 영지주의가 원조(元祖)이고 정통교회의 신학이 영지주의로부터 영향을 받았다는 것은 지금까지 어떠한 자료도 발견된 바 없고, 또한 학문적인 근거도 전혀 없다.

그렇다면 오시리스-디오니수스가 누구인지 또한 그 신앙의 정체가 무엇인지 우선 밝혀 보도록 하자! 오시리스-디오니수스 신앙의 원전은 이집트의 오시리스전설과 관련 있다. BC 2000년을 넘어가는 이집트의 오시리스신앙은 헤로도투스(Herodotus, c. 484 BC-c. 425 BC)와 피타고라스(Pythagoras, c. 580 BC-c. 500 BC)의 언급에 의하면, BC 5-6세기를 전후로 지중해 연안으로 전파된 것으로 알려지고 있다. 그리하여 당시 아테네 중심의 디오니수스전설과 혼합형태의 신화로 오시리스-디오니수스 신앙으로 정착 된다 (1C의 프루타크(Plutarch, c. AD 46-120)와 디오도루스(Diodorus Sciculus, 1C BC)의 글). 결국 오시리스-디오니수스의 신앙은 이집트의 고대 오시리스 신앙으로부터 전승된 셈이다.

그러나 소위, 오시리스-디오니수스 신앙이란 본래 정확한 신앙적인 틀이나 형태가 있었던 것은 아니었다. 오시리스-디오니수스 신앙은 나라와 지방마다 다 다르게 설명되고 묘사되고 있기 때문이다. 원조인 오시리스 신앙은 BC 5-6세기 이래로 그리스의 디오니수스(Dionysus)로, 소아시아의 아티스(Attis)로, 시리아의 아도니스(Adonis)로, 그리고 로마의 바쿠스(Bacchus)와 페르시아의 미트라스(Mithras)로 변천해 간다.

그런데 이상한 일은 오시리스-디오니수스의 원전(原典)인 오시리스신앙에는 프리크와 갠디가 앞에서 주장한 기독교의 예수의 행적과 동일한 흔적들의 자료들이 전혀 나오지 않는다는 점이다. 오시리스가 태어날 때 오리온성좌의 세별(Mintaka, Anilam, Alnitak)이 나타났다고 하는 기록 이외의 어떤 기록도 발견되지 않는다. 이집트 기독교 혼합주의에서는 이 별들이 기독교의 동방박사들로 둔갑한다. 그리고 오시리스의 몸이 피와 살의 만찬으로 기념되었다고 하는 기록도 역시 발견되지 않는다. 오시리스가 언급했던 말과 예수의 말이 많은 일치점이 있다고 주장되었던 점 역시 이집트학자들 중 그 어느 누구도 그런 사실을 지금까지 제기한 적이 없었다.

이제 오시리스-디오니수스 신앙의 근본을 알아보기 위해 고대 이집트의 오시리스의 족적을 살펴보자. 왕인 오시리스는 자신의 신장 치수를 알아내어 보석관을 만들어 그 관의 치수에 맞는 자가 그 관을 차지하게 될 것이라는 동생 세트(Set)의 말을 믿고 계략에 빠져 그 관 속에 들어가게 된다. 그러나 닫힌 관 속에서 오시리스는 세트와 공모한 72명의 왕들에 의해 죽임을 당하고 나일 강에 던짐을 받게 된다. 그래서 그의 죽음은 그리스도 예수의 수난과는 전혀 다른 성질의 죽음이며, 또한 그의 이야기에 등장하는 자들은 12명이 아니라 72명으로 나타나고 있다. 그리고 오시리스의 몸은 잠시 그의 아내 이시스(Isis)에 의해 다시 찾아지지만, 또 다시 세트에 의해 14부분으로 동강이 나서 버림을 받게 된다. 그러나 그는 이후 다시 살아나 지하세계의 죽은 자들의 왕이 된다. 곧 죽은 자의 세계의 왕으로서 오시리스는 예수처럼 육신으로 다시 살아난 것이 아니었다. 즉, 그의 이야기는 전혀 그리스도 예수의 부활과 무관한 이야기이다. 왜냐하면 지하세계로 가서 사는 것과 육신의 부활은 전혀 다르기 때문이다.

그리고 한편 오시리스가 죽자 그의 아내 이시스(Isis)는 남편의 몸을 거두어 마지막 찾지 못한 성기를 나무로 조각해서 성관계를 하게 되고, 그 일을 통해 호루스(Horus)를 낳게 된다. 고대 신화에 등장하는 이 호루스는 종종 예수와 비교되기도 하는데, 그의 탄생을 프리크와 갠디는 그리스도 예수의 탄생일인 12월 25일로 주장한다. 그러나 이집트의 고대 기록에는 호루스가 홍수범람의 시기(Khoiak)인 4개월의 기간 중 31번째 날에 태어난 것으로 알려지고 있다. 그리고 예수의 행적을 떠오르게 하는 프리크와 갠디의 주장인 호루스가 12살에 성전에 올라가 성전에서 가르쳤으며, 30살에 세례를 받았고, 지난 18년간을 종적을 감추었다고 하는 주장들과 귀신을 내어 쫓고, 병자를 고치며, 물 위를 걸었다고 하는 주장들을 내세우지만, 이집트 전설 중 그 어디에서도 이런 사실은 발견되지 않고 있다.

그러나 낙 하마디의 문서들은 기독교의 예수 원형과 이미 이집트의 오랜 신화 전설간의 토착적인 혼합종교화(syncreticism)를 통해 이것이 예수 이야기인지, 오시리스의 전설이나 호루스의 전설인지 분간을 할 수 없는 정도로 변질되어 있었다. 바로 이렇게 원형을 찾아 볼 수 없는 문서들을 프리크와 갠디는 원전(原典)으로 사용하고 있는 것이다. 그들은 기독교를 비하하기 위해 조작을 서슴지 않고 있는 것이다. 그러나 프리크와 갠디는 이집트종교 학자들 중에 그 어떤 이도 주장하지 않는 엉뚱한 발상인, 낙 하마디의 문서들이 원본이고, 예수는 오시리스와 호루스의 변형이라는 것을 주장 한다[37]

이제 프리크와 갠디의 또 다른 주장인 디오니수스(Dionysus)에 대해서 알아보자! 본시 디오니수스는 아테네(Athens) 부근 에루시스(Eleusis) 지방의 신이었다. 그러나 디오니수스 숭배는 에게 해(Aegean Sea)를 끼고 지척에 있었던 터키(Thrace or Phrigia)의 혼합 민족종교로 발전하게 된다. 고대 그리스의 역사가 헤로도투스(Herodotus, BC 484-425)는 제우스(Zeus)가 자신과 통정을 하고 죽은 세메레(Semele)의 뱃속에서 디오니수스를 끄집어내어 자신의 허벅지 살 속에 숨기고, 제우스의 아내이자 질투의 여신인 헤라(Hera)의 눈길을 피해 에티오피아의 니사(Nysa)에서 디오니수스를 길렀다고 말한다(*Histores* 2:146). 즉, 그 말은 이 종교의 근원이 이집트라는 사실을 간접적으로 알려주는 대목이다.

따라서 디오니수스라는 표현은 아테네 올림피아의 12신중의 한 신을 의미하지만, 다른 이름인 디오니소스(Dionysos)로도 표현되는 이 이름은 이미 이집트로부터 혼합종교화한 신의 이름이었다. 즉, 디오니수스 신앙의 출처는 그리스라기보다는 이집트였다는 점을 기억해야 할 것이다. 그리고 지중해 연안의 디오니수스 신앙은 후에 영지주의 사상을 불러일으키게 되는 오르피크(Orphic) 신비종교와 혼합 형태를 이룬다.38) 결국 우리가 디오니수스신앙에 대해 아는 것이란 그것이 모든 지중해 종교와 이집트종교 간의 혼합종교로 형성되었다는 점이다. 결국 디오니수스신앙에 나오는 디오니수스 그 자신은 신인지 인간인지 정확하게 알 수도 없는 단지 신화적인 존재에 불과함을 알 수 있다.

그러나 프리크와 갠디는 자신들의 글을 통해 디오니수스를 마치 한 사람의 인간처럼 만들어 낸다. 디오니수스가 12월 25일 생으로 예수와 동일한 날 탄생했다는 것이다. 그러나 실상 디오니수스는 1월 6일 생(生)으로 알려져 있다. 그리고 프리크와 갠디는 그가 기적을 행하던 사람이었다는 것을 주장한다. 예수의 기적이 유대 땅에 한정되어 있는 것에 비해, 디오니수스가 일으킨 근거가 없는 기적의 소문은 소위 디오니수스 신화가 있는 곳이라면 설화전승으로 세상 어디(그리스, 페르시아, 아랍, 터어키, 이집트, 이티오피아 등)에나 차고 넘기게 된 것이다.

그리고 프리크와 갠디는 디오니수스가 당나귀를 타고 사람들의 환영을 받으며 입성했다고 말한다. 예수가 그것을 모방했다는 것이다. 그러나 실상 디오니수스의 두 수행자 반인반수(半人半獸)인 세이터스(Satyrs)와 시녀인 미네드스(Maenads)가 담쟁이덩굴과 포도나무덩굴로 디오니수스에게 둘러치며 따라다니는 모습을 예수의 예루살렘 입성과 비교하고 있는 것이다. 프리크와 갠디는 예수가 그것을 재현했다고 주장하지만 문제는 자신들이 그렇게 글을 쓰고 있는 것이지, 예수가 디오니소스를 모방하기 위해 그 많은 사람을 동원해야 되고, 아니면 예수의 예루살렘 입성이 없었는데 기독교에서 디오니소스를 모방했다면, 낙 하마디의 죽은 삼류소설보다도 예수의 예루살렘 입성을 환호하며 목격한 셀 수 없는 수많은 사람들의 증언은 다 거짓이란 말인가? 유대인 역사가 요세푸스(Flavius Josephus, AD 37-c. 100)의 기록에도 버젓이 기록되어 있는데도 말이다.

그리고 디오니수스신화에 따르면, 디오니수스는 죽었다가 부활한다. 디오니수스는 제우스의 아내 헤라가 보낸 타이탄(거인족)에 의해 심장을 제외한 모든 몸이 잡아먹힌다. 그러나 제우스는 디오니수스의 남은 심장을 가지고 그를 다시 살린다. 단지 신화 속의 이야기일 따름이다. 이것이 부활이라고 말하는 것이 과연 타당이나 하겠는가! 그리고 디오니수스전설은 디오니수스가 물로 포도주를 만들었다고 말한다. 그러나 실제는 프리크와 갠디가 빈 항아리에 술이 가득 차게 만들었다는 말을, 마치 예수 사건과 일치시키기 위해 꾸미고 있다.

그리고 디오니수스가 예수의 연대보다는 훨씬 전에 십자가에 달린 것처럼 말하나, 프리그와 갠디의 책인 「*예수는 신화다*」(The Jesus Mysteries)의 책 표지에 나오는 그 디오니수스의 십자가에 달린 부적(crucifix Amulet)은 이미 영지주의를 통해 기독교와 디오니수스 신앙이 혼합 형태를 이룬 기원 후 약 300년경의 물건임이 밝혀졌다. 그리고 디오니수스에 대한 설명으로 '나무의 젊은 사람'(The youmg Man of Tree)이라는 말이 있다. 이 말이 예수처럼 나무 십자가에 처형되었다는 것을 뜻한다고 주장한다. 그러나 이 말은 디오니수스가 '포도나무에서 황금의 열매를 따는 자'란 뜻으로 쓴 말이라고 프레이즈경(Sir James George Frazer (1854-1941)은 그의 유명한 책, 「황금가지」(The Goden Bough)[39]에서 말한다.

프리크와 갠디는 디오니소스가 펜투스(Penthues)왕 앞에 끌려갔을 때, 그가 긴 머리에 수염을 하고 있었음을 강조하여, 비슷한 모습을 했을 것으로 가정(假定)되는 예수는 바로 디오니소스 신화가 만든 가상(假像)의 인물이라고 주장한다. 그러나 옛날 지중해 연안의 모든 사람의 모습은 다 동일했다. 그러나 예수가 긴 머리에 수염을 기르고 빌라도 앞에 나갔는지, 아니면 수염이 없는 모습이었는지는 아무도 모른다. 그리고 디오니소스가 세례를 베풀었다거나 다시 심판주로 온다는 주장들은 실제 신화와는 거리가 멀다. 그들의 세례란 물속에 들어가는 것이 아닌, 머리 위에 부채질을 하는 것에 불과했기 때문이다. 그리고 디오니소스가 심판주로 다시 온다는 주장 역시 전혀 근거가 없는 만들어 낸 이야기에 불과하다.

이제 우리의 처음 주제로 돌아가서, 끝으로 우리의 관심사인 동정녀 탄생 기사에 대해 초기 성경저자들이 침묵을 지키고 있는 이유는 무엇인지를 알아보자. 그리고 왜 초기 저자들인 마가와 바울은 자신들의 글에 예수의 탄생이야기를 쓰지 않았는지를 살펴보도록 하자. 이것 때문에 많은 역사적 예수 탐구자들은 탄생이야기가 마태와 누가의 창작물이라고 주장하기 때문이다.

기원 후 50년 즈음에 예루살렘을 방문하여 예수의 어머니와 많은 초대교회의 목격자들을 만나 보았던 누가[40]나, 유대인들에게 예수를 특별히 격식을 갖추어 소개할 필요를 느끼고 있었던 마태 같은 이를 제외하고는 아마도 예수의 탄생에 대한 정확한 증언을 확보하기가 힘들었을 것이다. 바울이나 마가가 예수의 생애에 대해 간접적인 증언들을 들었을 수는 있으나, 그들의 관심사는 자신들 각자가 처한, 자신에게 깊은 흔적으로 남았던 십자가의 역사적 사건들로 인해 이미 자연스럽게 전해지고 있었던 예수의 생애를 다시 거론할 필요성을 느끼지 못했을 것이다.

특별히 몸에 비해 손가락이 짧았던 마가는 마가의 다락방의 주인이며, 바나바의 조카이자 많은 선교의 고난을 겪었던 사람이었다. 그는 한 때 고생스러운 선교 길로부터 뒤 돌아간 일 때문에 바울에게 내침을 받았으나(행15:37-39), 바울의 마지막을 지켰던 사람이며, 또한 베드로의 제자이자 설교를 통역하는 사람이었다. 마가복음은 베드로가 죽은 후 이태리에서 그 글을 썼다고 하는 요한 사도의 제자 폴리갑의 제자였던 교부 이레니우스(Irenius)의 글[41]을 보면, 그의 글이 왜 그리스도의 수난으로 대부분을 채우는지를 알 수 있게 된다. 또 마가복음을 쓴 시간이 기원 후 68-70년경 이어서 이미 기독교인들에 대한 핍박이 시작되고 있었다. 때문에 마가의 시야에는 예수의 십자가가 중요한 중심주제로 자리를 잡을 수밖에 없었던 것이다. 이것이 왜 그의 책이 예수의 탄생 이야기를 담을 수 없었던가에 대한 이유이다.

바울의 경우도 마찬가지였다. 그는 **"때가 차매 하나님이 그 아들을 보내사 여자에게서 나게 하시고 율법 아래 나게 하신 것은"**(갈4:4)이라는 말을 통해, 철저하게 부모라는 말이나 어머니의 이름을 의도적으로 배제하면서, 예수가 곧 하나님의 아들이라는 사실을 증거하고 있다. 우리는 그가 지니고 있는 오직 예수 사상, 곧 기독론적인 사고의 틀 안에서 그가 그렇게 사고할 수밖에 없었을 것으로 충분히 상상할 수 있다. 그러나 더 중요한 이유는 대부분의 그의 글은 시급한 상황에 대한 변명과 이단자들에게 대한 변증, 그리고 교회의 긴급한 상황에 대한 권고와 답변 등으로 되어 있기 때문에, 마태나 누가와는 전혀 다른 상황과 시각을 가질 수밖에 없었던 것이다. 이것이 왜 그의 글에 예수의 족보나 탄생이야기가 빠져 있는지에 대한 해답이다. 그는 이렇게 말한다. **"신화와 끝없는 족보에 착념치 말게 하려 함이라 이런 것은 믿음 안에 있는 하나님의 경륜을 이룸보다 도리어 변론을 내는 것이라"**(딤전1:4).

(3) 때, 장소, 방문객 그리고 소동

예수의 탄생 시기와 그 태어난 장소에 대해서 성경은 이렇게 증언한다. "**헤롯왕 때에 예수께서 유대 베들레헴에서 나시매 동방으로부터 박사들이 예루살렘에 이르러 말하되 유대인의 왕으로 나신 이가 어디 계시뇨 우리가 동방에서 그의 별을 보고 그에게 경배하러 왔노라 하니 헤롯왕과 온 예루살렘이 듣고 소동한지라**"(마2:1-3))와 "**이때에 가이사 아구스도가 영을 내려 천하로 다 호적하라 하였으니, 이 호적은 구레뇨가 수리아 총독 되었을 때에 첫 번 한 것이라. 모든 사람이 호적하러 각각 고향으로 돌아가매 요셉도 다윗의 집 족속인 고로 갈릴리 나사렛 동네에서 유대를 향하여 베들레헴이라 하는 다윗의 동네로 그 정혼한 마리아와 함께 호적하러 올라가니 마리아가 이미 잉태되었더라**"(눅2:1-5)고 언급하고 있다.

이 짧게 언급된 성경의 역사적 기록에 대하여 역사적 예수 탐구자들은 우선 역사 연대에 대한 혼란스러운 기록들 때문에 마태와 누가, 특별히 누가의 역사 기록의 진정성을 부인한다. 그리고 나사렛 사람 예수의 베들레헴 출생에 대해서 마태와 누가는 자신의 기록에 메시아에 대한 예언으로 "다윗 집안의 혈통과 그리고 그 동네에서 출생하리라"는 예언을 의도적으로 예수와 연결시키기 위해 남겼다고 생각한다.

탄생 시기

예수의 탄생과 함께 언급된 첫 번째 실마리는 헤롯(Herod the Great)과 구레뇨(Quirinius)에 대한 언급이다. 기원 후 525년 요한 1세 교황 때의 수도승이었던 디오니시우스(Dionisius)가 잘못 계산된 로마의 역사적 기원을 기준으로 예수의 탄생 시기를 잘못 계산함으로써 예수의 탄생은 기원전 약 4년이 되었다. 37년을 재위했던 헤롯이 죽기 바로 직전에 예수는 탄생했던 것으로 알려지고 있다. 헤롯은 기원 전 40년경에 이스라엘 왕으로 즉위한 이래, 37년의 재임 후 기원전 4년 3월 12/13일 둘 중 하루에 죽었던 것으로 알려지고 있다. 그러므로 예수는 기원전 4년 3월이 되기 전에 태어난 것이 된다.[42]

예수 탄생에 대한 누가의 기록은 역사적 예수 탐구자들에 의해 또 다른 수난을 당한다. 황제 아우구스티누스, 즉 아구스도 때에 호구 조사가 없었고, 또한 총독 구레뇨는 총독으로 있지 않았다는 것이다. 역사적 예수 탐구자들의 학문적인 아류인 도올 역시 그렇게 주장한다.[43] 그도 그럴 것이 황제 아우구스티누스는 전혀 호구조사를 실시했다는 기록이 없기 때문이다. 그리고 구레뇨는 기원 전 6년이 아니라 기원 후 6년에 시리아의 총독으로 부임하게 된다. 또한 로마의 호구조사는 고향으로 돌아가도록 요구되지 않았다는 것이다.

그러나 로마에는 아우구스티누스 이전부터 14년마다 호구조사가 항상 실시되고 있었다.[44] 기원 전 8년에 호구조사가 있었다. 당시 구레뇨는 수리아의 총독으로 와 있었다. 그에 대한 두 가지 설은 "수리아의 총독을 한 이 중에 두 번 그 자리를 맡았던 자가 있었다"45)는 로마 역사 기록과 발굴된 로마 동전의 작은 기록(micrographic)을 보면, 기원 전 11년부터 헤롯왕이 죽은 후까지 구레뇨는 수리아와 길리기아의 총독이었다는 증거가 구레뇨의 존재를 확인시켜 준다. 그러나 동일한 이름을 많이 사용하고 있었던 당시로서는 한사람 이상일 가능성을 배제할 수 없다. 아마도 그는 기원 전 8년의 호구조사 실시를 위해 황제의 명령을 받고 파송되어 헤롯에게 그 명을 전했을 것이다. 그러나 헤롯은 이방인인 자신을 따르지 않는 당시의 유대 정치적 상황 때문에 호구조사를 미루고 있었다. 로마 황제는 헤롯에게 세금을 목적으로 한 호구조사를 끝내도록 압박을 가했다. 황제는 헤롯에게 이렇게 편지 했다. "전에는 내가 자네를 친구로 대했지만 이제는 자네를 부하로 취급할 것 일세"46)라고 말한다.

그리하여 마침내 몇 년을 미루어 오던 호구조사는 시작되었고 5년 말에서 4년 초를 넘어 가면서 그 조사는 마치게 된다.47) 다시 말해 호구조사는 기원 전 5년 말에서 4년 초 예수 탄생 즈음에 실시되었고, 그 호구조사는 세금을 위한 목적을 함께 가지고 있었기 때문에, 이집트의 예와 같이 모든 족속이 고향으로 가서 신고해야만 했던 것이다. 마리아는 역시 다윗의 자손으로서 여자는 신고의 의무가 없었으나, 만일 재산이 있었으면 신고했어야 했으며, 이 이외에도 나사렛에서 있었을지도 모르는 결혼 전 임신의 문제로 야기될 수 있는 돌팔매질로부터, 요셉이 마리아를 보호하기 위해 베들레헴으로 그녀를 데리고 갈 수밖에 없었을 것이다. 구레뇨는 바로 이때 황제의 특별한 특사로 센티우스 사투르니우스(Sentius Saturnius)의 후임으로 시리아의 총독에 또 다시 임명되어 이미 부

II. 예수의 탄생과 성장 _121

임해 있었던 것이다.[48]

예수의 탄생시기와 항상 동반되는 또 다른 주제는 그의 탄생일에 대한 많은 설이다. 예수의 탄생 기념일이 12월 25일이라는 주장에 대해 반대하는 많은 이유 중 하나가, 이교의 종교적 전승의 영향으로 제정되었다고 하는 주장이다. 이 증거를 뒷받침하는 것이 12월 25일의 크리스마스는 기원 후 4세기경 콘스탄틴 황제의 치세 때에 이루어진 것이라는 것이다. 실제로 예수의 탄생일은 사투르날리아(Saturnalia)라고 하는 일 년 중 태양의 길이가 다시 길어지는 날을 그리스도의 탄생일로 선택했던 것 같다. 태양이신 그리스도의 통치가 다시 비추이고 있다고 하는 의미였을 것이다. 아마도 선교를 지향하는 토착적 의미가 많이 작용했을지도 모른다. 그러나 다른 견해도 결코 무시되어서는 안 될 것이다. 콘스탄틴 훨씬 전에 살았던 히폴리투스(Hippolytus)는 예수의 탄생일이 12월 25일이라는 증언을 이미 2-3세기경에 하고 있다.[49] 그는 사도요한의 제자였던 폴리갑과, 그의 제자였던 이레니우스의 제자였다.

결론적으로 말해, 예수의 탄생일이 12월 25일이었다는 사실은 증명될 수도 없고, 반증 될 수도 없다. 그 날짜가 의미하는 바, 기념의 정신을 잃어버리지 않는 것이 무엇보다도 중요한 일일 것이다.

베들레헴과 나사렛
선지자 미가는 "**베들레헴 에브라다야 너는 유다 족속 중에 작을찌라도 이스라엘을 다스릴 자가 네게서 내게로 나올 것이라 그의 근본은 상고에, 태초에니라**"(미5:2)고 예언한다.

그리스도 예수의 탄생은 미가의 예언대로 베들레헴에서 탄생하셨다. 그러나 나사렛으로부터 베들레헴으로 가서 마구간에서 예수를 낳았다고 하는 기록은 마태에서는 더 이상 기록되지 않고 있다. 이 때문에 역사적 예수 탐구자들은 예수의 베들레헴 출생을 거부한다. 즉, 다윗의 신탁을 통한 메시아에 대한 예언을 의도적으로 예수에게 연결시키기 위해 예수의 베들레헴 출생을 누가가 조작했다는 것이다. 그러나 누가는 이미 앞 단락에서 언급한 적이 있듯이, 50년대에 예루살렘을 방문하여 예수의 어머니로부터 직접 진술을 얻었을 것이다.

그러나 역사적 예수 탐구자들은 그 사실을 믿지 않는다. 그들이 만났다는 사실을 믿지 않는 것이 아니라, 아예 예수의 베들레헴 출생을 믿지 않는다는 것이다. 예수의 베들레헴 출생을 거부할 만한 그 어떤 증거도 확보하지 않았음에도 불구하고, 도리어 그 사실을 진술하고 있는 당사자들을 거부하고 있는 것이다. 무엇이 우리들의 역사로 하여금 후세에 사실로 남게 하는가? 그들의 진술과 그들의 기록은 왜 거절되는가? 그 척도는 정말 정당성이 확보되어 있는가? 아니다. 정말 미신적이라고 할 만큼 거의 맹목적으로, 거부할 수 없는 역사적 사실(Factum Historicum)을 왜면하고 있는 것이다. 기독교 신앙을 거부하는 현대 신학자나 역사적 예수 탐구자들이 결국 베들레헴을 중요하게 여기는 것은 메시아에 대한 예언을 누가가 예수에게 의도적으로 연결시키고 있다고 생각하기 때문이다.

성경의 역사를 보면 예수의 탄생은 하나님으로부터 다윗에게 주어진 신탁(神託)과 연결되어 있다. 여호와의 전을 지어 드리기 원하는 다윗에게 하나님은 "네 수한이 차서 네 조상들과 함께 잘 때에 내가 네 몸에서 날 자식을 네 뒤에 세워 그 나라를 견고케 하리라. 저는 내 이름을 위하여 집을 건축할 것이요 나는 그 나라 위를 영원히 견고케 하리라"(삼하 7:12-13) 그리고 "네 집과 네 나라가 내 앞에서 영원히 보전되고 네 위가 영원히 견고하리라 하셨다 하라"(16)고 예언하신다. 소위 이것이 다윗의 신탁이라고 하는 것인데, 직접적으로는 솔로몬을 그리고 간접적으로는 먼 미래의 예수 사건과 연결되어 있다. 이 예언은 마침내 그리스도 예수에게서 성취되었고, 요한계시록에는 그 성취를 이렇게 언급하고 있다. "장로 중에 하나가 내게 말하되 울지 말라 유대지파의 사자 다윗의 뿌리(예수 그리스도)가 이기었으니 이 책과 그 일곱 인을 떼시리라 하더라"(계5:5). 그러나 역사적 예수 탐구자들은 예수는 다윗의 신탁을 자신과 연결시키고 있고, 또한 제자들 역시 예수를 다윗의 신탁의 계승자로 여기는 허구를 만들어 내었다고 생각한다.

그러나 예수는 스스로 이렇게 말한다. "내가 진실로 진실로 너희에게 이르노니 하늘에서 내린 떡은 모세가 준 것이 아니라 오직 내 아버지가 하늘에서 내린 참 떡을 너희에게 주시나니, 하나님의 떡은 하늘에서 내려 세상에게 생명을 주는 것이니라. 저희가 가로되 주여 이 떡을 항상 우리에게 주소서. 예수께서 가라사대 내가 곧 생명의 떡이니 내게 오는 자는 결코 주리지 아니할 터이요 나를 믿는 자는 영원히 목마르지 아니하리라"(요6:32-35). 자신이 곧 생명의 떡이라는 것이다. 곧 하늘에서 내려온 떡으로서 "떡집"(Bait(집)-Lehem(떡))으로 불리는 "베들레헴"(Beth-lehem)에 태어나신 것이다. 이 얼마나 우연의 일치처럼 보이는 사건인가? 놀라운 하나님의 손길이 아닐 수 없다.

그러나 예수와 그의 제자들은 더 이상 베들레헴에 연연하지 않는다. 오히려 성령 강림 이후에는 부끄러움의 대상이 되는 이름인 나사렛(Nazareth) 예수라는 이름을 즐겨 사용한다. 초기 **"나다니엘이 가로되 나사렛에서 무슨 선한 것이 날 수 있겠느냐"**(요1:46)고 언급한 것도 그런 연유 때문이었다. 예수의 탄생 사건 이후로 더 이상 베들레헴에 연결된 다윗의 신탁은 언급되지 않는다. 오히려 예수에 의해서 부인되기까지 한다. **"다윗이 그리스도를 주라 칭하였은즉 어찌 그의 자손이 되겠느냐 하시니"**(마22:45)라고 예수는 바리새인들에게 말한다. 이미 완성된 예언에 대해서는 더 이상 의미가 부여되지 않기 때문이다. 그러나 예수가 나사렛사람이라는 말의 의미는 깊고도 깊다. "나사렛"의 의미는 연한 싹 혹은 가지라는 말의 의미를 소지하고 있다.

예수의 나사렛 탄생의 의미는 이미 구약 이사야의 11장 1절에서 5절에 다음과 같이 예언되어 있다. **"이새의 줄기에서 한 싹이 나며 그 뿌리에서 한 가지가 나서 결실할 것이요. 여호와의 신 곧 지혜와 총명의 신이요 모략과 재능의 신이요 지식과 여호와를 경외하는 신이 그 위에 강림하시리니, 그가 여호와를 경외함으로 즐거움을 삼을 것이며 그 눈은 보이는 대로 심판치 아니하며 귀에 들리는 대로 판단치 아니**

하며, 공의로 빈핍한 자를 심판하며 정직으로 세상의 겸손한 자를 판단할 것이며 그 입의 막대기로 세상을 치며 입술의 기운으로 악인을 죽일 것이며, 공의로 그 허리띠를 삼으며 성실로 몸의 띠를 삼으리라."

그는 연한 싹으로 태어나 마침내 예언을 이루셨다. "우리의 전한 것을 누가 믿었느뇨. 여호와의 팔이 뉘게 나타났느뇨. 그는 주 앞에서 자라나기를 연한 순 같고 마른 땅에서 나온 줄기 같아서 고운 모양도 없고 풍채도 없은즉 우리의 보기에 흠모할 만한 아름다운 것이 없도다"(사53:1-2)라고 성경은 말한다. 그리고 "주 여호와의 신이 내게 임하셨으니 이는 여호와께서 내게 기름을 부으사 가난한 자에게 아름다운 소식을 전하게 하심이라 나를 보내사 마음이 상한 자를 고치며 포로 된 자에게 자유를, 갇힌 자에게 놓임을 전파하며"(사61:1)라는 예언은 연한 싹과 같은 가난한 동네 나사렛의 모습과 예수가 접했던 모든 이스라엘의 길 잃어버린 어린 양들의 모습이었다.

제자들의 새로운 신앙에는 베들레헴 예수가 있지 않았다. 나사렛, 가난한 이들과 함께하는 예수가 들어 있었다. 이제 나사렛은 새로운 구원의 이름이었으며, 예수의 별명이 되었다. 성전 미문에서 평생을 구걸하던 앉은뱅이 된 자에게 베드로는 "은과 금은 내게 없거니와 내게 있는 것으로 네게 주노니 곧 나사렛 예수 그리스도의 이름으로 걸으라 하고 오른손을 잡아 일으키니 발과 발목이 곧 힘을 얻고"(행3:6)라고 기록하고 있다. 또 베드로는 "너희와 모든 이스라엘 백성들은 알라 너희가 십자가에 못 박고 하나님이 죽은 자 가운데서 살리신 나사렛 예수 그리스도의 이름으로 이 사람이 건강하게 되어 너희 앞에 섰느니라"(행4:10)고 말한다.

이제 나사렛은 버림받은 자의 칭호가 더 이상 아니었다. 새로운 예언 성취를 향한 비전이 담긴 구원의 언어였다. 그러므로 역사적 예수 탐구자들이 다윗의 전승과 예수를 연결시키기 위해 베들레헴 탄생에 관한 공작설을 폈다고 하는 오해는 더 이상 존립할 수가 없게 된다. 만일 그들이 베들레헴에 연연했다면 나사렛이란 말은 더 이상 사용하지 않았을 것이기 때문이다.

방문객들

예수 탄생과 더불어 나타나는 방문객들인 마태에 나타나는 동방박사로 칭하는 점성술사들과, 누가가 언급하는 한 밤 중에 들판에서 양 치던 목자들, 그리고 그들 앞에 나타난 수많은 천사들, 이들은 위대한 탄생드라마를 둘러싸고 나타나는 엑스트라들이었다. 현대 신학자들과 역사적 예수 탐구자들은 예수 탄생을 위해 마태는 가공의 점성술사들을 동원했고, 누가는 천사들과 목자들을 동원했다고 생각한다. 이는 이교의 탄생설화에서 나타나는 전형적인 형태라는 것이다. 그리고 특별히 천사들의 등장은 도무지 납득이 되지 않는 즉, 예수의 탄생을 설화전승의 특별한 이야기로 가공시키고 있다는 것이다.

우리는 예수의 탄생과 더불어 예루살렘에 나타난 동방박사의 방문에 대해 아는 바가 전혀 없다. 그러나 초대교회의 전설에 따르면, 알렉산드리아의 크레멘트(Clement of Alexandria), 다소의 디오도루스(Diodorus of Tarsus), 크리소스톰(Chrysostom), 알렉산드리아의 시릴(Cyril of Alexandria), 유벤쿠스(Juvencus), 프루텐티우스(Prudentius) 등과 같은 초대교회의 교부들은 이들이 지금의 이란지방으로부터 왔다고 증언하고 있다. 초대교회의 교부인 오리겐(Origen)은 그들이 갈대아로부터 왔다고 생각한다. 그들의 방문은 구약의 예언을 생각나게 한다. "**그 때에 네가 보고 희색을 발하며 네 마음이 놀라고 또 화창하리니 이는 바다의 풍부가 네게로 돌아오며 열방의 재물이 네게로 옴이라. 허다한 약대, 미디안과 에바의 젊은 약대가 네 가운데 편만할 것이며 스바의 사람들은 다 금과 유향을 가지고 와서 여호와의 찬송을 전파할 것이며**"(사60:5-6). 이 얼마나 놀라운 예언의 말씀인가! 스바사람인 동방박사들이 금과 유황을 예수께 가져온 사실과 일치하지 않는가!

동방박사에 대한 교회들의 증언과 해석은 대체로 두 가지 설로 일치한다. 그들은 기원 전 8-6세기 이래 이스라엘이 바벨론의 침략으로 흩어졌을 때와 기원 전 6세기경 바벨론 유배를 당하여 있을 때, 유대교로 개종했던 일단의 사람들의 자손일 것이라는 설이다. 그리고 그 당시 바벨론 왕 느브갓네살은 무서운 꿈을 꾸고 나서 박사들에게 자신의 꿈과 그 해석을 요청하였으나 꿈을 해석하지 못하자, 모든 박사들을 죽이라는 명령을 내린다. 그러나 다니엘이 꿈을 해석하는 기치를 발휘하여 살아난 박사들이 다니엘과 세 친구인 사드락, 메삭, 아벳느고의 영향 아래 유대교로 개종했을 것이라는 설이다. 실제로 당시의 박사들의 한림원은 다니엘의 지도하에 있었고, 다니엘은 여러 정권과 세대를 이어가며 그들의 영향력 있는 지도자로 있었기 때문이다.

어쩌면 그들은 유대교에 입문한 사람들로서 성경의 예언을 믿었던 사람들일지도 모른다. 구약 민수기에는 모세와 이스라엘을 저주하기 위해 요르단 왕 발락(Balak)이 메소포타미아로부터 발람(Balaam)이라는 선지자를 초빙해오자, 그는 이스라엘을 저주하려 했으나 도리어 하나님이 그의 눈을 열어 이스라엘에 대한 먼 미래의 예언을 하게하는 장면이 나온다. **"내가 그를 보아도 이때의 일이 아니며 내가 그를 바라보아도 가까운 일이 아니로다. 한 별이 야곱에게서 나오며 한 홀이 이스라엘에게서 일어나서 모압을 이편에서 저 편까지 쳐서 파하고 또 소동하는 자식들을 다 멸하리로다"**(민24:17).

동방박사들이 이 성구들을 이해하고 메시야를 찾았을 수도 있을 것이다. "계시 의존적 신앙"이라는 신학용어가 있다. 궁극적으로 하나님의 계시를 받지 않고는 하나님을 찾을 수 없다는 말이다. 그들이 계시의 주체이신 예수를 발견할 수 있었다는 사실은 우리가 모르는 많은 이야기들을 그들 사건이 담고 있다는 것을 말한다.

결론적으로 우리가 동방박사들에 대하여 아는 바란 오직 오랜 전설뿐인 것은 사실이다. 그들이 소위 동방으로 불리던 어떤 지역으로부터 왔다는 사실과, 그들의 이름이 멜키올(Melchior), 발다살(Balthasar), 카스파(Caspar)라는 것과, 그들의 뼈가 세인트 헬레나(Saint Helena)를 거쳐, 콘스탄티노플(Conatantinople)의 소피아사원(Sophia church)으로 옮겨졌다가, 밀란(Milan) 그리고 독일의 런대성당(the great cathedral of cologne)으로 안취되었다고 하는 전설만이 남아 있을 따름이다.

그리고 예수의 탄생과 함께 모습을 드러내는 또 다른 탄생 이야기의 증인들은 한 밤 중에 들판에서 잠을 자던 목자들이었다. 그들이 예수의 탄생에 즈음해서 초빙을 받은 것은 예수의 메시아적 사명이 목자들의 삶의 모형을 통하여 드러나게 하기 위해서 일 것이다. 이 우연한 사건은 역사적 예수 탐구자들의 주장처럼 누가가 의도적으로 예수의 메시아적 사명의 그림자를 드러내고 있는 것이 아니라, 하나님이 자신의 의도성을 누가를 통해서 드러낸 것이다. 예레미야의 예언은 이것을 확실히 하고 있다. **"내가 그들을 기르는 목자들을 그들 위에 세우리니 그들이 다시는 두려워하거나 놀라거나 죽이 나지 아니하리라 여호와의 말이니라"**(렘23:4).

또 다른 예수와 목자와 관련된 예언이 다윗과 에스겔을 통해 계속 확인 된다. 다윗은 하나님을 목자로 비유한다. **"여호와는 나의 목자시니 내가 부족함이 없으리로다"**(시23:1). 그리고 에스겔의 글에는 **"내가 한 목자를 그들의 위에 세워 먹이게 하리니 그는 내종 다윗이라 그가 그들을 먹이고 그들의 목자가 될지라. 나 여호와는 그들의 하나님이 되고 내종 다윗은 그들 중에 왕이 되리라 나 여호와의 말이니라"** (겔34:23-24)고 언급하고 있다. 그리고 목자로서의 예수의 수난도 성경은 기록하고 있다. **"만군의 여호와가 말하노라 칼아 깨어서 내 목자, 내 짝된 자를 치라 목자를 치면 양이 흩어지려니와 작은 자들 위에는 내가 내 손을 드리우리라"**(슥13:7). 예수는 이 구약의 예언의 성취가 자신에게 이루어졌음을 밝힌다. **"나는 선한 목자라 선한 목자는 양들을 위하여 목숨을 버리거니와"(요10:11)라고 말한다. 그리고 그는 "**오늘밤에 너희가 다 나를 버리리라 기록된바 내가 목자를 치리니 양의 떼가 흩어지리라 하였느니라**"(마26:31)고 말한다.

이스라엘은 다윗에 대한 이 메시아적인 신탁을 기억하고 있었다. 그들이 예수를 다윗의 자손으로 불렀던 것(막10:47-48)도 이러한 연유에서였다. 그러나 역사적 예수 탐구자들은 메시아가 아니었던 예수가 자신이 메시아인 것처럼 둔갑하고 있다고 생각한다. 이것을 마태나 누가가 의도적으로 자신의 글을 통해 주도했다는 것이다.

특별히 예수의 탄생과 함께 나타나고 있는 최고 흥밋거리이자 논란은 천사들의 등장이다. 현대 신학자들과 역사적 예수 탐구자들에게는 이 천사의 보고는 전형적인 영지주의적 사고의 표현으로 헬라 종교의 영향을 드러내는 전형으로 간주한다. 그리고 누가의 예수 탄생과 관련된 유일한 천사기록을 예수를 메시아로 만들기 위한 대서사시의 일부분이라고 생각한다. 정말 그럴까? 다르게 생각해 볼 수는 없을까?

누가에 나타나고 있는 천사의 기록은 다음과 같다. "**홀연히 허다한 천군이 그 천사와 함께 있어 하나님을 찬양하며 가로되 지극히 높은 곳에서는 하나님께 영광이요 땅에서는 (그의) 기뻐하심을 입은 사람들 중에 평화로다 하니라**"(눅2:13-14). 이 글로 보건데, 한 천사가 들판에 있었던 목자들에게 메시야의 태어남을 알렸고, 그의 선포와 함께 갑자기 허다한 천군 천사들이 목자들 앞에 나타난 것으로 기록되어 있다. 이 기록을 자세히 살펴보면 누가의 기록은 단지 우화적인 것이 아니라

굉장히 상세하게 증언되고 있는 사건 기록임을 알 수 있다.

누가의 기록에는 세 천사의 종류가 나타나고 있다. 유대인의 기록들에는 하나님의 능력을 나타내는 전쟁하는 천사군인 체라빔(Cherubim), 찬양을 담당한 천사군인 세라핌(seraphim) 그리고 말씀을 전하며 앞장서서 선포하고 있는 지휘자격인 미카엘이나 가브리엘과 같은 천사(Host angel)이다. 그들의 메시아 대서사극을 위한 서곡이 온 천하에 알려지고 있다. **"지극히 높은 곳에서는 하나님께 영광이요 땅에서는 그 기뻐하심을 입은 사람들 중에 평화로다"**(14).

그리고 이 드라마틱한 배경에 대한 다른 버전이 요한계시록에 나타나고 있다. **"하늘에 큰 이적이 보이니 해를 입은 한 여자가 있는데 그 발아래는 달이 있고 그 머리에는 열 두 별의 면류관을 썼더라. 이 여자가 아이를 배어 해산하게 되매 아파서 애써 부르짖더라"**(계12:1), **"여자가 아들을 낳으니 이는 장차 철장으로 만국을 다스릴 남자라 그 아이를 하나님 앞과 그 보좌 앞으로 올라가더라"**(12:5), 그리고 **"하늘에 전쟁이 있으니 미가엘과 그의 사자들이 용으로 더불어 싸울쌔 용과 그의 사자들도 싸우나"**(7)라고 기록하고 있다.

철장으로 만국을 다스릴 권세 잡은 아이인 예수의 탄생과 더불어, 대거 하늘로부터 내려온 천사들과 또한 그들과 싸우는 악의 군대들, 이 드라마틱한 대서사시의 전개가 지금 목자들 앞에 펼쳐지고 있는 것이다. 곧 수많은 천사의 전쟁이 시작되고, 임금인 예수와 그를 보호하려는 천사들의 왕래와, 또한 동시에 하나님의 나라가 임하는 대드라마(마12:28)가 이미 개막되고 있는 것이다.

소동

그리스도 예수의 탄생은 소동을 몰고 왔다. 정통성을 상실하고 있던 헤롯의 왕권에 대한 새로운 도전으로 예수의 탄생은 받아들여졌다. 헤롯은 능수능란한 모사꾼이었다. "유대인의 왕으로 태어나신 이가 어디계십니까"라고 물은 동방박사들 앞에 자신의 속내를 결코 보이지 않았다.

헤롯은 **"가만히 박사들을 불러 별이 나타난 때를 자세히 묻고 베들레헴으로 보내며 이르되 가서 아기에 대하여 자세히 알아보고 찾거든 내게 고하여 나도 가서 그에게 경배하게 하라"**(마2:7-8)고 말 한다. 헤롯의 이 표현은 그가 얼마나 간사하고 사악한 이중인격자인가를 나타내고 있다. 역사적 예수 탐구자들은 헤롯이 예수의 출생을 기준으로 예루살렘의 두 살 아래의 아이들을 다 살해하라고 한 것을 믿지 않는다. 마태의 증언 이외의 그 어떤 역사적인 자료도 발견되지 않기 때문이다. 그러나 마태는 예레미야의 글을 인용하며 그 예언이 이루었다고 말한다. **"나 여호와가 이같이 말하노라 라마에서 슬퍼하며 통곡하는 소리가 들리니 라헬이 그 자식을 위하여 애곡하는 것이라 그가 자식이 없으므로 위로 받기를 거절하는 도다"** (렘31:15).

그러나 헤롯은 충분히 아이들을 살해할 수 있는 인물이었다. 우선 그는 이스라엘인이 아닌 에돔 사람이었다. 그의 어머니는 지금의 요르단에 위치한 나바티아(Navatean)왕국 사람이었다. 그는 오늘날의 팔레스타인 남동부에 위치한 아랍왕국인 이두메 출신이었다. 그는 이스라엘의 통치자였던 힐카누스 2세(Hurcanus II))와 그의 동생 아리스토블루스(Aristobulus) 사이의 왕위 쟁탈전에 어부지리를 얻은 사람이기도 하다. 그와 친했던 로마황제 아우구스티누스는 그를 유대인의 왕으로 임명한다. 그는 자신의 왕위를 지키기 위해 힐카누스 2세의 딸 마리암네(Mariamne)와 결혼한다. 그리고 자신의 처남인 대제사장 아리스토블루스(Aristobulus)를 암살하고, 마침내 그는 아내 마리암네와 장모 알렉산드라(Alexandra)마저 살해한다. 그는 자신의 왕위를 지키기 위해 시리아에서 자신의 아들마저도 죽인다. 이 때문에 아우구스투스황제는 "헤롯의 아들이 되는 것보다 차라리 헤롯의 돼지가 되는 것이 더 낳겠어"50)라고 쓰고 있다. 충분히 아이들을 죽일 수 있는 인물이었다.

그러나 역사적 예수 탐구자들은 발견된 직접적인 자료가 없기 때문에 그 사실을 인정할 수가 없다고 주장한다. 분명히 마태의 기록의 증거가 남아 있음에도 불구하고 그들의 편견은 진실을 가리고 있는 것이다. 그가 얼마나 간교하고 잔인한 사람이었냐는 요세푸스(Flavius Josephus)의 글에도 잘 나타나고 있다.51)

3. 예수의 성장

성경이 예수의 성장과정에 대해 우리에게 주는 힌트는 극히 일부분이다. 마태복음(2:13-15)과 누가복음(2:40-52)의 단지 두 곳에 불과하다.

"저희가 떠난 후에 주의 사자가 요셉에게 현몽하여 가로되 헤롯이 아기를 찾아 죽이려 하니 일어나 아기와 그의 모친을 데리고 애굽으로 피하여 내가 네게 이르기까지 거기 있으라 하시니, 요셉이 일어나서 밤에 아기와 그의 모친을 데리고 애굽으로 떠나가, 헤롯이 죽기까지 거기 있었으니 이는 주께서 선지자로 말씀하신 바 애굽에서 내 아들을 불렀다 함을 이루려 하심이니라"(마2:13-15)고 기록된 예수가 이집트로 도피를 했다가 돌아 왔다는 기록이 있다.

그리고 헤롯이 죽고 이집트에서의 도피생활로부터 돌아와 나사렛에서 살던 중 유월절에 예루살렘을 방문했을 때의 일과, 그 일을 생각하며 누가가 남긴 한 토막의 언급 밖에는 전무하다. 즉, "그 부모가 해마다 유월절을 당하면 예루살렘으로 가더니 예수께서 열두 살 될 때에 저희가 이 절기의 전례를 좇아 올라갔다가, 그 날들을 마치고 돌아갈 때에 아이 예수는 예루살렘에 머무셨더라 그 부모는 이를 알지 못하고 동행중에 있는 줄로 생각하고 하룻길을 간 후 친족과 아는 자 중에서 찾되, 만나지 못하매 찾으면서 예루살렘에 돌아갔더니, 사흘 후에 성전에서 만난즉 그가 선생들 중에 앉으사 저희에게 듣기도 하시며 묻기도 하시니 듣는 자가 다 그 지혜와 대답을 기이히 여기더라. 그 부모가 보고 놀라며 그 모친은 가로되 아이야 어찌하여 우리에게 이렇게 하였느냐 보라 네 아버지와 내가 근심하여 너를 찾았노라. 예수께서 가라사대 어찌하여 나를 찾으셨나이까 내가 내 아버지 집에 있어야 될 줄을 알지 못하셨나이까 하시니....... 예수는 그 지혜와 그 키가 자라가며 하나님과 사람에게 더 사랑스러워 가시더라"(눅2:40-52)고 쓴 부분이다.

　　우선 예수의 도피생활과 관련된 말씀을 상고해 보면, 어린 예수가 동방박사들의 방문을 받는 장면으로부터 사건의 발단이 시작된다. 인사차 예방(禮訪)을 마친 동방박사들은 **"꿈에 헤롯에게로 돌아가지 말라 지시하심을 받아 다른 길로 고국에 돌아가니라"**(마2:12)고 기록된 대로 헤롯에게 가지 않았다. 아마도 그들이 태어난 왕을 찾으면 돌아와 소식을 전해주겠다던 약속을 한지 어느 정도 시간이 흘렀을 것이다. 그 기간 동안 예수는 탄생 후 팔일 만에 할례를 받았고, 그의 어머니 마리아는 모세의 법대로 결례를 위하여 아기 예수를 데리고 40여일 만에 성전으로 올라갔다고 언급하고 있다(눅2:21-22). 그리고 그들 가족은 모든 일을 마치고 갈릴리 나사렛 본 동네로 돌아갔다(눅2:39).

　　그러나 이 말은 이집트로의 도피생활 동안의 시간을 은근히 암묵적(暗黙的)으로 포함하고 있는 말일 것이다. 학자들마다 약간의 차이를 나타내는데, 어떤 이들은 동방박사의 예방을 받은 직후 꿈에 지시하심을 받고 잠시 이집트로 피난했다가 유대로 돌아왔다고 생각한다.[52] 그 이유로 마태복음 2장 16절-18절 다음에 곧 바로 "헤롯이 죽었다"는 말이 나타나기 때문이다. 그러나 다른 이들은 베들레헴 혹은 예루살렘에 한동안 머물러 있었던 예수와 그 부모는 어느 날 밤에 꿈에 천사의 지시함을 받고 이집트로 피난을 가 상당한 시간을 보내다가 나사렛으로 돌아왔다고 주장한다.53)

성경에는 "**헤롯이 박사들에게 속은 줄을 알고 심히 노하여 사람을 보내어 베들레헴과 그 모든 지경 안에 있는 사내아이를 박사들에게 자세히 알아본 그 때를 표준으로 두 살부터 그 아래로 다 죽였다**"고 말한다(마2:16). 이 성경 기사가 우리에게 전해주는 힌트는 아마도 예수가 두 살 가까이 될 때까지 베들레헴에서 살았을 것이라는 것과 헤롯이 베들레헴과 그 인근의 두 살 아래 아이들을 죽일 때 이미 예수는 이집트로 간 후라는 사실이다.

초대교회 이래 줄곧 지금까지 내려오고 있는 이집트 콥틱 정통교회(the Coptic Orthodox Church of Egypt)의 기록에는 교황 데오필루스(Theophilus. A Coptic Pope, 385-412)의 꿈에 예수의 어머니 마리아가 나타나 예수가 두 살 되던 해 6월 1일에 이집트로 도망쳐 왔고, 그 후 3년 반 정도 후에 이집트의 남단에 있는 알 무하라그(Deir al-Muharrag)로부터 이스라엘로 돌아왔다고 전해 주었다 한다. 이 계시는 알렉산드리아의 키릴(Cyril of Alexandria)과 콥틱의 학자들에 의해 역사적으로 검증되었다.54)

그리고 공교롭게도 성경도 이 사실을 증언하고 있다. "**여자가 아들을 낳으니 이는 장차 철장으로 만국을 다스릴 남자라 그 아이를 하나님 앞과 그 보좌 앞으로 올려가더라. 그 여자가 광야로 도망하매 거기서 일천 이백 육십일 동안 저를 양육하기 위하여 하나님의 예비하신 곳이 있더라**"(계

12:5-6)(필자 밑줄). 예수가 머물러 있었던 이집트 도피생활의 3년 반은 꼭 1260일이기 때문이다. 대부분의 이집트 정통교회의 곱틱 신학자들은 자신들의 오랜 기록에 의거해서 이 사실을 그대로 받아들이고 있다.

곱틱교회는 예수의 이집트 피신을 이사야 19장 1절과 연결시킨다. 즉, **"애굽에 관한 경고라. 보라 여호와께서 빠른 구름을 타고 애굽에 임하시리니 애굽의 우상들이 그 앞에서 떨겠고 애굽인의 마음이 그 속에서 녹으리로다."** 그리고 예수가 이집트에서 하나님의 부르심을 받았다는 말씀, 즉 **"이스라엘이 어렸을 때에 내가 사랑하여 내 아들을 애굽에서 불러내었거늘"**(호11:1)이라는 호세아의 기록은 마태의 글(2:15)과 일치하고 있다.

마태는 자신의 글을 통해 모세와 이스라엘의 구원 사건은 하나님의 아들 예수의 이집트 출애굽사건의 그림자로 간주한다. 왜냐하면 모세와 이스라엘에 대한 예언을 예수와 연결시키고 있기 때문이다. 즉, 우리의 측면에서는 모세와 이스라엘 사건은 큰 민족의 사건이지만, 마태의 신앙적인 측면에서는 하나님의 아들 예수 사건의 한 예표에 불과한 사건이었다.

다음으로 예수의 성장에 대한 힌트를 제공해주고 있는 말씀은 누가복음의 기사(2:40-52)의 내용이다. **"예수께서 가라사대 어찌하여 나를 찾으셨나이까 내가 내 아버지 집에 있어야 될 줄을 알지 못하셨나이까"**(눅2:49)(필자 밑줄)라는 누가의 기록은 예수가 이미 자신이 하나님의 아들이라는 사실을 확신하고 있었고, 또한 **"있어야만 될 줄"**이라는 표현으로 보아 예수는 하나님의 뜻에 따른 분명한 소명을 소지하고 있었음을 알 수 있다. 지난 세기의 말에 독일신학에서 수 없이 거론되던 예수의 메시아로서의 자기인식 혹은 자기이해에 대한 확실한 증거를 우리는 이미 어린 예수에게서 발견하고 있다. 그러나 현대 신학자들과 역사적 예수 탐구자들은 단지 누가의 삽입(2:40,52)이라고만 주장할 따름이다.

그러나 예수의 인지(認知)는 하늘에서 뚝 떨어졌거나, 한 순간에 돌출된 것이 아닌 것만은 분명하다. **"예수는 그 지혜와 그 키가 자라가며 하나님과 사람에게 더 사랑스러워 가시더라"**(눅2:52)라고 언급하고 있기 때문이다. 예수의 총체적 지식의 근원은 하나님의 아들로서 자신에게 처음부터 있었던 본래적인 것 이외에도 그가 살아가면서 보고 부딪혔던 사실들에 대한 삶의 자료들은 비 본래적인, 후천적으로 얻어진 것이었음을 간과해서는 안 될 것이다.

그는 알려진 대로 농경문화에 익숙해 있었다. 씨 뿌리는 자의 비유나 쟁기, 멍에 등과 같은 언어들이 예수의 비유에 등장하는 것이 전혀 이상스럽지 않는 것은 이 때문이다. 그리고 그는 목수였다. 때문에 집을 짓는 비유들이 등장하고 있는 것이다. 그리고 그가 목수(tekton)였다는 사실은 또 다른 추측을 가능하게 한다. 그 말의 뜻이 석공이라는 의미를 포함하고 있기 때문이다. 이 때문에 그가 베드로를 반석으로 불렀다거나, 자신을 반석, 혹은 돌 등으로 설명하면서 구약의 전승(시편118편)과 자신을 연결하고 있는 점, 곧 **"건축자들의 버린 돌이 모퉁이의 머릿돌이 되었다"**(막12:10)라는 언급을 한다. 결국 예수의 지식은 자신의 삶을 통해 얻어진 필요한 자료들을 자신에 대해 예언된 모든 구약의 전승들과 연결시키는 편집을 통해 발전적으로 전개되어 가고 있다.

현대 신학자들과 역사적 예수 탐구자들의 관심사는 예수의 공생애에 집중되어 있다. 그들이 예수의 어릴 때의 성장 과정에 관심을 두지 않는 것은 역사적 자료로서의 가치가 떨어진다고 생각하기 때문이다. 즉, 랍비 예수 혹은 메시아로서 불리는 어른이 된 예수에 대한 그들의 관심은 역사적 자료들을 용이하게 얻을 수 있기 때문이기도 하겠지만, 문제는 그들이 예수를 오직 평범한 한 인간으로 간주해버리는 전제를 가지고 있기 때문이다. 성숙한 어른의 행동과 삶만이 유일하게 그를 평가할 수 있는 가치의 척도로 보기 때문이다. 이것이 인간을 이해하는 역사의 기준이다. 그러나 하나님의 아들을 이해하는 신앙의 기준은 결코 아닌 것이다.

III. 복음의 시작

III. 복음의 시작

복음은 예수가 세례를 받기 위해 요단강에 출현함으로써 전개된다. 그리고 광야로 시험을 받으러 가면서 그 시작을 알린다. 그리고 예수의 하나님의 나라에 대한 선포(마4:17)와 나사렛에서의 첫 설교(눅4:16-21)는 비로써 새로운 구원의 시대, 즉 복음이 시작되었음을 알리는 여명이었다.

1. 요단강의 세례

요단강에는 예수의 사촌이자 이스라엘 사람들에 의해 메시아가 아닐까 하는 관심을 받고 있었던 세례 요한이 있었다. 세례 요한은 이스라엘의 회개를 외치며 요단강으로 나아온 많은 사람들에게 세례를 베풀고 있었다. 그가 베푼 세례는 이미 지난 두 세기 동안 이스라엘의 메시아적 대망을 품고 쿰란 공동체에 은둔생활을 해오던 이들 가운데 행해지고 있었던 속죄와 정결을 위한 증표였다.55) 그는 쿰란 공동체의 또 다른 종파였던 에세네파(Essaeans)의 추종자들처럼, 독신으로 독특한 외형을 띤 약대 털옷을 입고 허리에 가죽 띠를 띠고, 음식은 메뚜기와 석청을 먹었다.56) 그 때문에 세례 요한을 사람들은 에센파의 지도자 중 한 사람이라고들 말한다.

세례 요한 당시 유대 땅에는 여러 종교적인 성격을 지닌 종파들(에세네파, 바리새파, 그리고 사두개인파)이 자리를 잡고 있었고, 또한 유대주의를 표방하는 민족적인 성향의 열심당(Zealot)이라고 하는 무리들이 있었다. 쿰란지역에는 금욕주의자들의 집단이었던 쿰란공동체와 그 공동체의 속하는 은둔적 성격을 지닌 금욕적인 종파인 에세네파에 속하는 추종자들이 있었다. 그리고 기원 전 150년 즈음에 유대를 지배하고 있었던 헬라 정권에 대항하여 독립을 쟁취했던 마카비장군의 추종자들인 바리새인파가 있었다. 그들은 유대교를 특히 싫어했던 헬라의 지배자 안티오커네스 에피파네스 2세(Antiochnes Epipanes II)의 핍박에 항거하여 신앙의 정조를 지키며 구별되게(Pharish) 살기로 맹세했던 무리들이었다. 그들이 바리새인으로 불려 졌던 것은 '구별되게 사는 사람들'이란 뜻에서 왔다. 그리고 유대 땅에는 로마정권에 편승했던 사두개인들이 있었다. 그들은 제사장 집안을 구성하고 있었으나, 불행하게도 내세(來世)를 믿지 않아 종종 바리새인들과 갈등을 빚어내곤 했다.

독자들의 이해를 위해 자세히 언급57)을 하자면 다음과 같다.

에세네인들(Essenes)은 주전(主前) 130-주후 70년경 시기에 광야에서 고립된 집단생활을 하였다. 스스로 구별된 자라고 자처했던 바리새인들이 율법에 대해 철저하지 못함을 비판하면서 에세네인들은 광야로 도피한다. 에세네파는 세속과의 철저한 단절 속에서 율법의 요구를 이룰 수 있다고 보았다. 에세네파 가운데 여러 공동체가 있었는데 이 가운데 쿰란이라는 마을에서 집단생활을 한 쿰란공동체(Qumran community)는 보다 엄격한 율법공동체였다. 쿰란공동체는 구약성서의 율법을 철저히 지키고자 했지만, 예루살렘 성전의 제단에서 드려지는 희생제사는 거부하였다. 그들은 고유한 정결의식을 거행했으며 태양력을 사용하는 절기들을 제정하였다. 이들은 하나님이 세우실 새로운 시대를 준비하였다. 이들은 기원전 1세기의 의의 교사(teacher of Righteousness)를 메시야로 생각하였고, 또한 그의 도래를 대망하였다. 세례 요한은 에세네파에서 나온 것으로 알려지고 있다.

그리고 사두개인들(Sadduees)은 예수와는 가장 공통성이 없는 종교인들이었다. 이들은 제사장 가문의 부유계층이었고 귀족계층 출신이었다. 이들은 예루살렘 성전의 일을 행했으며, 공회에서 지도적인 당파로서 정치적인 책임을 주로 맡았다. 사두개인들은 기원 전 약 150년 전 마카비 형제가 반란을 일으켜 세운 제사장 왕국인 하스모니아 왕조(the Hasmonian dynasty)를 지지하였다. 하스모니아 왕조가 붕괴하는 시기에 제사장들과 성전을 둘러친 관료들은 사두개파 출신들로 이루어져 있었다.

사두개파는 신학적으로 "옛-종교"(the old-time religion)가 믿는 것을 추종하는 보수주의자들이었다. 이들은 모세 율법에 문자적으로 포함된 것을 넘어서는 가르침은 거부했다. 이들은 바리새파를 옛 율법을 현대적 조건에 적용하기로 고안된 구전(口傳)을 가진 혁신주의자들(innovators)로 간주하였다. 사두개파는 몸의 부활에 대한 바리새파의 신앙은 성경적 근거가 없는 "신(新) 교리"라고 거부하였다. 구약의 다니엘서는 분명히 부활에 관하여 말하고 있다. 그런데도 사두개파는 다니엘서는 밀의서적 경전(the canon of sacred writings)이라고 거부하였다.

바리새인들(Pharisees)은 예수와 공통점이 많은 자들이었다. 예수는 바리새인들과 만날 때마다 논쟁에 휩싸였다. 이 이유는 부활, 구원, 정결 등 종교적 의무와 교리적 핵심에 대한 공통적인 관심을 가지고 있었기 때문이다. 부분적으로 이러한 이유 때문에 예수 제자들의 활동은 바리새파들에 의하여는 장려되지는 않았으나 허용되었다. 예를 들면, 산헤드린에서 제자들의 활동에 대하여 엄한 제재를 하는 것에 관하여 논의되었을 때 그 시대의 가장 영향력 있는 바리새인이요 바리새파의 지도자인 가말리엘(Gamaliel)은 말한다: "이 사람들을 상관 말고 버려두라. 이 사상과 이 소행이 사람에게서 났으면 무너질 것이요, 만일 하나님으로부터 났으면 너희가 저희를 무너뜨릴 수 없겠고 도리어 하나님을 대적하는 자가 될까 하노라"(행 5:38-39). 교법사인 가말리엘의 이러한 말은 산헤드린의 그의 동료들의 다수를 설득하게 된다.

그리고 예수 당시의 서기관들은 율법을 특별히 배운 학자들이거나 관리들이었다. 이들은 율법사들이었고 이들 대부분은 바리새인들이었다. 지도적인 서기관들은 바리새파의 우두머리였다. 예수는 바리새인들을 위선자라고 비난하였다. 이 위선은 종교적 의무에 관련되어졌다. 음식 제한, 결례, 십일조, 기도, 금식 등이었다. 바리새인들은 마음에서는 진정한 경건이 없으면서 외면적으로 이러한 종교적 의무를 행함으로써 칭찬을 받고자 하였다.

그리고 헤롯추종자들(Herodians)은 헤롯 왕가의 권좌를 유지하기 위하여 애썼다. 예수의 사역 동안 헤롯 가족 중 2명이 이스라엘 내(內)에 또는 가까이 있는 공직을 차지했다. 헤롯 안티파스(Antipas)는 갈릴리와 페레카의 영주이었고, 그외 형제 필립(Philip)은 갈릴리 호수의 동쪽과 북동쪽 지역의 영주이었다. 우리가 복음서에서 만나는 헤롯 추종자들은 헤롯 안티파스의 지지자들이다. 헤롯의 지위에 대한 위협이 가해지면 처리하는 것이 그들의 일이었다. 그러한 위협이 예수가 보내신 12제자들의 갈릴리 선교 시에 일어난 것으로 보인다. 헤롯추종자들은 예수와 그의 제자들이 헤롯의 안전에 있어서 가져오는 위협을 제거하는 것을 이들의 의무로 생각했다.

그리고 마지막으로 언급될 열심당(Zealots)은 1세기 유대교의 영향력 있는 당파이었다. 열심당은 6세기에 유대가 로마제국의 속주(屬州)로 병합되었을 때 로마에 대하여 반란을 일으킨 갈릴리 사람 유다(Judas)에 의하여 창안된 철학을 영구화 하였다. 유다는 비느하스(Phinehas), 엘리아, 마타디아스(Mattathias)에 의하여 세워진 열심의 전통을 따르면서 이스라엘 하나님 때문에 열심이라고 자신을 선언하였다.58) 유다는 약속의 땅에 사는 하나님의 백성들이 이방 지배자에게 세금을 내는 것은 옳지 않다고 주장하면서 이전의 열심당보다 더 과격하게 나갔다. 이것이 예루살렘에서 예수에게 던져진 황제에게 세금을 내는 것이 옳은가(막 12:13-17)라는 질문의 배경이었다.

한편, 에세네파에 속해 있었던 것으로 여겨지는 세례 요한은 당시 사람들에 의하여 쿰란 공동체의 종말론적 대망을 기다리고 있었던 영적 지도자인 '의의 교사'(Teacher of Rightousness)로 알려진 이를 이어 이스라엘의 대망을 이을 지도자로 여겨졌다. 알려진 바로 쿰란의 '영적 교사'는 이미 1세기 전부터 사해바다 서쪽에 위치했던 쿰란공동체의 지도자였다. 유대인들은 세례 요한에게 비상한 관심을 가지고 있었고, 세례 요한이 메시아가 아닐까 하고 생각하기도 했다.

세례 요한은 요단강에서 이스라엘에게 **"회개하라 천국이 가까웠느니라"**(마3:2)고 외쳤다. 세례 요한에 대하여 사복음서의 기록에는 **"광야에서 외치는 자의 소리가 있어 가로되 너희는 주의 길을 예비하라 그의 첩경을 평탄케 하라"**(사40:3)는 구약을 인용하고 있다. 그는 성경에서 언급했던 것처럼 이스라엘에 임박한 메시야의 나라의 도래 앞에서 죄를 회개하라고 외쳤다. 그리고 속죄의 상징으로 세례를 베풀었다. 그의 요단강의 세례는 쿰란 공동체에서 행해졌던 것과 에세네파에서 행해졌던 속죄와 정결예식의 일종이었다.

이 때 예수는 갈릴리로부터 요단강에 세례를 받으러 나아왔다고 성경은 기록하고 있다. **"그 때에 예수께서 갈릴리 나사렛으로부터 와서 요단강에서 요한에게 세례를 받으시고 곧 물에서 올라오실쌔 하늘이 갈라짐과 성령이 비둘기같이 자기에게 내려오심을 보시더니 하늘로서 소리가 나기를 너는 내 사랑하는 아들이라 내가 너를 기뻐하노라 하시니라"**(마

3:13-17, 막1:9-10, 눅3:21-22)고 성경은 기록하고 있다. 여기에 요한복음의 저자는 특별한 기록을 덧붙인다. "**이튿날 요한이 예수께서 자기에게 나아오심을 보고 가로되 보라 세상 죄를 지고 가는 하나님의 어린 양이로다**"(요1:29)라는 말 이었다. 이 두 언급들은 예수의 권위와 사명을 부여해 주고 설명해주는 중요한 말씀들이었다.

첫 번째의 언급으로 요단강에서 예수가 세례를 받았다고 하는 사실이 내포하고 있는 의미는 예수로 하여금 하나님의 아들이라고 하는 권위를 부여함과 동시에 두 가지의 깊은 신학적인 의미를 내포하고 있었다. 하나는 예수 안에서 '하나님의 기뻐하시는 일'이 벌어지고 있다는 점이다. 예수 안에 하나님의 새로운 창조의 사역이 전개되고 있었다. 세례를 받고 있는 예수 위에 하나님의 보내심의 권위가 머물렀다. 그리고 예수의 하나님의 뜻에 대한 순전한 자기 순종이 세례를 통해 나타나고 있었다.

그리고 마침내 성령이 예수 위에 비둘기 같이 임하심으로써 예수를 메시아로 인정하고 있다. 성 삼위 하나님(성부, 성자, 성령)의 상호간의 섬김을 바탕으로 한, 즉 성 삼위 중 한 분이 사역하실 때 다른 두 분은 섬기시는 역할을 분담하는 순환적 내주(內住, Perichoresis)가 세례를 통해 예수 안에서 이루어지고 있었다. 즉, 예수의 세례에는 하늘로부터 예수를 아들이라 인정하시는 아버지와 또한 비둘기처럼 임하셔서 예수와 함께 동행동사(同行動使) 하시는 성령이 함께 하셨다. '성 삼위 하나님 자신 안에서의 서로 간의 안식과 만족에 도달함' (Ineinander-Zur-Ruhe und Befriedigung-Kommen)이 이루어지고 있는 것이다.[59]

그리고 이미 아버지의 이름과 성령의 임재가 그리스도의 순종과 더불어 그리스도의 몸 안에 이루어지고 있었기 때문에, 하나님의 통치는 그리스도의 순종을 통해 그의 삶의 정황(Sitzen im Leben) 속에 나타나고 있었다. 바로 예수 안에 하나님의 나라(통치)가 나타나고 있었던 것이다. 그리고 그 통치는 빛이 되어 어둠에 속한 마귀를 물리치며 아내었다. 이 때문에 예수는 **"그러나 내가 하나님의 성령을 힘입어 귀신을 쫓아내는 것이면 하나님의 나라(통치)가 이미 너희에게 임하였느니라"** (마12:28)고 말한다. 그리고 예수는 자신 안에 이미 하나님의 나라, 즉 하나님 나라의 통치가 이루어지고 있음을 선포한다.

그리고 또 다른 신학적인 의미는 예수가 새로운 하나님의 부르심을 받은 영적 이스라엘의 대표로써 세례를 받고 있다는 점이었다. 그것은 모세와 옛 이스라엘의 홍해사건을 다시 연상케 하는 구원 사역의 원형이자 새로운 영적 의미의 해석을 몰고 온다. 바울은 이 영적 해석의 실마리를 제공해주고 있다. 즉, **"형제들아 너희가 알지 못하기를 내가 원치 아니하노니 우리 조상들이 다 구름 아래 있고 바다 가운데로 지나며, 모세에게 속하여 다 구름과 바다에서 세례를 받고"**(고전10:1-2)라고 그는 언급한다. 홍해에서 이스라엘이 세례를 받았다는 것을 상기시킴으로써 새로이 선택받은 이스라엘은, 또 다시 홍해의 새로운 상징인 요단강을 건너며 세례를 받아야 한다. 그리고 바로 그 세례는 영적인 세례, 곧 그리스도와 함께 받아야 할 세례라고 바울은 말한다.

그러므로 바울은 **"무릇 그리스도 예수와 합하여 세례를**

받은 우리는 그의 죽으심과 합하여 세례를 받은 줄을 알지 못하느뇨, 그러므로 <u>우리가 그의 죽으심과 합하여 세례를 받음으로</u> 그와 함께 장사되었나니 이는 아버지의 영광으로 말미암아 그리스도를 죽은 자 가운데서 살리심과 같이 우리로 또한 새 생명 가운데서 행하게 하려 함이니라"(롬 6:3-4)(필자 밑줄)라고 언급한다. 바울이 특히 강조한 것은 '그리스도와 연합된'(cooperate personality with Jesus) 그리스도인의 삶 이었다. 곧 예수의 요단강에서의 세례 받음은 우리를 대표해서 구원적 행위(나는 죽고 주와 함께 부활한다는 뜻)를 보이신 것이며, 또한 믿음 안에서 우리 역시 그의 세례를 반복하는 것임을 바울은 주장하고 있다.

예수는 새로운 이스라엘의 대표자로서 자신을 새 홍해인 요단강을 통해 새롭게 건너고 있다. 그리고 동시에 시험 받아 승리한 후, 예수는 하나님의 권위로 또 다시 이스라엘을 요단강으로 불러내어 새로운 '출애굽의 사건'(모세와 이스라엘의 애굽 탈출의 사건)을 재현했던 것이다. 그리고 여호와 하나님이 이스라엘을 광야로 불러 자신을 위한 제사를 드리도록 요구(출3:18)했던 것 같이, 또 다시 예수는 이스라엘을 광야로 부르고 있는 것이다.

예수는 광야로 이스라엘을 불러낸 하나님의 사건을 행하고 있었다. 요한복음의 기록은 사람들의 눈앞에 하나님의 신현(theophany)이 이루어지고 있었던 광야의 성막과 예수를 동일시 함으로써, 간접적으로 예수를 거룩한 영적 성막이자 하나님의 형상으로 간주한다. 즉, "**말씀이 육신이 되어 우리 가운데 거하시매 우리가 그 영광을 보니 아버지의 독생자의 영광이요**

은혜와 진리가 충만하더라"(요1:14)고 쓰고 있는 요한은 의도적으로 "거하시매"(dwelt among us), 혹은 (성막을 세우기 위해) "말뚝을 박다"(pitch one's tent)라는 말을 동의어로 사용한다. 즉, 예수를 걸어 다니는 하나님의 현현인 성막으로 간주하고 있는 것이다. 곧 모세의 성막은 장차 유대 광야에 나타나실 예수의 그림자라는 것이다.

그리고 예수 자신의 자기증거는 요한을 통해 반복된다. 예수는 "**나와 아버지는 하나이니라**"(요10:30) 그리고 "**나를 본 자는 아버지를 보았거늘 어찌하여 아버지를 보이라 하느냐**"(요14:9)고 제자들에게 반문한다. 그리고 바울은 "**어두운데서 빛이 비취리라 하시던 그 하나님께서 예수 그리스도의 얼굴에 있는 하나님의 영광을 아는 빛을 우리 마음에 비춰셨느니라**"(고후4:6)라고 말씀함으로써, 그리스도가 하나님의 드러난 얼굴이자 형상임을 주장한다(고후4:4).

궁극적으로 예수의 광야 출현은 구약의 예언의 성취가 이루어지고 있음을 뜻하는 것이었다. 이스라엘은 여호와의 이름으로 오시는 자, 곧 그를 만나고 있는 것이다. "**여호와께서 그를 황무지에서, 짐승의 부르짖는 광야에서 만나시고 호위하시며 보호하시며 자기 눈동자같이 지키셨도다**"(신32:10)라는 말씀이 예수를 통해 이루어지고 있다. 광야에서 자기 백성들에게 진리의 말씀을 통해 가르치시는 예수의 모습은 곧 모세와 옛 이스라엘의 출애굽사건이 마침내 예수와 그를 따르는 백성들에 의해 비로써 완성되어 재현(再現)되고 있는 것이라 할 수 있다. 예수는 자신을 구약의 모든 예언의 궁극적인 완결자이며, 성취자로 그리고 "**시온산과 예루살렘의 왕으로 오실 여호와**"(사24:23)라는 예언이 바로 자신에게 성취되고 있음을 말하고 있다.

그리고 요단강의 세례와 관련된 두 번째의 언급은 요한 사도의 기록에 보면, 예수가 요단강에 세례를 받으러 나올 때, "**세상 죄를 지고 가는 하나님의 어린 양이로다**"(요1:29)는 세례 요한의 말이었다. 그 말이 지닌 의미는 예수의 세례의식과 중요한 상관관계를 나타내고 있었다. 세례는 곧 물속에 들어가 죽는 것을 의미하기 때문이다. 곧 예수의 고난의 십자가 죽음을 미리 언급하고 있는 말씀이다.

세례 요한에 의해 예수에게 주어진 요단강 세례는 이스라엘의 속죄를 위한 예수가 희생 제물로 바쳐지는 의식, 곧 희생제례(犧牲祭禮)를 상징했다. 이러한 맥락에서 예수가 속죄 제물인 어린 양으로 비유되는 것은 극히 자연스러운 일이었다. 사도 요한은 다른 공관복음서 기자들과는 달리 유일하게 세례 요한의 말을 언급하고 있다. 세례 요한의 말을 강조하고 있는 사도 요한에게는 예수의 요단강 세례가 단지 새로운 이스라엘을 위한 구원의 대표적 행위만을 뜻하는 것이 아니었다. 구원을 이루기 위하여 그 구원에 걸맞은 다른 희생이 주어져야만 한다(한 사람을 살리기 위해 다른 이가 죽어야 하는)는 역설적 상관관계, 즉 이스라엘의 속죄를 위한 희생의 의미를 세례 요한의 예수에 대한 세례를 통하여 설명하려 했던 것이다.

그러므로 요한복음의 저자는 세례 요한의 말을 통해 희생제물로서의 예수를 설명하고 있는 것이다. 이것은 어느 정도 요한의 신학적 사고를 반영하고 있는 것이지만, 오히려 메시아의 사역에는 고난과 희생이 따르게 될 것이라는 구약전승의 일반적인 이해라고 할 수 있다. 이사야(53장)에 나타나고 있는 고난 받는 여호와의 종(Ebed Yaweh)에 대한 개념은 흔한 것은 아니다. 그러나 쿰란 공동체에서 이미 기원 전 1세기에 메시야를 고난 받는 종으로 이해하고 있었다는 증거가 나타나고 있는 것으로 보건데, 어린 양으로서의 예수의 죽음은 결코 낯선 이해가 아니었다.

그러나 그럼에도 불구하고 현대의 역사적 예수 탐구자들은 예수의 이스라엘을 위한 대속적 죽음을 부정한다. 그 표면적 이유로는 예수 당시의 유대교에서는 메시아의 대속적 죽음이라는 이해가 없었다는 것을 들지만, 그러나 이면적으로는 예수가 이스라엘을 위한 대속적인 의식을 처음부터 가지고 있지 않았다는 것을 주장함으로써, 예수 자신이 그 스스로 메시아라고 생각한 적이 없었다는 것을 주장하고 싶어 하는 것이다.

그러나 하나님은 자신이 준비한 한 양을 마련하셨다(창22:8). 요한은 예수를 유월절 어린양으로 생각했다. 그래서 유월절 어린양이 그 뼈가 하나도 꺾이지 않은 것처럼 예수는 **"그 뼈가 하나도 꺾이지 아니하리라"**(요19:36;출12:46)는 예언대로 십자가에서 일찍 죽어 뼈가 꺾이지 않았다. 십자가의 사형수들은 죽음을 확인하기 위해 다리를 꺾어버리는 일이 있었으나, 이미 예수는 로마병사가 찌른 창 자리로 그의 심장과 옆구리가 관통된 후 이미 절명했다.

예수를 구속 양과 연관 짓는 요한의 신학적 이해는 그 자신의 사고체계 안에서 더욱 자리를 넓혀 간다. 더 이상 예수는 이스라엘의 구속받은 자들만의 어린 양이 아니었다. 곧 "세상 죄를 지고 가는 하나님의 어린 양"(요1:29) 이었다. 그리고 그 어린 양은 하나님의 보좌 앞에 있는 죽임을 당했으나 마침내 승리한 구원의 양 이었다(계5:6,8).

궁극적으로 말하자면, 요한은 이사야가 언급한 메시아의 고난 사건, 즉 '고난 받는 하나님의 종'(Ebed Yawh)에 대한 기록을 생각하며 자신의 글을 썼을 것이다. 이사야의 글을 보면, "**그가 곤욕을 당하여 괴로울 때에도 그 입을 열지 아니하였음이여 마치 도수장으로 끌려가는 어린 양과 털 깎는 자 앞에서 잠잠한 양 같이 그 입을 열지 아니하였도다**"(사53:7)라고 기록하고 있다. 궁극적으로 하나님의 공의를 충족시키기 위해서는 고난 받는 여호와의 종만이 오직 여호와의 구원을 이루는 종이 될 수 있기 때문이다.

2. 광야의 시험

예수는 성령에 이끌리어 광야로 시험을 받으러 나가셨다. **"성령에게 이끌리어 마귀에게 시험을 받으러 광야로 가사"** (마4:1)라는 기록이 예수의 광야의 시험은 하나님의 뜻을 이루는 일임을 간접적으로 드러내주고 있다.

예수의 광야의 시험은 두 가지 큰 신학적 의미를 우리에게 던져주고 있다. 하나는 예수의 시험이 이스라엘과 나아가서 모든 인간들이 넘어서야할 한계를 극복하기 위한 대표적인 행위로 이해되어야 한다는 점이다. 그리고 다른 하나는 광야에서 일어났던 예수 자신의 개인적인 경험 사건을 통해 우리는 그가 가졌던 사고의 특징, 즉 '하나님의 대적자'(Diabolos: 참소하는 자, 빛을 가장한 자 루시퍼, 즉 비난하는 자 사탄; 계12:10)에 대해 특별한 인식을 가지고 있었다는 점을 눈 여겨 보아야 한다.

첫째로 예수의 광야의 시험은 인간이 가지고 있는 유혹들에 대하여 대표자로서 겪는 과정이었다. 예수는 영적 **"멜기세덱의 반차(oder)를 좇은 영원한 제사장"**(시110:4; 히6:20)으로서 이스라엘의 죄를 대신 지고 가야할 제사장이었다. 즉, 예수는 혈육에 의해 계승된 제사장이 아니라, 멜기세덱이 혈육에 의하지 않고 하나님의 특별한 부르심을 받아 제사장 된 것과 같이 하나님에 의해 영원한 제사장이 되셨다는 것이다. 그러나 모든 제사장은 자기 백성의 죄를 짊어지고 하나님 앞으로 반복하여 나아가지만, 예수는 자기 백성의 죄를 단번에(once and for all) 담당하여 하나님 앞으로 나아간 영원한 제사장이다. 이 때 영원한 제사장으로 예수는 자기 백성의 죄를 담당하는 대속의 행위를 행해야 한다. 바로 이 자기백성이 죄를 이길 수 있는 길을 열기 위해 받는 광야의 시험은 죄인의 구원하는 행위이자 곧 모든 죄인들에게 마귀를 이기는 길을 제시해 주는 대속의 행위였다. 이 대속적 행위가 곧 광야의 시험이었던 것이다.

예수는 대표자 혹은 대리자로서 시험을 받아 고난을 당하시는 길을 선택하였다. 그는 **"한 사람으로 말미암아 죄가 세상에 들어오고 죄로 말미암아 사망이 왔나니 이와 같이 모든 사람이 죄를 지었으므로 사망이 모든 사람에게 이르게"**(롬 5:12) 된 것을, **"한 사람 예수 그리스도의 은혜로 말미암은 선물이 많은 사람들에게 넘쳤다"**(롬5:15)고 하는 사도 바울의 고백처럼 고난을 통한 대리자의 길을 걸었던 것이다. 그리고 이스라엘의 영적 대표자로서 예수는 모세와 이스라엘이 광야의 40년간의 시험을 이기지 못했던 것을 대신해서 승리하는 길을 택한 것이다.

그러므로 모세와 이스라엘의 40년과 예수 자신의 광야의 40일 간의 시험 기간 사이에는 유형적인(typological) 유사성이 나타나고 있다. 그리고 궁극적으로는 자신이 택하신 모든 자들이 받아야할 시험을 겪고 승리함으로써, 그를 향한 믿음을 소지한 모든 자들로 하여금 자신의 경험과 "연합된 인격성"(coporate personality)을 통해 특별히 승리의 모델을 보여 주며, 또한 그로 인해 온전케 하는 힘을 부여하시는 것이다. 때문에 히브리서의 글에는 이렇게 쓰여 있다. **"믿음의 주요 또 온전케 하시는 이인 예수를 바라보자"**(히12:2).

예수의 시험에는 모든 인간이 넘어서야할 대표적인 한계들이 나타나고 있었다. 40일을 주린 예수에게 마귀는 나아와서 돌을 떡이 되도록 명하라는 시험을 한다. 인간의 문제가 집중되어 있는 대표적인 표상(表象)인 "떡"의 문제는 아담의 선악과의 문제이자, 모세와 이스라엘의 광야에서의 만나의 사건과 연결이 되어 있다. 그리고 인간의 궁극적인 삶과 연결된 떡의 문제는 인간으로 하여금 "무엇을 먹을까, 무엇을 마실까, 무엇을 입을까"(마6:31)하는 염려와 근심을 자아낸다.

예수는 마귀로부터의 이 첫 시험을 신명기의 말씀으로 물리친다. 즉, "**너를 낮추시며 너로 주리게 하시며 또 너도 알지 못하여 네 열조도 알지 못하던 만나를 네게 먹이신 것은 사람이 떡으로만 사는 것이 아니요 여호와의 입에서 나오는 모든 말씀으로 사는 줄을 너로 알게 하려 하심이니라**"(신8:3;마4:4)는 말씀이었다. 그리고 예수는 이후 이렇게 말한다. "**내가 진실로 진실로 너희에게 이르노니 하늘에서 내린 떡은 모세가 준 것이 아니라 오직 내 아버지가 하늘에서 내린 참 떡을 너희에게 주시나니, 하나님의 떡은 하늘에서 내려 세상에게 생명을 주는 것이니라**"(요6:32-33). 그리고 예수는 또 다시 말한다. "**내가 곧 생명의 떡이니 내게 오는 자는 결코 주리지 아니할 터이요, 나를 믿는 자는 영원히 목마르지 아니하리라**"(요6:35). 예수는 진정으로 사람의 생명이 사람이 먹는 떡에서 얻어지는 것이 아니라, 예수 자신의 길을 따름으로써 얻어질 수 있다고 주장한다.

두 번째 마귀의 시험은 예수를 성전 꼭대기로 데리고 가 뛰어 내리도록 종용한다. "이에 마귀가 예수를 거룩한 성으로 데려다가 성전 꼭대기에 세우고 가로되 네가 만일 하나님의 아들이어든 뛰어 내리라. 기록하였으되 저가 너를 위하여 그 사자들을 명하시리니 저희가 손으로 너를 받들어 발이 돌에 부딪히지 않게 하리로다"(마4:5-6)고 시편 91장 11절 이하를 인용하며 마귀는 유혹한다.

예수의 두 번째 시험은 인간의 허영에 관한 것 이었다. 마귀가 교묘하게 성경을 인용해서 예수에게 허영심을 부추긴다. 그는 예수에게 이렇게 말한다. 네가 하나님의 아들이라면 여기서 뛰어 내려라. 이것이 너의 아버지 하나님의 보호하심에 대한 신뢰를 보내는 것이 아니겠는가! 또한 네가 기꺼이 인용하는 그 성경이 진실이라면 너는 아무런 해도 입지 않을 것이다. 성경에 기록되어 있는 바와 같이 하나님이 너를 위하여 그 사자들을 명하여 너로 하여금 저 낭떠러지의 돌들에 부딪히지 않게 하신다고 말하지 않았는가! 그러나 예수는 허영을 위해 자신의 능력도 하나님의 신뢰도 시험하지 않는다. 오직 그는 "**또 기록되었으되, 주 너의 하나님을 시험치 말라 하였느니라**"(마4:7)고 말씀으로 거절한다. 인간의 자랑과 허영이 만들 수 있는 모든 시험을 통과하는 순간이다.

마귀는 마지막으로 예수를 시험한다. 지극히 높은 산으로 그를 데리고 가 천하 만국과 그 영광을 보여 준다. 그리고 자기에게 엎드리고 경배하면 이 모든 것을 주겠다고 약속한다. 오직 소유만을 위해 자신을 상실하고 있는 모든 인간이 갖는 유혹을 그는 몸소 홀로 받고 있는 것이다. 소유를 택하면 존재는 사라진다. 그러나 진정한 소유는 오직 하나님을 경배할 때만이 그 의미와 가치가 나타난다. 때문에 예수는 **"사단아 물러가라 기록되었으되 주 너의 하나님께 경배하고 다만 그를 섬기라 하였느니라"**(마4:10)고 그를 꾸짖는다.

이로써 예수는 마귀의 시험을 물리치고 인간이 이생의 자랑과 안목의 정욕과 재리의 욕심으로부터 자유로워질 수 있는 가능성의 길을 열어 놓는다. 또한 그는 첫 승리의 열매가 되어서 다른 이들로 하여금 동일한 승리의 가능성을 자신 안에서 획득할 수 있게 한 것이다.

둘째로 예수의 광야의 시험에서 나타나고 있는 또 다른 신학적인 관심거리는 '하나님의 대적자'에 대한 예수의 인식이었다. 일반적으로 역사적 예수 탐구자들은 예수의 광야시험에 대한 기사가 마태와 누가에만 나오기 때문에 마가의 기록 이전의 Q자료로부터 얻어온 것이라 믿는다. 이 말은 이 광야의 시험 사건은 복음서의 기원 중에 최초의 부분에 해당하는 오랜 전승의 역사를 가진 부분이라는 말이다.[60]

그러나 이 최초의 진술들은 인간 예수를 추적하려는 역사적 예수 탐구자들의 기대와는 달리 마귀와 싸우는 하나님의 아들을 설명하고 있다. 그리고 예수는 마침내 마귀를 물리치는 모든 유혹을 이기는 승리자로 묘사되어 있다. 즉, 평범한 인간 예수 그 이상의 존재로 묘사되고 있는 것이다. 그리고 이를 반영이라도 하듯이 예수가 알려진 악마 추방자(exorcist)였다는 기록은 성경 이외의 초기 문서들에도 나온다. 이미 예수의 이름은 모든 악마 추방자들에게 귀신을 추방할 수 있는 권위의 이름으로 나타나고 있었다.[61]

그리고 역사적 예수 탐구자들에게 문제가 되는 점은 예수의 '하나님의 대적자'에 대한 인식 이었다. 예수가 '하나님의 대적자'인 마귀에 대해 의식하고 있었다는 것은 악마추방자로서의 예수의 행위를 인정하고, 그 기록을 초기 초대교회의 구전(口傳)을 훨씬 뛰어넘는 최초의 것이라고 인정해야만 하는 예수 탐구자들에게는 충격적인 자료가 될 수 있기 때문이다. 인간 예수에 대한 시각을 틀로 하고 있는 역사적 탐구가 봉착한 문제점은 특수한 예수의 행위, 즉 악마를 추방하는 예수의 모습이 복음서 최초의 자료들에 속한다는 것이 밝혀지면서 발생되었다. 그리고 악마추방의 행위는 예수의 하나님 나라 선포와 밀접한 관계를 가지고 있고, 그의 복음의 중요한 핵심으로 현대 신약학에서 다루어지고 있기 때문에, 단순히 스쳐 지나갈 수 없는 문제가 된다는 것을 그들은 잘 알고 있기 때문이다.

다시 말해 지금까지 역사적 예수 탐구자들에 의해 밝혀진 예수와 다른 의외의 예수가 돌출하고 있다는 점이다. 그리고 모든 기적설화(이야기)들은 단지 초대교회의 창작물에 불과한 것임을 강조해온 종래의 주장들이 악마를 추방하고 있는 예수의 초기 사건들로 인해 다 거부되어야 할 판이다.

역사적 탐구를 시도하는 어떤 이들은 솔직하게 이러한 문제의 심각성을 받아들인다.[62] 자연스럽게 종말론적 묵시사상, 즉 하나님 나라를 몰고 오고 있는 행위를 하는 악마 추방자인 예수를 인정함으로써 그가 단지 보통 사람이 아니었음을 간접적으로 인정하지 않을 수 없게 되었기 때문이다. 적어도 그는 메시야라고 언급될 만한 사람이든지, 아니면 선지자라고 부를 수 있는 사람이라는 것을 인정해야만 하게 되었다. 그러나 어떤 이들은 예수의 악마추방을

사회적 병리현상으로서의 귀신들을 치유하는 행위라고 하는 궁색한 변명을 한다.63)

궁극적으로 예수의 악마추방이라고 하는 사건은 예수가 자신의 사역의 초기부터 자신의 의식 속에 '하나님의 대적자'에 대한 인식이 있었고, 단지 개념화 된 것이 아닌 실제적인 적으로 사탄 혹은 마귀를 의식하고 있었음을 알 수 있다. 이러한 예수의 모습은 결코 종래의 역사적 예수 탐구의 시각으로는 설명하기가 힘든 모습임에 틀림없다. 그들이 찾고자 하는 것은 인간 예수이지, 특별한 능력을 소지한 하나님의 아들 혹은 메시아인 예수가 아니기 때문이다.

그렇다면 예수는 '하나님의 대적자'에 대해 어떠한 인식을 가지고 있었을까? 예수는 **"도적이 오는 것은 도적질하고 죽이고 멸망시키려는 것뿐이요, 내가 온 것은 양으로 생명을 얻게 하고 더 풍성히 얻게 하려는 것이라"**(요10:10)고 말한다. 이 말은 다른 구절, **"나보다 먼저 온 자는 다 절도요 강도니 양들이 듣지 아니하였느니라"**(요10:8)라는 말로 미루어 보건데, **"절도요 강도니"**라는 말은 자신보다 먼저 이스라엘에 나타난 거짓 지도자들인 것 같이 보인다. 그리고 예수가 인용했던 성경인 에스겔 34장에 나타나는 "절도와 강도"는 이스라엘의 양 떼를 돌보지 않는 악한 목자들을 말하는 것이었다. 그리고 그 말은 또한 자신을 죽이고자 하는 헤롯을 의미하기도 했다. **"곧 그 때에 어떤 바리새인들이 나아와서 이르되 나가서 여기를 떠나소서 헤롯이 당신을 죽이고자 하나이다. 가라사대 가서 저 여우에게 이르되 오늘과 내일 내가 귀신을 쫓아내며 병을 낫게 하다가 제 삼일에는 완전하여 지리라 하라"**(눅

13:31-32)고 예수는 헤롯을 지적하고 있다.

'하나님의 대적자'에 대한 설명이 정치적 인물이나 사회적 악의 실체로서의 어떤 인물들인 것 같은 인상 때문에, 어떤 이들은 하나님의 대적자들에 대한 해석을 정치 사회적 구도로 해석하려 한다.[64] 그러나 표면적인 배경을 넘어선 이면에 언제나 예수의 대적자에 대한 의식이 머물러 있었던 대상은 자신을 공격하고 있는 바리새인이나, 혹은 헤롯을 넘어서서 오히려 그 이상의 영적 실체를 의미했다. 곧 예수의 의식 안에 있었던 진정한 '하나님의 대적자'란 마귀였던 것이다.

불행하게도 역사적 예수 탐구자들이 예수가 가졌던 '대적자'에 대한 인식이 전무하듯이, 대부분의 복음주의자들에게서도 이런 신학적 인식의 부재가 보인다는 점은 심히 안타가운 점이다.

'하나님의 대적자'에 대한 인식이 예수의 사역에 끼친 영향이란 매우 지대한 것이었다. 요한이 그에게 **"오실 그이가 당신이오니이까 우리가 다른 이를 기다리오리이까"**(마11:3)하고 예수에게 묻자, 예수는 메시아의 소명에 대해 이사야가 언급했던 글로 그에게 답변한다. 즉, **"주 여호와의 신이 내게 임하셨으니 이는 여호와께서 내게 기름을 부으사 가난한 자에게 아름다운 소식을 전하게 하심이라 나를 보내사 <u>마음이 상한 자를 고치며</u> 포로된 자에게 자유를, 갇힌 자에게 놓임을 전파하며 여호와의 은혜의 해와 우리 하나님의 신원의 날을 전파하며 모든 슬픈 자를 위로하되"**(사61:1-2)(필자 밑줄)라는 말로 답변한다. 예수는 메시아의 많은 사역들이 자신을 통해 일어나고 있음을 요한에게 간접적으로 알리고 있다. 그러면서도 특이한 점은 이사야의 글을 예수가 변형시켜 전달했다는 점이다. 곧 **"마음이 상한 자를 고치며"**란 말 대신에 예수는 이 말을 누가복음 4장 18절에 **"눌린 자를 자유케 하고"**라는 말로 의도적으로 변형시키고 있다는 점이다. 수동형으로 쓴 이 말은 곧 마귀에 의해 눌려진 이를 예수가 구원시키겠다는 말이다. 그가 얼마나 특별히 인간을 괴롭히는 마귀에 대해 의식하고 있었는가를 간접적으로 시사해 주는 부분이다.

결론적으로 말해, 예수가 악마를 추방하는 일은 그 자신의 여러 구원 사역에 비하면 미미하게 보인다. 이사야 61장 1절과 2절의 메시아의 사역의 예언 중에 단지 **"마음이 상한 자를 고치며"**라는 말을 의도적으로 바꾸어 **"눌린 자를 자유케 하고"**(눅4:18)라고 쓰고 있는 부분을 제외하고는 거의 직접적인 언급을 찾아 볼 수가 없기 때문이다. 그러나 그럼에도 불구하고 '하나님의 대적자'에 대한 예수의 특별한 의식은 하나님의 심판과 역사가 진행 중이라고 하는 자신의 말, **"그러나 내가 하나님의 성령을 힘입어 귀신을 쫓아 내는 것이면 하나님의 나라가 이미 너희에게 임하였느니라"**(마12:28)고 말함으로써 자기 복음의 가장 중요한 핵심적인 내용임을 암시하고 있다.[65]

아마도 그의 이러한 언급의 배경에는 이사야의 예언이 있었을 것이다. 이사야 24장 21절에서 23절에 기록된 말씀을 보면, **"그 날에 여호와께서 높은데서 높은 군대를 벌하시며 땅에서 땅의 왕들을 벌하시리니, 그들의 죄수가 깊은 옥에 모임 같이 모음을 입고 옥에 갇혔다가 여러 날 후에 형벌을 받을 것이라. 그 때에 달이 무색하고 해가 부끄러워하리니 이**

는 만군의 여호와께서 **시온산과 예루살렘에서 왕이 되시고 그 장로들 앞에 영광을 나타내실 것임이니라**"(필자 밑줄)고 기록하고 있다. 곧, 예수는 "**높은 군대**"인 마귀와 귀신들을 심판하셨다. 그리고 예수는 "**시온산과 예루살렘에서 왕이 되시고 그 장로들 앞에 영광을**" 나타내었다. '하나님의 대적자'를 심판하는 일은 예수가 메시아로 간주되는 한, 그의 중요한 사역의 내용이 된다. 사도 요한의 또 다른 글은 이를 극명하게 밝혀주고 있다. "**죄를 짓는 자는 마귀에게 속하나니 마귀는 처음부터 범죄함이니라 하나님의 아들이 나타나신 것은 마귀의 일을 멸하려 하심이니라**"(요일3:8)(필자 밑줄).66) 죄인들의 구원자로 오신 예수의 사역을 다른 관점에서 설명하고 있는 말이다. 결국 구원은 죄로부터의 자유함을 말하는 것이며, 또한 진정한 자유는 마귀를 없이함으로써 획득되는 것이기 때문이다.

궁극적으로 우리가 결론에 도달하는 것은 역사적 예수 탐구자들이 자신의 초기 자료로 간주하는 이 예수의 광야 시험의 전승에 대해 입을 다물고 있다는 점이다. 그 이유는 그들이 아는 인간 예수 그 이상의 예수가 우리가 소지한 가장 초기 복음문서에서 발견되기 때문이다. 마귀를 내어 는 예수가 복음서의 가장 초기 문서로부터 발견되고 있다는 사실은 우리들에게 깊은 감명으로 다가온다. 그러나 안타까운 점은 많은 복음주의자들이 역사적 예수 탐구자들의 입을 막고 당혹케 만드는 이 놀라운 사실을 역시 믿지 않는다는 점이다. 마귀를 없이하시는 예수에 대한 인식이 부족하면 부족할수록 곧 마귀에게 더 많은 거짓말과 유혹을 일으킬 수 있는 기회를 제공해 주는 것임을 알아야 한다.

3. 회개와 천국

마가는 자신의 편지 초두에 예수의 말을 이렇게 기록하고 있다. **"가라사대 때가 찼고 하나님의 나라가 가까왔으니 회개하고 복음을 믿으라 하시더라"**(막1:15). 마태나 누가에 비해 "회개"에 대해 그렇게 강조하지도 않는 마가의 글 안에는 현대의 역사적 예수 탐구자들이 논쟁하고자 하는 예수의 복음의 성격을 파악하는데 출구가 되는 모든 신학적 논의를 다 담고 있다. 즉, 예수는 회개라는 개념을 어떤 의미로 사용하였는가? 그리고 그 회개는 구체적으로 하나님의 나라인 천국과 과연 어떤 연관이 있느냐하는데 논의의 초점이 모아져 있다. 그리고 천국의 도래의 시기는 과연 언제로 나타나고 있느냐 하는 점 등이다.

"회개하라 천국이 가까왔느니라"(마3:2)라고 광야에 외치는 자의 소리가 있었다. 그는 주의 길을 예비하러 온 세례 요한이었다. 세례 요한은 **"하나님의 임박한 진노"**(마3:7)를 느끼고 있었다. 그리하여 그는 하나님의 심판의 때이자 구원의 때가 자신 가까이 오고 있음을 감지하고 있었던 것이다. 이 때문에 세례 요한은 하나님의 다가오는 심판의 때 앞에서 참회를 요청하는 시국적이자 "종말론적인 회개"[67]를 이스라엘에게 요구하고 있었다. 그의 회개는 역사적 예수 탐구자들이 주장하듯이 당시에 일반적으로 사용된 의미로서 '정치적 항복' 혹은 '저항의 포기'라는 의미로 사용한 것이 아니었다. 분명히 특수한 종교적인 의미로 제한하여 사용하고 있는 것이다.

그러나 역사적 예수 탐구자들은 회개(metanoesein)라는 말은

1세기의 유대 역사가 요세푸스(F. Josephus) 자신이 유대 폭동의 지도자에게 '회개하고 나를 믿으라'고 말한 것과 같은 정치적 항복의 의미로 사용하고 있다고 주장한다. 이 때문에 도올 김용옥은 역사적 예수 탐구자들의 주장들을 자신의 것 인양 외쳐대는 어설픈 복사신학을 또 한 번 재현한다. 그러나 실로 세례 요한과 예수의 이스라엘에 대한 회개 요구는 역사적 예수 탐구자들이 기대했던 것보다 훨씬 종교적이었다. 그들의 회개는 반드시 물세례와 연관됐고, 당시의 물세례의 의미는 이미 일반적으로 알려진 바와 같이 하나님에게로의 절대적 귀의(歸依)를 의미했다. 한 예로 예수 당시의 쿰란공동체에서는 이 말을 제의적(祭儀的) 정결 의미로 사용하고 있었다.

그러므로 오히려 당시의 일반적인 회심의 의미를 넘어 죄인의 참회를 요구하는 세례 요한의 요구는, 단순히 구약적 전통에 따라 선지자들이 강조했던 하나님 앞에서 죄를 참회하고 돌아오는 회개(metanoeo, turn away)를 훨씬 뛰어 넘는 총체적 인격의 변화를 요구하는 통렬한 것이었다. 그는 모든 사람들에게 변화를 요구했다. 그가 **"독사의 자식들"**(마3:7;눅3:7)이라고 말했던 사람들은 단지 바리새인이나 사두개인 만이 아니었다. 자신에게 온 모든 무리들에게와 세리들에게도 마찬가지였다.

예수 역시 **"때가 찼고 하나님의 나라가 가까왔으니 회개하고 복음을 믿어라"**(막1:15)고 말한다. 이는 **"회개하라 천국이 가까왔느니라"**(마3:2)고 말한 세례 요한의 외침과 일치하는 말씀이다. 그리고 그 역시 율법의 가르침에 대해 분명한 태도를 취한다. 그는 "만일 네 손이 너를 범죄케 하거든 찍어버리라 불구자로 영생에 들어가는 것이 두 손을 가지고 지옥 꺼지지 않는 불에 들어가는 것보다 나으니라"(막9:43)고 말 한다. 그리고 "만일 네 발이 너를 범죄케 하거든 찍어 버리라 절뚝발이로 영생에 들어가는 것이 두 발을 가지고 지옥에 던지우는 것보다 나으니라"(막9:45)고 또한 말 한다. 그리고 "만일 네 눈이 너를 범죄케 하거든 빼어버리라 한 눈으로 하나님의 나라에 들어가는 것이 두 눈을 가지고 지옥에 던지우는 것보다 나으니라"(막9:47)는 말까지 한다.

그러나 예수의 통렬한 율법에 대한 요구는 단지 개인의 죄만을 지적하는 것이 아니었다. 사람이 가장 소중하게 생각하는 부(富)에 대해서도 마찬가지였다. 그는 **"이와 같이 너희 중에 누구든지 자기의 모든 소유를 버리지 아니하면 능히 내 제자가 되지 못하리라"**(눅14:33)고 말한다. 그리고 그는 **"한 사람이 두 주인을 섬기지 못할 것이니, 혹 이를 미워하며 저를 사랑하거나 혹 이를 중히 여기며 저를 경히 여김이라, 너희가 하나님과 재물을 겸하여 섬기지 못하리라"**(마6:24)고 말 한다.

예수의 율법에 대한 요구는 모든 사람에게 죄인임을 자각케 한다. 아무도 자랑치 못하게 하고 있다. 누가 과연 천국에 들어갈 수 있단 말인가? **"예수께서 제자들에게 이르시되 내가 진실로 너희에게 이르노니 부자는 천국에 들어가기가 어려우니라. 다시 너희에게 말하노니 약대가 바늘귀로 들어가는 것이 부자가 하나님의 나라에 들어가는 것보다 쉬우니라 하신대, 제자들이 듣고 심히 놀라 가로되 그런즉 누가 구원을 얻을 수 있으리이까"(마19:23-25)라고 제자들마저 고백하고 있다.

여기에 대해 바울의 해석은 놀라울 정도로 예수의 심중을 꿰뚫어 보고 있다. 그에 따르면, "**우리가 알거니와 무릇 율법이 말하는 바는 율법 아래 있는 자들에게 말하는 것이니 이는 모든 입을 막고 온 세상으로 하나님의 심판아래 있게 하려 함이니라. 그러므로 율법의 행위로 그의 앞에 의롭다 하심을 얻을 육체가 없나니 율법으로는 죄를 깨달음이니라**"(롬3:19-20). 다시 말해 예수는 모든 사람으로 하여금 자신이 죄인임을 깨닫게 한다. 그리고 하나님 앞에서 자비와 긍휼을 구하는 겸허한 마음을 가지라고 촉구하신다. 예수는 마치 "**세리가 멀리 서서 감히 눈을 들어 하늘을 우러러 보지도 못하고 다만 가슴을 치며 가로되 하나님이여 불쌍히 여기옵소서 나는 죄인이로소이다**"(눅18:13)라고 고백하는 마음을 모든 죄인들에게 요청한다.

그러나 예수의 회개는 긍휼을 포함하고 있다. 예수는 "**적은 무리여 무서워 말라 너희 아버지께서 그 나라를 너희에게 주시기를 기뻐하시느니라**"(눅12:32)고 말 한다. 이로서 예수는 세례 요한의 율법의 통렬한 요구를 담고 있는 회개의 의미를 뛰어 넘는 새로운 긍휼의 회개를 전하셨다. 그가 원하시는 회개는 하나님에 대하여 자원하는 심령이며, 또한 이웃에 대한 긍휼이었던 것이다. 그러므로 그는 이렇게 말한다. "**화 있을진저 외식하는 서기관들과 바리새인들이여 너희가 박하와 회향과 근채의 십일조를 드리되 율법의 더 중한바 의와 인과 신은**

버렸도다. 그러나 이것도 행하고 저것도 버리지 말아야 할지니라"(마23:23). 곧 이것도 행하고 저것도 버리지 않는 것이 율법의 정신이라는 것이다.

예수가 원하는 회개는 개인적 결단에서 시작해서 이스라엘 전체의 결단을 요구한다(마11:20-24). 그러면서도 율법의 행위보다는 정신과 의도성 내지는 하나님에 대한 자원하는 심령을 중시 여긴다. 오히려 긍휼을 강조한 나머지 죄에 상응하는 희생과 배상을 강조하는 유대 율법의 요구를 넘어서고 있다.[68] 그러나 이것도 행하고 저것도 버리지 않아야 한다는 예수의 가르침은 하나님의 무한한 긍휼과 율법의 엄격한 공의(公義)를 동시에 충족시키도록 요구한다. 이 요구가 예수로 하여금 후일 십자가의 대속의 희생의 길을 걷게 하는 것이다.

그러나 예수의 회개는 단지 죄를 회개한다고 하는 단독적인 개념이 아니었다. 하나님과 새로운 관계를 형성하고 이미 그리스도와 함께 오고 있는 하나님의 나라와 관계될 때만이 진정한 의미가 발생한다. 그는 **"아비의 마음을 자녀에게로 돌이키게 하고 자녀들의 마음을 그들의 아비에게로 돌이키게 하리라"**(말4:6)고 하신 말씀처럼, 하나님에 대한 독특한 표현인 "아빠"(Abba)라는 말을 사용함으로써 하나님과 회개하고 돌아오는 자들 간의 새로운 가족공동체를 마련하고 있다. 이 새로운 가족공동체는 새로운 우리(fold)이며, 또한 새로운 무리(flock) 이다. 마침내 **"내가 한 목자를 그들의 위에 세워 먹이게 하리니 그는 내 종 다윗이라 그가 그들을 먹이고 그들의 목자가 될지라. 나 여호와는 그들의 하나님이 되고 내 종 다윗은**

그들 중에 왕이 되리라 나 여호와의 말이니라"(겔34:23-24)는 예언이 이루어진 것이다.

　　예수의 새 공동체는 곧 새로운 질서와 새로운 통치가 시작되는 곳이다. 곧 예레미야에게 약속된 새언약(New Covenant)의 공동체이다. 즉, **"그들은 내 백성이 되겠고 나는 그들의 하나님이 될 것이며, 내가 그들에게 한 마음과 한 도를 주어 자기들과 자기 후손의 복을 위하여 항상 나를 경외하게 하고, 내가 그들에게 복을 주되 정녕히 나의 마음과 정신을 다하여 그들을 이 땅에 심으리라**"(렘32:38-41)(필자 밑줄)라는 말씀은 그리스도를 중심으로 "하나"라는 결합공동체의 성격으로 계속 강조된다. 그리고 이 새로운 결합공동체를 가능케 하는 것이 바로 성령의 임하심이었다.

　　이미 성령은 예수 위에 임하셨다. 예수는 성령으로 또한 귀신을 내어 고 계셨다. 곧 그의 나라는 이미 이 세상 안에서 시작 중이었다. **"그러나 내가 하나님의 성령을 힘입어 귀신을 쫓아내는 것이면 하나님의 나라가 이미 너희에게 임하였느니라"**(마12:28)는 말은 이미 하나님의 나라가 예수를 통하여 그의 새 공동체 안에 사역이 시작되었다는 것을 의미한다. 세례 요한의 말, **"회개하라 하나님의 나라가 가까왔느니라** (*engiken*)"(마3:2)는 말은 어느새 **"하나님의 나라가 이미 너희에게 임하였느니라**(*ephthasen*)"(눅11:20)는 말로 바뀌었다. 종말론적인 묵시적 예언의 성취로서 이미 하나님 나라, 즉 하나님의 통치(reign of God)가 마지막 날 다가올 도래할 하늘의 새 예루살렘인 하나님 나라(the castle of God)에 앞서서 이미 예수의

사역과 함께 나타나고 있었던 것이다.[69]

이 새로 임한 하나님의 나라, 혹은 하나님의 통치(reign)는 새로운 공동체를 부르고 있다. 바로 예수공동체였다. 예수는 자신의 공동체의 사람들에게 이미 시작된 새로운 하나님 나라의 삶의 방식(*modus vivendi*)을 강요한다.[70] 그리고 그는 그 새로운 변화의 힘을 아버지 하나님께 구한다. "**그는 육체에 계실 때에 자기를 죽음에서 능히 구원하실 이에게 심한 통곡과 눈물로 간구와 소원을 올렸고 그의 경외하심을 인하여 들으심을 얻었느니라**"(히5:7)고 히브리 기자는 언급한다.

마침내 그의 기도는 진리의 성령을 불러들이고 그리스도의 새로운 공동체 안에 신앙을 통해 삶의 방식을 바꾸려는 모든 이들은 새로운 변화의 힘을 얻는다. 즉, "**율법이 육신으로 말미암아 할 수 없는 그것을 하나님은 하시나니 곧 죄를 인하여 자기 아들을 죄 있는 육신의 모양으로 보내어 죄를 정하사, 육신을 좇지 않고 그 영을 좇아 행하는 우리에게 율법의 요구를 이루어지게 하려 하심이니라**"(롬8:3-4)는 말씀이다.

궁극적으로 예수의 회개는 다가오는 하나님의 나라를 위한 현재의 삶의 방식의 전환이었다. 예수의 공동체에 들어오는 사람들은 하나님의 긍휼과 용서라고 하는 거대한 은총의 감격을 회복하게 된다. 이것이 세례 요한의 회개의 복음과 다른 점이었다. 그리고 그러한 삶의 방식의 원동력은 하늘로부터 내려오고, 그들은 새로운 예수 공동체로서 용서받은 자들의 나라, 곧 하나님 나라를 그들 중에 체험하게 된 것이다. 곧 세례 요한이 말한 대로, "**나는 너희로 회개케 하기 위하여 물로 세례를 주거니**

와 내 뒤에 오시는 이는 나보다 능력이 많으시니 나는 그의 신을 들기도 감당치 못하겠노라 그는 성령과 불로 너희에게 세례를 주실 것이요"(마3:11)라는 말씀이 예수에 의해 이루어지고 있는 것이다.

불행하게도, 이 하나님의 은총을 역사적 예수 연구자들은 전혀 자신들의 신학에서 배제한다. 진정한 '회개'도 그들에게는 없다. 그들이 말하는 항복으로서의 '회개'는 누구에게 무엇을 항복하겠다는 것인가? 그리고 하나님에게로 돌아감이 없는 '회개란' 단지 자신만의 자책에 머무는 것이 아닌가! 그러나 역사적 예수 연구자들은 하나님과의 관계를 전제하지 않는 항복, 즉 회개(자책)만을 강조한다.

따라서 그들에게는 하늘로부터 내려오는 새 힘도, 새 정신도 기대할 수 없다. 그리고 우리들의 삶에 다가오는 하나님의 통치, 즉 하나님의 나라도 기대할 수 없다. 곧 신앙 없는 기독교만을 부르짖는 역사적 예수 탐구자들은 기독교 안의 '무신론적 기독교'(Atheist Christianity)의 교사들인 것이다. 불행하게도 과거에도 그랬고 오늘날에도 그렇지만 역사적 예수 탐구자들의 족적은 너무나도 크다. 그들은 세계의 유명 신학대학들을 장악하고 있다. 역사적 예수 탐구자들이 쓴 책들은 모든 신학도들과 목회자를 지망하는 이들의 교과서가 된다. 결과적으로 그들의 주장을 받아들이든 그렇지 않든 간에 여전히 그들의 모든 주장들은 기독교의 화제 거리가 되고, 또한 대중의 관심을 끈다.

"예수께서 가라사대, 소경이 소경을 인도할 수 있느냐 둘이 다 구덩이에 빠지지 아니하겠느냐"(눅6:39)

4. 나사렛의 복음

"주의 성령이 내게 임하셨으니 이는 가난한 자에게 복음을 전하게 하시려고 내게 기름을 부으시고 나를 보내사 포로된 자에게 자유를, 눈먼 자에게 다시 보게 함을 전파하며 눌린 자를 자유케 하고, 주의 은혜의 해를 전파하게 하려 하심이라"(눅4:18-19).

나사렛 회당에서 안식일 날 행하신 이 누가복음의 설교는 이사야의 글(61:1-2)에 해당하는 말씀에 대한 인용이셨다. 이 말씀은 직접적으로 출애굽기(21:2-6;23:10-12)와 레위기(25), 신명기(15:1-18;31:9-13)의 희년(the year of Jubilee)에 대한 선포와 연결되어 있었다. 예수님은 "**선지자 이사야의 글을 드리거늘 책을 펴서 이렇게 기록한데를 찾으시니**"(눅4:17)(필자 밑줄)라는 기록이 의미하는 바와 같이, 의도적으로 이사야의 두루마리 중 한 곳의 글을 찾아 자신의 사역과 관련된 구절들을 인용하신 것이다.

세례 요한이 "**오실 그이가 당신이오니이까 우리가 다른 이를 기다리오리이까**"(눅7:20)고 묻자, 예수는 이사야의 같은 글을 인용하면서 이렇게 대답한다. "**너희가 가서 보고 들은 것을 요한에게 고하되 소경이 보며 앉은뱅이가 걸으며 문둥이가 깨끗함을 받으며 귀머거리가 들으며 죽은 자가 살아나며 가난한 자에게 복음이 전파된다**"(눅7:22)고 하라. 예수는 죽은 자들에 대하여 말할 때, 이사야의 다음과 같은 글들을 인용한 것이다. 이사야는 죽은 자들에 대하여 "**주의 죽은 자들이 살아나고 우리의 시체들은 일어나리이다. 티끌에 거하는 자들아 너희는 깨어 노래하라 주의 이슬은 빛난 이슬이니 땅이 죽은 자를 내어 놓으리로다**"(사26:19)라고 말 하고, 그리고 귀머거리와 소경에 대하여, "**그 날에 귀머거리가 책의 말을 들을 것이며 어둡고 캄캄한데서 소경의 눈이 볼 것이며, 겸손한 자가 여호와를 인하여 기쁨이 더하겠고 사람 중 빈핍한 자가 이스라엘의 거룩하신 자를 인하여 즐거워하리니**"(사29:18-19)라고 말 한다. 예수는 이사야의 말들을 인용하여 세례 요한에게 자신의 메시아적 사역을 증거 함으로써, 자신이 오실 메시아임을 간접적으로 전달하고 있다.

예수가 이사야의 글(사61:1-2)로부터 인용한 메시아의 구원 사역과 관련된 구약 전승의 희년 개념은 다양한 의미를 포함하고 있었다. 모든 종들의 완전한 해방과 자유, 모든 부채들의 완전한 탕감, 땅의 회복을 위한 휴경(休耕)의 기간, 그리고 모세를 통하여 이스라엘에게 분배해 주었던 모든 분깃들에 맞추어 50년 만에 완전히 처음 분배받았을 때로 되돌아감을 말하는 것이었다.

이스라엘의 전승을 통해 이 희년의 개념은 해방(release)이라는 개념으로 이해되어 졌고, 그 뜻은 메시아의 사역과 그가 도래할 때에 대한 기대와 함께 묵시론적이며 종말론적으로 해석되기 시작했다. 이미 이사야의 글(61:1-2)은 희년이 단지 경제적 물질적 정치적 그리고 사회적 의미로만 사용되었던 레위 전통(레25:35-38)을 넘어 정신적(사58:6)이고 영적(단9:24-27)인, 그리고 메시야의 도래의 때와 더불어 이해되어 사용되고 있었다.

예수는 희년에 대한 광범위한 메시아적 예언을 지금 자신에게 적용하고 있는 것이다. **"예수께서 저희에게 말씀하시되 이 글이 오늘날 너희 귀에 응하였느니라"**(눅4:21)고 말한다. 메시아로서 자기이해에 조금도 흔들림이 없는 말씀을 하고 있는 것이다. 나사렛 사람들은 오늘날 인간 예수를 추적하려고 하는 역사적 예수 탐구자들과 같이, 자신을 메시아[71]로서 구약의 모든 예언 성취가 자신에게 이루어지고 있다고 말하고 있는 예수 앞에서 당황한 나머지, 그를 동네 밖으로 쫓아낸다.

예수는 자신의 설교를 통해 이사야의 말을 자연스럽게 인용하며 재해석한다. 그리고 하나님의 통치가 이루어지는 공동체에 적용되어야 할 새로운 삶의 방식(*modus vivendi*)으로 선포한다.

> 예수께서 눈을 들어 제자들을 보시고 가라사대 가난한 자는 복이 있나니 하나님 나라가 너희 것임이요, 이제 주린 자는 복이 있나니 너희가 배부름을 얻을 것이요 이제 우는 자는 복이 있나니 너희가 웃을 것임이요, 인자를 인하여 사람들이 너희를 미워하며 멀리하고 욕하고 너희 이름을 악하다하여 버릴 때에는 너희에게 복이 있도다. 그 날에 기뻐하고 뛰놀라 하늘에서 너희 상이 큼이라 저희 조상들이 선지자들에게 이와 같이 하였느니라. 그러나 화 있을진저 너희 부요한 자여 너희는 너희의 위로를 이미 받았도다. 화 있을진

저 너희 이제 배부른 자여 너희는 주리리로다. 화 있을진저 너희 이제 웃는 자여 너희가 애통하며 울리로다. 모든 사람이 너희를 칭찬하면 화가 있도다 저희 조상들이 거짓 선지자들에게 이와 같이 하였느니라(눅6:20-26; 마5:1-12)

그러나 너희 듣는 자에게 이르노니 너희 원수를 사랑하며 너희 미워하는 자를 선대하며, 너희를 저주하는 자를 위하여 축복하며 너희를 모욕하는 자를 위하여 기도하라. 네 이 뺨을 치는 자에게 저 뺨도 돌려대며 네 겉옷을 빼앗는 자에게 속옷도 금하지 말라. 무릇 네게 구하는 자에게 주며 네 것을 가져가는 자에게 다시 달라지 말며, 남에게 대접 받고자 하는 대로 너희도 남을 대접하라. 너희가 만일 너희를 사랑하는 자를 사랑하면 칭찬을 받을 것이 무엇이뇨 죄인들도 사랑하는 자를 사랑하느니라. 너희가 만일 선대하는 자를 선대하면 칭찬받을 것이 무엇이뇨 죄인들도 이렇게 하느니라. 너희가 받기를 바라고 사람에게 빌리면 칭찬 받을 것이 무엇이뇨 죄인들도 의수히 받고자 하여 죄인에게 빌리느니라. 오직 너희는 원수를 사랑하고 선대하며 아무것도 바라지 말고 빌리라 그리하면 너희 상이 클 것이요 또 지극히 높으신 이의 아들이 되니 그는 은혜를 모르는 자와 악한 자에게도 인자로우시니라. 너희 아버지의 자비하심 같이 너희도 자비하라. 비판치 말라 그리하면 너희가 비판을 받지 않을 것이요 정죄하지 말라 그리하면 너희가 정죄를 받지 않을 것이요 용서하라 그리하면 너희가 용서를 받을 것이요. 주라 그리하면 너희에게 줄 것이니 곧 후히 되어 누르고 흔들어 넘치도록 하여 너희에게 안겨 주리라 너희의 헤아리는 그 헤아림으로 너희도 헤아림을 도로 받을 것이니라(눅6:27-38).

이 누가복음의 가르침은 마태복음의 산상보훈에도 그대로 나타나고 있다(마 5:38-48;7:1-5,12상,17-20;12:34하-35). 신학적인 관점에서 예수의 나사렛 설교는 희년에 대한 또 다른 해석을 남긴다. 희년이 해방(release)이라는 의미로 해석되면서, 단지 경제적 정치적 물질적 그리고 사회적 의미로 해석되는 데에서부터 한 걸음 더 나아가 정신적이며 영적으로 해석되고 있다는 점이다.

나사렛의 설교에 나타나는 이 해방(aphesis)이라는 용어를 누가는 우선 죄의 속박으로부터라는 개념으로 사용하고 있다(눅 1:77;3:3;24:47; 행2:38;5:31;10:43;13:38;26:18). 그러나 이 자유를 상징하는 용어를 쿰란공동체와 예수 당시의 유대교 전통에서는 종말론적 의미로 해석을 하고 있었다는 증거가 나타나고 있다.[72] 일반적으로 묵시적(apocalyptic)이라는 말과 종말론적(eschatological)이라는 말은 메시아 혹은 그리스도의 지상에 현현하시는 때와 관련해서 사용된다. 즉, 왕으로서의 메시아의 새로운 통치의 때,[73] 곧 하나님의 메시아적 행위에 따르는 지상의 개입의 시기와 관련되어 언급되어 왔다.

그러나 전혀 다른 관점에서 이 용어(해방)가 사용된 것이다. 이미 기원 전 1세기 이전부터 쿰란공동체에서는 빛과 어둠의 긴장관계를 설명하는 말로 사용되고 있었다. 즉, 마귀와 하나님의 빛의 군대 간의 전쟁을 의미하는 말로 사용된 것이다. 그러나 이 말(해방)은 기원 전 150년 전에 헬라군대를 무찌르고 이스라엘을 해방시켰던 마카비(Maccabees)장군의 시대에는 헬라 군대의 폭정으로부터의 정치적 해방의 의미로 사용되었다. 그러나 예수 당시에 쿰란 공동체에서 이 말은 악마추방과 관련해서 사용되고 있었다.

이제 구원이라는 해방의 개념은 정치적 해방이라는 차원을 넘어, 죄에서의 자유를 의미함과 동시에 마귀로부터의 해방이라고 하는 또 다른 의미가 첨가 되었다. 종말론적 묵시론이 포함하고 있는 중요한 개념은 하나님의 개입, 즉 왕으로 오신 예수의 개입을 전제하는 일이다. 자신에게 상관하고 있는 예수에 대하여 귀신은 **"지극히 높으신 하나님의 아들 예수여 나와 당신과 무슨 상관이 있나이까 당신께 구하노니 나를 괴롭게 마옵소서"**(눅8: 28)라고 호소한다. 하나님의 개입은 곧 지상의 마귀와의 전쟁을 유발한다. 그리고 하나님의 심판은 궁극적인 승리를 몰고 온다. 즉, **"칠십 인이 기뻐 돌아와 가로되 주여 주의 이름으로 귀신들도 우리에게 항복하더이다. 예수께서 이르시되 사단이 하늘로서 번개 같이 떨어지는 것을 내가 보았노라"**(눅10:17)고 제자들은 예수께 아뢴다.

다시 말해, 예수의 개입은 마귀와의 전쟁을 의미하는 것이었다. 그리고 곧 전쟁은 하나님의 나라의 도래가 지니고 있는 필연적인 결과였다. 따라서 긴장과 갈등은 복음을 받은 사람 속에서 혹은 공동체 속에서 발생한다. 그러나 예수는 어두움을 내어 는 하나님의 빛이다. 그리고 그 빛은 사람들의 생명을 몰고 온다. 결국 예수는 이사야의 글(61:1-2)에 첨가해서 (마귀)에게 "**눌린 자를 자유케 하는**" 것이 자신의 사명이라고 선포한다(눅4:18).

눌린 자를 구원하는 일, 즉 귀신을 추방하는 사건은 예수 사역의 핵심인 해방의 중요한 의미의 실천이었다. 그리고 그것은 하나님 나라와 이 세상과의 충돌의 결과였다. 한 예로, "**안식일에 한 회당에서 가르치실 때에 십 팔년 동안을 귀신들려 앓으며 꼬부라져 조금도 펴지 못하는 한 여자가 있더라. 예수께서 보시고 불러 이르시되 여자여 네가 네 병에서 놓였다 하시고, 안수하시매 여자가 곧 펴고 하나님께 영광을 돌리는 지라. 회당장이 예수께서 안식일에 병 고치시는 것을 분 내어 무리에게 이르되 일할 날이 엿새가 있으니 그 동안에 와서 고침을 받을 것이요 안식일에는 말 것이니라 하거늘, 주께서 대답하여 가라사대 외식하는 자들아 너희가 각각 안식일에 자기의 소나 나귀나 마구에서 풀어내어 이끌고 가서 물을 먹이지 아니하느냐. 그러면 십 팔년 동안 사단에게 매인바 된 이 아브라함의 딸을 안식일에 이 매임에서 푸는 것이 합당치 아니하냐. 예수께서 이 말씀을 하시매 모든 반대하는 자들은 부끄러워하고 온 무리는 그 하시는 모든 영광스러운 일을 기뻐하니라**"(눅13:10-17)라고 기록하고 있다. 18년 동안 귀신들려 병이든 사람을 고친 일은 예수가 악마를 추방하는 사역의 전형을 드러내는 한 사건이다. 그의 사역에 대한 누가의 또 다른 평가를 보면, "**하나님이 나사렛 예수에게 성령과 능력을 기름 붓듯 하셨으매 저가 두루 다니시며 착한 일을 행하시고 마귀에게 눌린 모든 자를 고치셨으니 이는 하나님이 함께 하셨음이라**"(행10:38)고 기록하고 있다.

궁극적으로 나사렛에서의 예수복음은 구약의 전승에 따라 모든 육체적인 속박에서의 자유를 선포함과 동시에 죄로부터의 자유함을 선포하고 있다. 그리고 하나님의 역사의 개입, 즉 하나님 나라의 개입을 선포하고 포로된 자로부터의 해방을 예수가 선포하고 있는 한 그 복음의 성격은 묵시적이며 종말론적 선포가 된다. 곧 하나님의 개입이라는 메시야의 때와 더불어 마귀의 나라와의 새로운 긴장이라는 영적 전쟁구도가 발생한다. 즉, 예수는 하나님의 나라를 몰고 오는 메시아 혹은 왕으로써 마귀에게 눌린 자를 해방케 하기 위해 이 땅에 오신 것이다. 그리고 죄 가운데 있는 자기 백성을 죄로부터 해방시키기 위해 이 땅에 오신 것이다.[74]

IV. 복음과 사역

IV. 복음과 사역

　예수의 공생애는 하나님의 나라를 몰아오고 있는 예수 자신의 복음과 사역으로 가득 채워져 있다. 그 복음과 사역은 세 가지로 집중되어 있다. 첫째 예수 자신의 "바로 그 의도성"(ipsissima intentio), 둘째 예수 자신의 "바로 그 말씀들"(ipsissima verba), 그리고 셋째 예수 자신의 "바로 그 행위"(ipsissima facta)들 이다. 이 세 용어들은 적어도 모든 신학자들이 역사적인 것으로 인정하는 예수 그리스도가 실제로 가지고 있었던 의도성, 실제로 언급했던 말씀들, 그리고 많은 사람들 앞에서 실제로 행했던 부인 할 수 없는 행적들을 포함한다.
　소위 복된 소리(*euangelion*)로 간주된 복음은 마가의 글에 가장 먼저 언급되어 있다. 마가복음 1장 14절에서 15절에는 "요한이 잡힌 후 예수께서 갈릴리에 오셔서 하나님의 복음을 전파하여, 가라사대 때가 찼고 하나님의 나라가 가까왔으니 회개하고 복음을 믿으라 하시더라"고 기록하고 있다.

복음이 무엇인가라는 물음과 관련해서 이사야 61장 1절의 "주 여호와의 신이 내게 임하였으니 이는 여호와께서 내게 기름을 부으사 가난한 자에게……."라는 언급은 복음의 성격을 알려주는 전형적인 말씀으로 이해된다. 그리고 세례 요한의 물음, 즉, "요한이 제자 중 둘을 불러 주께 보내어 가로되 오실 그이가 당신이오니이까 우리가 다른 이를 기다리오리이까 하라 하매"(눅7:19), 예수는 이렇게 대답한다. "대답하여 가라사대 너희가 가서 보고 들은 것을 요한에게 고하되 소경이 보며 앉은뱅이가 걸으며 문둥이가 깨끗함을 받으며 귀머거리가 들으며 죽은 자가 살아나며 가난한 자에게 복음이 전파된다 하라"(눅7:22)고 말한다. 그리고 또한 그는 "율법과 선지자는 요한의 때까지요 그 후부터는 하나님 나라의 복음이 전파되어 사람마다 그리로 침입하느니라"(눅16:16)고 말한다.

결국 예수가 말한 복음은 이사야의 글(61:1-2)에 압축되어 있다. 가난한 자에게 하나님의 나라의 복음이 전파되며, 눈먼 자에게 눈이 열리고, 포로 된 자에게 자유와 마음이 상한 자에게 위로를, 그리고 주의 은혜의 때, 메시아로서 자신의 때가 왔음을 선포하는 것이었다.

세례 요한에게 답한 예수의 누가 기록은 예수의 갈릴리 마지막 사역과 때를 맞추어 언급된 마가(1:1-6)의 기록과 마태

(13:53-58)의 기록을 의도적으로 누가 자신의 책 앞부분에 기록하고 있다. 간접적으로 그 중요성을 강조하고 있는 것이다. 그리고 누가에 기록되어 있는 이사야의 글은 예수에 의해 **"이 글이 오늘날 너희 귀에 응하였느니라"**(눅4:21)고 주장 된다. 즉 예수는 자신을 언약의 성취자로 본 것이다. 그리고 언약의 성취자로서 자신은 곧 복음의 주체가 된다. 그리고 그가 몰고 온 하나님 나라는 자신의 복음의 성격과 사역을 해석하는데 중요한 열쇠가 된다.

결론적으로 예수의 복음은 하나님 나라에 대한 설명과 더불어 복음서에 나타난 예수 자신의 "바로 그 의도성"(ipsissima intentio) 안에 비밀로 감추어져 있다. 그리고 예수 자신의 "바로 그 말씀들"(ipsissima verba) 속에 그 비밀은 드러난다. 그리고 마지막으로 예수 자신의 "바로 그 행위"(ipsissima facta)들을 통하여 확인된다.

다시 말해, 역사적 예수 탐구자들이 공관복음을 단지 원시공동체의 신앙의 고백서로 간주하고, 또한 예수의 메시아 설은 예수 자신의 것이 아닌 후기 초대교회의 창작설로 주장하지만, 공관복음은 초대교회의 신앙고백서임에도 불구하고 예수에 대해 구체적인 역사적 인물로 파악하고 있다. 그리고 예수의 공생애를 토대로 역사적 사실 기록을 우리에게 남기고 있다는 점을 간과해서는 안 된다. 바로 이러한 점에서 예수 스스로 밝히고 있는 그 자신의 "바로 그 의도성"(ipsissima intentio), "바로 그 말씀"(ipsissima verba), 그리고 "바로 그 행위"(ipsissima facta)들은 실제의 예수 파악을 위한 중요한 역사적 근거가 된다.

1. 바로 그 의도성(ipsissima intentio)

　예수의 "바로 그 의도성"란 예수 자신이 "하나님의 아들"이요, 하나님의 영광의 임재가 드러나는 "걸어 다니는 성전"이요, 다니엘에 예언 된 하나님의 나라를 몰고 오는 바로 "그 사람의 아들"인 "인자"이며, "마귀를 심판하려 오신 자"이며, 또한 자신의 백성들을 위해 "다른 보혜사"를 불러들이시는 분이심을 말한다.

　예수의 내심에 있었던 의도성은 분명 그 자신이 하나님의 아들 됨과 또한 그 자신이 구약으로부터 오기로 예언된 바로 그 메시아라는 자신의 비밀을 가장 잘 드러내는 예수 자신의 정체성(Idendity)을 말 한다.

(1) 하나님의 아들

　예수가 **"하나님의 아들"**이라고 하는 증거는 복음서 중에 가장 먼저 쓴 마가의 글(막1:1)에 나타나고 있다. 그리고 가장 후에 기록된 것으로 알려진 요한복음에도 예수가 "하나님의 아들"이라는 고백은 동일하게 언급되고 있다. 다시 말해, 예수가 하나님의 아들이라고 하는 고백은 사도들과 초대교회의 일관된 주장임을 알 수 있다.

　그러나 역사적 예수 탐구자들은 예수의 "하나님의 아들" 됨은 예수가 스스로 자신이 그렇게 생각한 것이 아니라, 사도들과 초대교회가 만들어 낸 것이라고 주장한다. 혹이 예수가 자신을 하나님의 아들이라고 말했다 해도, 그 당시 '하나님의 아들'이라는 말의 뜻은 삼위일체 중의 제 2위에 속하는 바로 "그 하나님의 아들"(The Son of God)이라는 뜻이 아니라, 단지 당시의 사회적 풍습대로 그것은 특정적인 종교적 지도자들에게 붙여진 하나의 칭호로서, 즉 많은 하나님의 아들들 중의 한 사람의 하나님의 아들(a son of God)에 불과 했다고 주장한다. 물론 이 경우 하나님의 아들(a son of God)이란 정치적 지도자 그 이상은 결코 아니다.75)

그리고 역사적 예수 탐구자들은 예수 당시의 제자들을 포함한 모든 유대인은 오늘날 기독교에서 믿는 하나님의 아들의 개념으로 예수를 생각한 적이 결코 없었다는 것을 주장 한다. 왜냐하면 유대인들이 하나님과 동등 된 자를 허용할 수 없는 여호와 하나님만을 유일한 자로 인정하는 유일신론자(monotheist), 혹은 여호와 하나님만 오직 한분의 신으로 인정하는 단일신론자(henotheist)들이었기 때문이라고 역시 주장한다.76)

그러나 예수 당시의 쿰란의 문서(4Q521)는 "하늘과 땅에 속한 모든 이들은 하나님의 유일한 자인 하나님의 메시아에게 귀를 기울여야 한다"고 언급함으로써 당시 유대인들이 인간으로 태어난 지고(至高)의 하나님의 아들인 메시아를 기다리고 있었음을 증거하고 있다.

예수는 자신이 하나님의 아들이라고 하는 생각을 자기 자신 속에 가지고 있었다. 그러므로 예수가 자신의 "바로 그 의도성"을 직 간접적으로 제자들에게나 사람들에게 드러내지 않았다면 결코 그의 제자들이나 그를 따르는 무리들이 예수를 하나님의 아들로 신앙고백하지 않았을 것이다. 그런데도 불구하고 역사적 예수 탐구자들은 예수는 자기가 하나님의 아들이라고 말하지 않았는데, 제자들이 그렇게 조작했다는 것이다.

만일 역사적 예수 탐구자들이 주장하듯이, 예수가 하나님의 아들이라는 주장이 부활 이후 초대교회에 의해 만들어졌다면, 왜 사도들은 뜬금없이 갑자기 그를 메시아 혹은 하나님의 아들이라고 불렀을까? 일반적으로 역사적 예수를 추적하는 예수 탐구자들은 그 이유를 예수 없는 초대 공동체를 존립시키기 위한 사도들의 의도적인 발상이었다고 주장한다.

그러나 예수를 하나님의 아들로 고백하는 베드로의 신앙고백은 이미 초대교회의 고백 이전의 사건으로써 가장 오래된 마가의 문서에 나타나 있다. 메시아사상이 예수의 사후에 교회에 의해 만들어졌다고 주장하는 이들은, 베드로의 신앙고백이 예수 당시부터 전해 내려오는 최초의 원 자료에 해당하고, 또한 32년 경 즈음에 베드로를 만난 바울이 예수가 부활했음을 자신의 다메섹의 체험으로 증거하고 있다는 사실을 모르고 있다. 예수를 만난 바울의 체험을 들은 사도들은 그의 경험을 이상스럽게 생각하지도 않았고, 또한 새삼스러운 것으로도 취급하지 않았다. 왜하면 이미 예수의 부활은 원시초대공동체에게는 자명하고 분명한 사실로 받아들여졌기 때문이다. 그리고 여전히 많은 사람들이 살아 있었기 때문에, 예수가 부활했다고(실제로 부활했지만) 그들을 일시적으로 다 속일만한 상황이 결코 아니었기 때문이다.

마가복음에는 예수가 제자들에게 자신을 가르쳐 사람들이 **"나를 누구라고 하느냐"** 하고 물으니, 제자들은 그가 죽은 세례 요한이라고 말하기도 하고, 엘리아 혹은 어떤 선지자 중의 한 사람이라고 말 한다고 대답했다. 그러자 예수는 베드로에게 **"너는 나를 누구라 하느냐"** 하고 물으니, 베드로가 말하기를 **"주는 그리스도시니이다"**(막8:29-30)라고 고백한다. 예수는 아무에게도 그 사실을 말하지 말라고 경계했다. 예수는 간접적으로 자신이 메시아이자 하나님의 아들임을 은연중에 드러내 놓고 있는 것이다.

마태는 베드로의 고백을 마가와는 달리 표현한다. **"주는 그리스도시오, 살아계신 하나님의 아들이로소이다"**(마16:16)(필자 밑줄)라고 마태복음에는 기록되어 있다. 이것 때문에 역사적 예수 탐구자들은 마가가 예수를 하나님의 아들로 믿지 않았고, 단지 당시의 종교지도자들에게 붙여지던 그리스도라는 이름을 습관적으로 썼다고 주장한다. 역사적 예수 탐구자들은 하드리안 황제(the emperor Hadrian, AD 76-138) 때, 주피터의 신상을 성전 뜰에 세우는 문제로 봉기했던 바르코바(Bar Kokhba)를 메시아 혹은 그리스도라고 불렀다는 것을 예로 든다. 그리고 유명한 랍비 아키바(Aquiba) 조차도 그가 민수기 24장 17절에 예언된 바로 그 메시아라고 믿었다는 것이다. 예수를 부정하고 있었던 유대인들로서는 다른 메시야를 기다리고 있었던 것은 당연한 일이다. 그러나 이미 당시에도 바르코바의 폭정 때문에 유대인들 중 많은 수가 그를 부정했다고 하는 역사도 읽어야만 할 것이다.

그리고 역사적 예수 탐구자들은 마태가 의도적으로 **"살아계신 하나님의 아들이다"**라는 말을 붙였다는 주장을 한다. 그러나 실상 마가는 다른 자신의 글(막15:39)에서 백부장의 고백을 빌려

"**이 사람은 진실로 하나님의 아들이었도다 하더라**"고 언급함으로써 예수가 하나님의 아들임을 극명하게 고백하고 있다.

그리고 마태(11:3)와 누가(7:19)에 함께 언급된 소위 가장 오래된 문서로 간주되고 있는 Q자료의 증거를 보면, "**오실 그이가 당신이오니이까 우리가 다른 이를 기다리오리이까**"라고 묻는 세례 요한에게, 예수는 "**그 때에 소경의 눈이 밝을 것이며 벙어리의 혀는 노래하리니 이는 광야에서 물이 솟겠고 사막에서 시내가 흐를 것임이라**"는 이사야의 글(35:5-6; 26:19; 61:1)을 언급함으로써, 간접적으로 자신이 메시아임을 주장한다. 예수는 자신을 하나님의 대리자라고 믿었다. 그리고 종말론적 구원의 당사자로 인식했으며, 메시아로서 또는 인자로서의 자의식을 가지고 있었다.[77]

사람들도 그를 메시아로 인정했다. 예루살렘으로 나귀를 타고 산 위의 동네로 등정(登頂)하는 그를 "**앞에서 가고 뒤에서 따르는 자들이 소리 지르되 호산나 찬송하리로다 주의 이름으로 오시는 이여, 찬송하리로다 오는 우리 조상 다윗의 나라여 가장 높은 곳에서 호산나 하더라**"(막11:9-10) 하며 환영 했다. 당시의 사람들은 이미 메시아에 대한 예언과 다윗의 신탁에 관한 예언을 잘 알고 있었다. "**시온의 딸아 크게 기뻐할지어다 예루살렘의 딸아 즐거이 부를지어다. 보라 네 왕이 네게 임하나니 그는 공의로우며 구원을 베풀며 겸손하여서 나귀를 타나니 나귀의 작은 것 곧 나귀 새끼니라**"(슥9:9)고 언급한 예언을 예수 당시의 유대인들은 잘 알고 있었고, 바로 그 메시아를 기다리고 있었던 것이다.

그리고 다윗의 신탁에 관해서도 그들은 잘 알고 있었다. 즉, **"네 수한이 차서 네 조상들과 함께 잘 때에 내가 네 몸에서 날 자식을 네 뒤에 세워 그 나라를 견고케 하리라. 저는 내 이름을 위하여 집을 건축할 것이요 나는 그 나라 위를 영원히 견고케 하리라"**(삼하7:12-13). 하나님 자신의 집을 짓겠다는 다윗에게 내린 여호와 하나님의 신탁이 지금 예수에게 이루어지고 있다고 사람들은 믿었다. 예수를 다윗의 자손이라고 불렀던 이유가 이 다윗의 신탁을 기억했기 때문이었다(막10:47; 마20:29-30; 눅18:35-38). 쿰란공동체의 문서(4Q174)는 나단에게 내린 다윗의 신탁이 곧 메시아에 대한 예언으로 해석하고 있다. 이러한 해석은 이미 당시 사람들에게 공인된 일반적인 믿음이었음이 분명하다.

　　예수 당시의 유대인들은 다윗에게 약속하신 예언을 일반적으로 잘 알고 있었던 것 같다. 당시의 유대인들은 **"이새의 줄기에서 한 싹이 나며 그 뿌리에서 한 가지가 나서 결실할 것"**(사11:1)이라는 예언과, **"나 여호와가 말하노라 보라 내가 이스라엘 집과 유다 집에 대하여 이른 선한 말을 성취할 날이 이르리라. 그 날 그 때에 내가 다윗에게 한 의로운 가지가 나게 하리니 그가 이 땅에 공평과 정의를 실행할 것이라. 그 날에 유다가 구원을 얻겠고 예루살렘이 안전히 거할 것이며 그 성은 여호와 우리의 의라 일컬음을 입으리라"**(렘33:14-16)는 다윗의 자손인 메시아에 대한 예언을 잘 알고 있었던 것 같다.

　　궁극적으로 예수는 사람들에게 메시아로 알려졌고, 그 메시아의 성격은 거룩한 하나님의 유일한 자(The One) 혹은 아들(The Son)이라는 개념으로 통용되고 있었다. 이러한 분위기 속에서 예수는 자신을 메시아의 또 다른 이름인 "인자"(그 사람의 아들, The Son of Man)라고 하는 말을 자신에 대해 썼고, 또한 은연중에 자신이 바로 그 임을 나타내고 있었다. 이는 역사적 예수 탐구자들이 예수가 하나님의 아들이라고 하는 표현은 초대교회와 사도들의 창작물일 뿐이라고 주장한 사실과는 너무나 동 떨어져 있다.78)

이제 예수의 직접적인 자기 진술에 의한 증거를 찾아볼 필요가 있다. 자신을 메시아요, 하나님의 아들이라고 고백하는 베드로(막8:29)와 제자들에게 예수는 **"이에 제자들을 경계하사 자기가 그리스도인 것을 아무에게도 이르지 말라"**(마16:20)고 부탁하신다. 당시의 유일신론을 가지고 있었던 유대인들이 삼위일체에 대한 개념을 알 수도 없었고, 또한 이해할 수도 없었기 때문이다.

그리고 예수는 제자들에게 **"내가 진실로 진실로 너희에게 이르노니"**라는 말을 쓴다. 유대인 두 사람 이상의 증거자가 필요로 되는 진술들을 자신 스스로의 권위를 가지고 맹세한다. 그리고 그는 모세가 언급한 십계명을 당시의 유대인들의 이해를 넘어서서 설명하기도 한다. 이는 모세를 부정하는 말로 들렸을 것이다. **"옛 사람에게 말한바 살인하지 말라 누구든지 살인하면 심판을 받게 되리라 하였다는 것을 너희가 들었으나"**(마5:21), 그리고 **"또 옛 사람에게 말한바 헛맹세를 하지 말고 네 맹세한 것을 주께 지키라 하였다는 것을 너희가 들었으나"**(마5:33)라고 예수는 말한다. 레위기의 정결의 법을 뒤집는 발언도 서슴지 않고 하고 있는 것이다. 과연 구약의 율법적 전승을 뒤집어엎을 만한 권위는 도대체 어디서 오는 것일까? 자신은 모세보다 큰 자이며 선지자보다 큰 자임을 간접적으로 드러내는, 그의 "바로 그 의도성"(ipsissima intentio)이 그의 말을 통해 흘러 나오고 있는 것이다.

(2) 걸어 다니는 성전

예수는 12제자들을 광야로 불러 세우셨다. 예수의 "바로 그 의도성"이 드러나는 또 다른 장면이다. 자신을 둘러친 12명의 사도는 이스라엘 12지파의 영적 대표자로서 동서남북으로 세 지파씩 성막을 중심으로 진영(陣營)을 구성하고 있었던 모세의 때를 상상하게 한다. 그리고 자신은 그들 한 가운데서 마치 영광의 임재가 나타나고 있었던 이스라엘의 성막이 된다.

요한은 비로써 그것을 깨달았고 그 때문에 예수를 걸어 다니는 성막으로 생각한 것이다. 그리고 옛 성막에 하나님의 영광이 나타난 것과 같이, 그 영광의 광체가 광야에 서 있는 예수의 얼굴을 통하여 나타나고 있는 것을 보게 된 것이다. 그리하여 요한은 **"말씀이 육신이 되어 우리 가운데 거하시매**(서시매) **우리가 그 영광을 보니 아버지의 독생자의 영광이요 은혜와 진리가 충만하더라"**(요1:14)고 말함으로써, 예수가 간접적으로 걸어 다니는 성막임을 증거한다. 왜냐하면 의도적으로 예수가 우리 가운데 거한다(dwelt among us)는 말을 (성막을 세우기 위해) 말뚝을 박다(pitch one's tent)는 의미로 쓰고 있기 때문이다.

그리고 다른 성경에서 바울은 예수가 하나님의 영광의 빛을 가진 얼굴을 하고 있는 성육신한 하나님인 것을 강조한다. 바울의 글인 고린도후서 4장 6절을 보면, **"어두운데서 빛이 비취리라 하시던 그 하나님께서 예수 그리스도의 얼굴에 있는 하나님의 영광을 아는 빛을 우리 마음에 비취셨느니라"**고 말한다. 하나님이 모세의 성막에서 자신의 영광을 드러내심 같이, 이제 예수는 광야에서 하나님의 영광이 드러나고 있는 그의 형상이라는 주장이다.

예수는 이제 유대인들이 전혀 사용하지 않았던 말을 하나님에 대하여 사용한다. 하나님에 대하여 "아바"(ABBA)라고 불렀던 예수의 표현은 당시로서는 너무나도 혁명적이었고 불경하기까지 보였을 것이다. 하나님은 너무나 높고 높은 곳에 거하시고 감히 인간은 그를 볼 수도 없는 존재라고 유대인들은 생각하고 있었다. 그러나 예수는 어린 아이들이 아버지에게 쓰던 말이자, 제자가 스승에게 쓰는 말을 하나님 아버지에게 적용해서 사용했던 것이다. 간접적으로 자신과 하나님의 관계를 드러내는 말로 사용하고 있는 것이다. 그리고 극명하게 자기를 증거하여, "나와 아버지는 하나이다"(요10:30)라고 말한다. 이 말의 뜻을 분명히 신성 모독으로 이해했던 유대인들은 돌을 들어 치려했다. 곧 예수는 하나님에 대해서 쓸 수 없는 말, 즉 당시 사람들이 **"네가 사람이 되어 자칭 하나님이라 함이로라"**고 말함으로써 예수가 감히 쓸 수 없는 말을 하나님에 대해 쓰고 있다고 유대인들은 생각했던 것이다(요10:31-33).

궁극적으로 역사적 예수를 추적하는 이들은 요한의 기록을 부활 이전의 초대교회의 신앙을 반영하고 있는 것으로 생각하기 때문에 역사적 자료로 생각하지 않는다. 그러기 때문에 자연스럽게 요한복음을 자신들의 연구에서 제해 버린다. 그러나 예수 자신의 "바로 그 의도성"(ipsissima intentio)을 가장 잘 표현한 글들은 요한의 기록에서 발견된다. **"너희 조상 아브라함은 나의 때 볼 것을 즐거워하다가 보고 기뻐하였느니라. 유대인들이 가로되 <u>네가 아직 오십도 못되었는데 아브라함을 보았느냐</u>. 예수께서 가라사대 진실로 진실로 너희에게 이르노니 <u>아브라함이 나기 전부터 내가 있었느니라</u> 하시니, 저희가 돌을 들어 치려하거늘 예수께서 숨어 성전에서 나가시니라"**(요 8:56-59)(필자 밑줄)고 요한복음은 기록하고 있다.

예수는 자신이 직접 아브라함을 만났다고 사람들에게 말했다. 아브라함은 자신보다 이천 년 전의 사람인데, 예수는 그를 만났다고 말한다. 예수 자신이 이미 하나님으로 계셨다는 선재설(先在說)이 드러나고 있다. 예수가 단지 오십이 되지 못한 사람이었으나 아브라함을 만났다고 주장한다. 실제로 창세기 18장은 하나님이 아브라함을 만났고, 그에게 인간으로 태어 날 것을 예언하시는 부분이 나오고 있다(1장 "처음부터 말하여 온 자"를 참조).

그리고 요한은 장엄하고 분명한 어휘로 예수를 가르쳐 **"태초에 말씀이 계시니라 이 말씀이 하나님과 함께 계셨으니 이 말씀은 곧 하나님이시니라. 그가 태초에 하나님과 함께 계셨고, 만물이 그로 말미암아 지은 바 되었으니 지은 것이 하나도 그가 없이는 된 것이 없느니라……. 말씀이 육신이**

되어 우리 가운데 거하시매 우리가 그 영광을 보니 아버지의 독생자의 영광이요 은혜와 진리가 충만하더라"(요1:1-3, 14)고 말함으로써 예수가 지녔던 "바로 그 의도성", 즉 예수 자신이 하나님의 인격화된 말씀이며, 또한 인간 세상에 오신 하나님이라는 사상을 가장 잘 드러내주고 있다.

(3) 인자와 하나님 나라

이제 다른 관점에서 예수가 지니고 있던 "바로 그 의도성"을 검토해 볼 필요가 있다. 즉, 예수가 자신이 곧 하나님의 아들이라는 내면적 주장과 맞물리며 사용하고 있는 용어는 "인자"(ho huios ton anthropou)라는 말 이었다. 그리고 그 인자는 곧 "하나님의 나라"(The Kingdom of God) 즉, "하나님의 통치"(The sovereignty of God)를 몰고 오는 메시아의 다른 이름이기도 하다.

인자에 대한 언급은 이미 책의 앞부분인 1장에서 서술한 바와 같이, 다니엘 7장의 13절의 **"옛적부터 항상 계신 자에게 나아와"** 영원한 권세로 온 세상을 다스릴 자를 의미한다. 인자라는 말이 하나님의 아들과 관련해서 쓰이고 있는 기록들은 많지 않은 자료(에스겔 1장 26절, 다니엘 7장 9-13절, 에녹의 비유서, 그리고 쿰란문서 4Q 243)에도 불구하고, 기원 후 2세기 초반에 일반적인 사람에 대한 호칭의 의미로 쓴 외경인 제 4에스라서 13장을 제외한, 모든 기록에서 메시아적인 인물로 묵시론적 표현과 함께 서술되고 있다.

예수는 자신을 가르쳐 마태, 마가, 그리고 누가를 통해 66번이나 인자라는 말을 사용한다. 그 중에 가장 대표적인 표현은 마가 8장27-31절의 내용을 반복한 마태의 글에서 찾아 볼 수 있다. 즉, **"예수께서 가이사랴 빌립보 지방에 이르러 제자들에게 물어 가라사대 사람들이 인자를 누구라 하느냐"**(마16:13)는 표현이다. 예수는 은밀하게 자신이 바로 메시아의 대망에 대한 이야기를 담고 있는 다니엘의 예언에 기록된 그 신인, 즉 인자라는 점을 간접적으로 드러내 놓고 있다. 그러나 어떤 이들은 예수께서 사용한 아람어의 인자(bar 'enasha)라는 의미는 전혀 종말론적이거나 묵시론적인 요소가 없는 한 개인을 지칭하거나, 전체 이스라엘을 상징하는 용어로 사용되었음을 주장한다.79) 그러나 다른 이들은 이미 기독교의 발생 전에 종말론적이며 묵시론적인 인자 개념이 있었다고 믿는 이들도 있다.80)

　　예수의 인자라는 말의 아람어 사용은 자기이해가 깔린 분명한 개념을 지니고 있었다. **"인자가 땅에서 죄를 사하는 권세가 있는 줄을 너희로 알게 하노라"**(막2:10). 즉, 죄를 사하는 권세를 그는 가지고 있다고 주장한다. 하나님에게 그 권한을 위임받은 자만이 가질 수 있는 권한이다. 이로서 예수는 죄를 사하시는 하나님을 대신하여 **"주의 이름으로 오시는 이"**(마21:9)가 된다. **"누구든지 이 음란하고 죄 많은 세대에서 나와 내 말을 부끄러워하면 인자도 아버지의 영광으로 거룩한 천사들과 함께 올 때에 그 사람을 부끄러워하리라"**(막8:38) 그리고 **"그 때에 인자가 구름을 타고 큰 권능과 영광으로 오는 것을 사람들이 보리라"**(막13:26)고 예수는 말한다. 그리고 또한

"예수께서 이르시되 내가 그니라 인자가 권능자의 우편에 앉은 것과 하늘 구름을 타고 오는 것을 너희가 보리라"(막 14:62)는 그의 주장은 다니엘 7장의 종말론적인 묵시론의 인자의 모습을 그대로 설명하고 있는 대목이다.

그리고 한편 예수는 자신의 미래를 이사야 53장에 기록된 고난 받는 여호와의 종(Ebed Yaweh)과 연결시키고 있다. "**가라사대 엘리야가 과연 먼저 와서 모든 것을 회복하거니와 어찌 인자에 대하여 기록하기를 많은 고난을 받고 멸시를 당하리라 하였느냐**"(막9:12)고 그는 말한다. 또 부언하여 말하기를 "**보라 우리가 예루살렘에 올라가노니 인자가 대제사장들과 서기관들에게 넘기우매 저희가 죽이기로 결안하고 이방인들에게 넘겨주겠고, 그들은 능욕하며 침 뱉으며 채찍질하고 죽일 것이니 저는 삼일 만에 살아나리라**"(막10:33-34)고 말한다.

종말론적 묵시론에 입각한 예수의 자기이해와 고난 받는 여호와의 종으로서의 예수의 자기이해는 자신이 몰고 온, 그리고 미래에 몰고 올 하나님의 나라에 대한 중요한 해석의 열쇠를 제공하게 된다. 즉, 하나님 나라는 그와 함께 이미 온 것을 증거한다. 그는 세례 요한의 사명이 다하자, 자신의 시대와 함께 '회개하라 천국이 이미 왔다'라고 말한다. 즉, "**그러나 내가 하나님의 성령을 힘입어 귀신을 쫓아내는 것이면 하나님의 나라가 이미**(*ephthasen*) **너희에게 임하였느니라**"(마12:28; 눅 11:20)고 언급하고 있다.

그러나 그는 세례 요한과 함께 "**회개하라 천국이 가까왔**

느니라"(engiken)고 말한 때가 있었다. 그러나 이미 자신과 함께 온 종말론적이며 묵시론적인 하나님 나라의 개입과 통치가 자기 시대에 전개되고 있다는 확신에는 변함이 없었다. 아버지와 성령이 그의 세례와 더불어 함께하심으로써, 예수의 몸은 하나님의 통치가 머무는 곳인 거룩한 성전이자 하나님의 나라가 되었던 것이다. 이로서 다니엘에 언급된 인자에 대한 예언이 자신을 통하여 이미(already) 성취되었고, 또한 자신의 재림 때까지 아직 아니(not-yet) 되었으나, 자신의 도래와 함께 미래에 완성될 것도 아셨다.

  이점에 대하여 지난 과거와 현재의 역사적 예수 탐구자들은 오해를 한다. 단지 그들의 생각에는 예수가 세례 요한 때까지 그를 추종하다가 그 후 자신의 생각을 바꾸어 자신이 하나님의 나라를 몰고 온 것처럼 말했다는 것이다. 즉, 세례 요한의 시대가 가고 세상이 자신을 필요로 하는 상황이 되자, 자신의 위치의 변화를 의식한 나머지 정치적 모션을 예수가 썼다는 것이다. 이러한 역사적 예수 탐구자들의 생각은 슈바이처이래. 오늘날의 제 3의 역사적 예수 탐구자들에게 이르기까지 그들의 생각은 여전하다. 그러나 실상 예수는 세례 요한의 사역의 때가 완전히 끝나는 때를 기다린 것이다. 자신의 때가오자 비로써 '천국이 이미 왔나니 너희는 회개하라'는 말을 선포한 것이다.

마귀와 전쟁

  그리고 이러한 예수의 사고와 함께 동반되는 또 다른 진실은, 예수 자신이 몰고 온 하나님의 나라와 마귀의 나라 간의 전쟁과 긴장이 예수의 출현과 함께 나타나고 있다는 점이다. 곧 예수의 출현은 하나님의 영의 임재와 더불어 심판을 몰고 오고 있다. 즉, "**그 때에 내가 또 내 신으로 남종과 여종에게 부어 줄 것이며, 내가 이적을 하늘과 땅에 베풀리니 곧 피와 불과 연기 기둥이라, 여호와의 크고 두려운 날이 이르기 전에 해가 어두워지고 달이 핏빛 같이 변하려니와**"(욜2:30-31)(필자 밑줄)라고 요엘 선지자는 자신의 책에 기록하고 있다.

이 예언의 말씀은 궁극적으로 오순절 이후 교회에 실현 되었다. 그러나 이 예언은 이미 예수의 십자가 죽음을 통한 마귀에 대한 하나님의 역설적인 심판을 포함한다. 그것은 이미 어두운 세계에 대한 하나님의 개입과 심판을 말한다. 그리고 심판 앞에 노출된 세상은 불과 검으로 심판을 받게 된다(마10:34; 눅12:49).
예수가 몰고 온 하나님의 나라는 이 세상에 대한 개입이자 상관이었다. 귀신은 이렇게 말한다. "**하나님의 아들이여 우리와 당신이 무슨 상관이 있나이까? 때81)가 이르기 전에 우리를 괴롭게 하려고 오셨나이까?**"(마8:29). 귀신은 이미(already) 온 하나님 나라(통치)와 아직 아니(not-yet) 온 하나님의 나라(마지막 종말) 사이의 긴장의 사실과 자신에게 닥쳐질 심판의 때를 알고 있었던 것 같다. 문제는 예수의 오심과 함께 이미 영적인 심판이 마귀의 나라에 가해지고 있다는 점이다. 그 증거로 "**죄를 짓는 자는 마귀에게 속하나니 마귀는 처음부터 범죄함이니라 하나님의 아들이 나타나신 것은 마귀의 일을 멸하려 하심이니라**"(1요3:8)고 요한은 해석하고 있기 때문이다. 예수의 치유사역과 축사사역은 곧 하나님 나라의 개입을 말한다. 그리고 하나님 나라의 개입, 즉 하나님 나라의 통치가 전개되면서 마귀가 이미 심판을 받기 시작한다.

이제 우리의 궁극적인 관심은 예수의 마귀에 대한 의도성에 집중된다. 복음서의 초기 문서인 마가복음이 이 점에 중요한 관심을 두고, 예수의 공생애를 사탄과의 투쟁으로 해석한 것도 결코 우연이 아니다. 예수의 광야에서의 시험, 귀신 축출 사건들에 대한 마가의 기록들은 복음서의 초기문서들이었고, 그 자료들 속에는 마귀에 대한 예수의 개인적인 적대의식이 나타나고 있음을 알 수 있다.82) 그 이유는 유대인의 완악함 속에 뿐 아니라, 형식적이고 위선적인 성전제사의 배경과 그리고 사악하고 포악스러운 세상의 권력 뒤에는, 모든 죄와 악의 근원인 사탄의 세력이 실세(實勢)로 도사리고 있음을 그는 잘 알고 있었기 때문이다.

예수는 사탄이 하늘로서 번개같이 떨어지는 것을 보았다고 말한다(눅10:18). 또한 십 팔년 동안 병들어 있는 이에게 사단에게 매인 바 된 아브라함의 딸이라고 말 한다(눅13:16). 그리고 예수는 사탄이 사람의 마음을 지배하고 사람 속에 들어간다고 또한 말 한다(눅22:3). 예수를 팔 생각이 들어간 가룟 유다와 죽음의 길을 가려는 예수를 막은 베드로에게 **"사단아 내 뒤로 물러가라"**(마16:23)고 그는 분명히 말 한다. 예수의 의식은 사단을 하나님의 대적자로 분명히 인식하고 있었다는 말이다.

그러므로 문제와 관련해서 전통적인 오해, 즉 마가와 요한의 세계관에 나타나는 하나님의 나라와 이 세상 마귀의 충돌을 신화적 세계관이라 하여 전혀 배제하는 불트만의 비신화화적(非神話化的) 사고방식이나, 혹은 전혀 두 세계간의 충돌을 우화적으로 푸는 신비주의적 해석의 일종인 영지주의적 해석 역시 우리는 모두 경계해야 한다. 초점은 마가복음과 요한복음의 기록이 분명히 우리에게 가르쳐주는 바와 같이, 예수의 인식 안에는 하나님의 대적자 혹은 자신의 건너편에 서있는 적그리스도(αντι-χριστο)에 대한 의식이 항상 있었다는 점을 기억하는 일이다.

그러나 그럼에도 불구하고 애석하게도 대부분의 신학자들은 마귀에 대한 예수의 "바로 그 (적대적) 의도성(의향)"(ipsissima intentio)을 전혀 고려해 오지 않고 있다.[83] 만일 예수가 지녔던 마귀에 대한 적대의식을 받아들이지 않는다면, 영적 존재에 대한 분명한 적대의식과 심판의식을 가지고 있는 묵시론적이며 종말론적인 예수의 의식세계 전체를 부정하게 되는 결과를 초래할 수밖에 없다는 사실을 알아야 한다. 그 동안 세상의 죄와 악의 실체를 단지 하나님과의 유비적 관계(analogia relatio), 즉 모든 죄와 악을 하나님과의 잘못된 관계의 결과라는 관점에서만 해석해 왔던 종래의 정통신학의 약점은, '하나님의 대적자'에 대한 예수의 "바로 그 (적대적) 의도성(의향)"을 전혀 파악하지 못하고 있다는 점이다. 우리가 '하나님의 대적자'에 대한 인식이 부족하면 할수록, 하나님의 은총의 풍성함은 우리의 무지로 더욱 고갈된다는 사실을 인식할 필요가 있다.

그리고 또 다른 한편 예수의 행동은 하나님의 나라가 이미 이 세상에 자기와 함께 들어왔다는 다이나믹한(dynamic) 표현과 함께, 또 다른 신학적인 하나님의 의를 충족시킨다. **"인자의 온 것은 섬김을 받으려 함이 아니라 도리어 섬기려 하고 자기 목숨을 많은 사람의 대속물로 주려 함이니라"**(막10:45)고 말한다. 메시아로서 인자는 여호와의 고난 받는 종(Ebed Yaweh)의 길을 걸어야 한다. 많은 자를 구원할 자는 많은 자를 위해 희생할 자 이어야 한다는 자신의 가르침대로 그는 자기 길을 갔던 것이다. 그것이 선으로 악을 이기는 하나님 나라의 삶의 방식이었기 때문이다. 그것은 사람들의 눈에는 모순으로 보였으나 하나님의 나라가 지닌 역설적인 비밀이기도 했다.

궁극적으로 예수는 자신이 곧 하나님의 아들 메시아임을 처음부터 인식하고 있었다. 단지 그의 인식의 변화는 "**자기를 비어**"(kenosis)(빌2:7) 하나님의 권능을 스스로 포기함으로 발생된 인식 과정의 변화를 의미할 따름이었다. 그는 하나님의 아들로서 또한 다니엘에 예언된 인자로서 하나님의 나라를 몰고와 세상을 심판하기 시작한 심판자이기도 했다. 그리고 그의 심판은 마지막 종말론적인 때에 완성된다.

(4) 다른 보혜사

이제 예수의 심중에 있는 의도성(impisissima intentio)은 새로운 국면으로 접어들기 시작한다. 이미 자신과 함께 도래한 하나님의 나라(통치)와 먼 훗날 궁극적인 심판과 구원의 완성이라는 복합적 의미의 완성으로 하늘에서 내려올 하나님의 나라(장소적 실체)가 자신과 함께 올 때까지, 누가 자기의 백성을 통치하며 가르치고 거느릴 것인가 하는 문제가 다가온다.

다윗의 신탁대로 다윗의 이름으로 오시는 메시아는 양을 거느리는 평화의 목자여야만 한다. 즉, "**내가 한 목자를 그들의 위에 세워 먹이게 하리니 그는 내 종 다윗이라 그가 그들을 먹이고 그들의 목자가 될지라 나 여호와는 그들의 하나님이 되고 내 종 다윗은 그들 중에 왕이 되리라 나 여호와의 말이니라**"(겔34:23-24)는 예언의 성취자여야만 한다. 곧 예수는 '다윗의 이름으로 오시는 이'이다. 그러나 야훼의 종으로서 자신의 십자가의 죽음을 의식하고 있는 예수로서는 자기 백성(양)을 고아처럼 버려두지 않아야 한다. 그의 사랑 때문이기도 하고 또한 구약의 예언을 이루기 위해서 이다.

그래서 그는 이렇게 말한다. "**내가 너희를 고아와 같이 버려 두지 아니하고 너희에게로 오리라**"(요14:18). 그러나 그의 다시 오심에 대한 시간은 너무 길다. 그리하여 그는 자신 대신 자기의 일을 부탁하실 보호자이며 위로자인 다른 보혜사(Paracleitos)가 필요하다. 히브리서에는 이렇게 표현하고 있다. "**그는 육체에 계실 때에 자기를 죽음에서 능히 구원하실 이에게 심한 통곡과 눈물로 간구와 소원을 올렸고 그의 경외하심을 인하여 들으심을 얻었느니라**"(히5:7)고 말한다. 곧 그의 기도의 결실이 맺혀 성령이 자신의 부활 이후 하늘로부터 내려오시기 시작하신 것이다. 구하는 이가 얻을 것이요 찾는 이가 찾을 것이며, 두드리는 이에게 하나님은 성령을 주신다고 예수는 말한다(눅11:11-13).

그리하여 예수는 마침내 성령을 자신의 백성들을 위한 보혜사로 삼으셨다. 그는 자신을 이미 구원을 앞당겨 완성한 선취자(先取者, Vorwegnehmer)로 보는 반면, 성령을 자신이 남긴 구원의 완성이라고 하는 미래사역의 성취자이자 완성자(*Vollender*)로 간주한다.[84] 이는 자신이 에스겔의 예언(34장)에 언급된 '화평의 목자' 다윗으로서 자기 양을 위해 죽어야 된다고 하는 사명을 가지고 있었고, 또한 후일 하나님의 나라에 인도할 때까지 성령을 통해 자기 백성을 보호하려는 강한 의도를 소지하고 있었다. 그러므로 요한의 글은 이런 예수의 심중을 그의 말을 인용함으로써 정확하게 설명하고 있다. "**나는 선한 목자라 내가 내 양을 알고 양도 나를 아는 것이 아버지께서 나를 아시고 내가 아버지를 아는 것 같으니 나는 양을 위하여 목숨을 버리노라**"(요10:14-15). 그리고 그는 "**또 이 우리에 들지 아니한 다른 양들이 내게 있어 내가 인도하여야 할 터이니 저희도 내 음성을 듣고 한 무리가 되어 한 목자에게 있으리라**"(요10:16)(필자 밑줄)고 말한다. 예수는 아직 우리에 들지 아니한 다른 양들을 걱정하고 있다. 그리고 그들의 안녕을 지켜줄 자를 생각하고 있었다. 곧 미래에 오실 성령이었다.

하나님의 나라가 도래하면 자기 백성들은 하나님의 통치에 복종할 수 있는 새로운 삶의 방식을 가져야 한다. 그들이 소지하여야 할 새로운 삶의 방식은 예레미야에게 말씀하신 하나님의 새로운 언약(New Covenant) 안에 집약되어 있다. 즉, "**내가 그들에게 한 마음과 한 도를 주어 자기들과 자기 후손의 복을 위하여 항상 나를 경외하게 하고 내가 그들에게 복을 주기 위하여 그들을 떠나지 아니하리라 하는 영영한 언약을 그들에게 세우고 나를 경외함을 그들의 마음에 두어 나를 떠나지 않게 하고 내가 기쁨으로 그들에게 복을 주되 정녕히**

나의 마음과 정신을 다하여 그들을 이 땅에 심으리라"(렘 32:39-41)(필자 밑줄). 마침내 예레미야에게 약속하신 하나님의 예언이 예수를 통해 실현되고 있는 것이다.

위의 인용된 예레미야의 예언은 그리스도를 통해 다른 보혜사인 성령이 예수의 부탁을 받고 예수공동체에 임재 함으로써 마침내 성취된다. 공동체의 하나 됨의 정신은 그리스도를 통로로 새로운 방식으로 드러난다. 그러나 인간의 힘으로 할 수 없는 그것을 마침내 예수의 영인 성령의 힘으로 성취한다. "**보혜사 곧 아버지께서 내 이름으로 보내실 성령 그가 너희에게 모든 것을 가르치시고 내가 너희에게 말한 모든 것을 생각나게 하시리라**"(요14:26)고 성경은 말하고 있다. 예수는 공동체의 하나 되어야 함을 성만찬을 통해 제자들에게 가르쳤다. 성령은 그 말을 생각나게 하는 것이다. 그리고 하나 될 힘을 공동체에 부여한다. 예수는 성령께서 자신이 두고 가는 자기 양들을 하나로 있게 하고 또한 가르치고 인도할 줄을 확신하고 있었던 것이다.

예수는 성령을 자신의 대리자로 생각했다. 예수는 성령을 구속의 사역을 담당할 자로 여겼고, 또한 소위 신학자들이 말하는 "자신의 일을 부탁할 분"(The Agent of Jesus) 혹은 "예수의 영"(The Spirit of Jesus)으로 성령을 지목하셨다.

2. 바로 그 말씀들(ipsissima verba)

예수의 "바로 그 말씀"이란 예수 자신이 직접 언급하고 선포했던 말씀(logion)을 말한다. 구약에 자신을 가르쳐 언급한 모든 말씀과 전승들이 예수의 "바로 그 말씀"에 포함이 되는데, 아래에 언급하게 될 이스라엘을 구속하기 위한 속죄전승, 율법과 지혜전승, 중보자전승, 그리고 하나님의 긍휼을 포함한 회개와 기도전승 등이 내용을 이루고 있다. 그리고 이들 전승들은 왜 예수께서 그렇게 말할 수밖에 없었는지, 그리고 왜 그렇게 말하셨는지를 밝혀주는 실마리를 제공해 주고 있다.

역사적 예수 탐구자들은 복음서의 예수의 말들이 대부분 예수 자신이 스스로 언급한 것이 아니라, 초대교회의 복음서 기자들에 의해 의도적으로 조작되거나 재구성 된 것이라는 입장을 고수한다. 그러나 복음서에는 분명히 예수 자신의 언급과 선포가 들어 있다. "바로 그 말씀들"(ipsissima verba)[85]이라 부르는 부분들이다.

예수 자신이 증언하고 있는 그의 "바로 그 말씀들"은 우선 구약의 모든 예언적 전승을 전제로 하고 있다. 예수는 언제나 **"이에 모세와 및 모든 선지자의 글로 시작하여 모든 성경에 쓴 바 자기에 관한 것"**(눅24:27)을 말한다. 그리고 예수는 **"나는 처음부터 너희에게 말하여 온 자니라"**(요8:25)라고 말한다. 다시 말해 자신이 이미 구약의 예언과 전승을 통해 언급되어 오던 자라는 말이다. 그러므로 예수의 모든 말, 즉 "바로 그 말씀들"(ipsissima verba)과 예수의 "바로 그 행위"(ipsissima facta)는 구약의 모든 전승과 예언에 대한 답변으로 제시 된 것이다.

예수에 의해 선포된 "바로 그 말씀들"은 구약에 대한 성취와 더불어 새로운 미래에 다가올 메시아 왕국에 대한 선언과 구약의 예언에 대한 설명과 새로운 해석을 덧붙인다. 예수는 **"옛 사람에게 말한바 ……. 하였다는 것을 너희가 들었으나, 나는 너희에게 이르노니……. 되리라**"(마5:21-22)고 말 한다. 그리고 예수는 새로운 삶의 길과 새로운 약속을 제자들에게 말 한다. 그 결과 예수의 약속은 새로운 진리의 공간을 만들고, 원시기독교공동체로 하여금 새로운 신학을 재창조해 나가도록 선취동기(先就動機)를 부여 한다.

(1) 새로운 길: 구약 율법전승과 새 해석

모세 율법 전승에 대한 예수의 생각은 과연 무엇일까? 예수에게 던진 어떤 율법사의 질문에서 힌트를 얻게 된다. 어떤 율법사가 예수에게 다가와서 묻기를, 내가 어떻게 하면 구원을 받을 수 있겠습니까하고 물었다. 그러자 예수는 그에게 **"네가 어떻게 읽느냐**"고 물었다. 그러자 그는 대답하기를 **"네 마음을 다하며 목숨을 다하며 힘을 다하며 뜻을 다하여 주 너의 하나님을 사랑하고 또한 네 이웃을 네 몸과 같이 사랑하라 하였나이다**"(눅10:25-28)(필자 밑줄)라고 말 했다. 예수는 그의 대답이 옳다고 긍정적인 반응을 보였다. 그리고 말하기를 그렇게 행하면 살 것이라고 말씀한다. 예수는 모세의 율법의 정신에 대한 자신의 의견을 분명히 하고 있다.

그러나 율법사는 곧 이어 **"그러면 내 이웃이 누구오니이까"**(눅10:29)라고 묻자, 예수는 여리고에서 강도를 만나 모든 소유를 다 빼앗기고 거의 죽게 된 이를 돌보며 간호해 주었던 선한 사마리아인의 비유(눅10:30-37)를 통해 새로운 삶의 길을 제시해 준다. 그는 선한 사마리아인의 비유를 통해 모세 율법의 목적을 충족시키며, 하나님의 의의 요구를 만족케 하는 삶의 방식을 제시하고 있는 것이다. 그 길은 율법의 한계인 책임과 의무에 대한 요구에 머물지 않고, 오히려 그 한계를 넘어 자발성과 이웃사랑에 기초한 새로운 가르침의 길 이었다. 이와 같이 예수의 말들은 구약의 예언의 성취이자 전승의 마침이며 새로운 해석의 길을 제시 한다.

그러면 예수가 성취하고 있는 구약의 전승들은 무엇들인가? 그리고 예수는 그 전승들을 어떻게 자기 말로 해석을 하고 있는 것인가? 질문에 대한 해답을 우리는 예수 자신이 스스로 언급한 "바로 그 말씀들"(ipsissima verba)을 통해 분명한 그림을 그릴 수 있을 것이다.

예수가 언급하고 있는 구약에 나타나고 있는 여러 예언적 전승들을 살펴보면, 그와 관련하여 메시아의 속죄와 관련된 구속전승, 계명과 율법 그리고 지혜와 관련된 유대 토라(Tora)의 가르침, 중보자 혹은 대리자로서의 고난 받는 종에 대한 전승, 하나님의 긍휼에 대한 회개와 기도 전승 등이 예수에 의해 새롭게 확인되고 해석되어 선포되어지고 있다.

(2) 속죄전승

메시아로서 속죄와 구속에 연관된 구약전승과 관련하여 예수는 자기사역의 분명한 목적을 밝힌다. 그는 "**내가 의인을 부르러 온 것이 아니요 죄인을 부르러 왔노라 하시니라**"(막 2:17)고 말 한다. 그리고 그는 "**이르시되 우리가 다른 가까운 마을들로 가자 거기서도 전도하리니 내가 이를 위하여 왔노라 하시고**"고 밝힌다. 궁극적으로 예수는 이스라엘 백성을 구속하사 자신을 속죄 제물로 하나님께 드려 그들을 속죄케 하시는 하나님의 의를 성취시키기 위해 온 것이다. 때문에 그는 죄인을 불러 속죄하시기 위하여 전도 하셨던 것이다.

따라서 예수는 모세의 시내 산으로부터 전승되어 내려오는 성막과 그 이후에 나타난 성전을 통한 속죄모형과 속죄제물의 모형인 어린양이 된다. 예수는 자신을 가르쳐 "**내가 너희에게 이르노니 성전보다 큰 이가 여기 있느니라**"(마12:6)고 말 한다. 그 말은 자신의 몸이 성전 그 자체(요2:21)라는 의미와 함께, 자신이 곧 모세를 통한 시내 산의 속죄모형인 성전의 진정한 형상이라는 주장을 의미한다. 그리고 그는 이사야가 언급한 "**그는 실로 우리의 질고를 지고 우리의 슬픔을 당하였거늘 우리는 생각하기를 그는 징벌을 받아서 하나님에게 맞으며 고난을 당한다 하였노라 그가 찔림은 우리의 허물을 인함이요 그가 상함은 우리의 죄악을 인함이라 그가 징계를 받음으로 우리가 평화를 누리고 그가 채찍에 맞음으로 우리가 나음을 입었도다 우리는 다 양 같아서 그릇 행하며 각기**

제 길로 갔거늘 여호와께서는 우리 무리의 죄악을 그에게 담당시키셨도다"(사53:4-6)라고 말한 바로 그 세상 죄를 지고 가는 하나님의 어린양이었다(요1:29).

(3) 율법과 지혜전승

율법 그리고 유대 토라의 지혜의 가르침의 전승과 관련된 예수의 "바로 그 말씀"은 그가 선포한 산상수훈의 말씀((마5-7)과 용서와 사랑이라는 주제를 통해 선포된다. 모세에 의해 주어진 시내 산 율법은 **"내가 율법이나 선지자나 폐하러 온 줄로 생각지 말라 폐하러 온 것이 아니요 완전케 하려 함이로다 진실로 너희에게 이르노니 천지가 없어지기 전에는 율법의 일점 일획이라도 반드시 없어지지 아니하고 다 이루리라**"(마5;17-18)는 예수의 말에 의해 다시 한 번 확인된다. 즉, 예수는 모세의 율법을 그대로 전승하고 있는 것이다.

그러나 도올은 마태가 유대 율법주의자들을 의식해서 본래 예수의 말 '내가 율법을 폐하러 왔노라'고 한 언급을 '내가 율법을 온전케 하기 위해 왔다'는 말로 바꾸었다고 주장한다. 예수의 근본사상은 율법의 긍정이 아니라 전적인 율법의 부정이라는 것이다.[86] 그러나 단지 자기 추측에서 나온 주장은 정당한 근거가 되지 않는다. 추리소설가의 엉뚱한 공상의 한 조각일 뿐이다.

그렇다면 왜 도올은 그러한 엉뚱한 생각을 할까? 도올이 이렇게까지 엉뚱한 공상을 하는 것은 구약과 신약의 관계성에 대한 몰

이해 때문이다. 도올은 "계약이란 새 계약(New Testament)을 맺으면 반드시 헌 계약(Old Testament)은 파기해야 한다"[87]라고 말 한다. 따라서 그는 초대교회의 이단으로 구약 폐기주의자이었던 마르시온(Marcion, c. 85-160)을 적극 지지 한다. 도올이 마르시온의 견해를 따랐던 것은 일반적으로 구약의 하나님의 성격과 율법을 오해한 나머지 부정적이고도 피상적으로 생각했기 때문이다. 마르시온과 도올의 오해는 자기 백성을 위해 '고민하시는 구약의 하나님'과, 무법한 세상에 자기 백성의 몸과 영혼을 악으로부터 구별되게 하기 위해 '율법적인 계율'을 통한 채찍을 든 하늘 아버지에 대한 오해 때문이었다. 그리고 예수의 하나님에 대한 해석을 이해 못한 무지로부터 온 것이다.

그러나 구약과 신약의 관계성은 그렇게 단순한 관계가 아니다. 우선 언급하자면, 예수는 구약의 약속의 성취자(成就者)로 오셨다. 그러므로 구약은 신약의 근거가 된다. 단순히 유대인들의 신앙적 근거이었으니 새로운 시대를 맞이하여 기독교란 새 틀 안에서 다시 짜야 하는 과거 헌법의 종류가 결코 아니다. 그리고 구약은 아직도 채 그 약속(Testament)이 다 이루어지지 않았다. 구약의 예언은 단지 예수의 탄생과 그 시점으로 완전히 과거사로 돌릴 수 있는 종류의 것이 아니기 때문이다. 아직 메시아에 대한 미래적 대망, 즉 메시야의 재림과 세상에 대한 종말 그리고 메시아가 지상에 남기고 간 자기 백성들을 어떻게 돌 볼 것인지에 대한 언급 등, 아직 진행 중인 많은 예언들을 담고 있기 때문이다. 그러므로 구약은 신약을 포옹(embrace)하고, 신약은 구약을 성취(accomplishment) 한다.

그러나 예수는 모세의 문자적 율법에 머물러 있지 않았다. 그는 이스라엘에게 진정한 새 마음의 갱신을 요청한다. 즉, "**옛 사람에게 말한 바 살인치 말라 누구든지 살인하면 심판을 받게 되리라 하였다는 것을 너희가 들었으나 나는 너희에게 이르노니 형제에게 노하는 자마다 심판을 받게 되고 형제를 대하여 라가라 하는 자는 공회에 잡히게 되고 미련한 놈이라 하는 자는 지옥 불에 들어가게 되리라 그러므로 예물을 제단에 드리다가 거기서 네 형제에게 원망 들을 만한 일이 있는 줄 생각나거든 예물을 제단 앞에 두고 먼저 가서 형제와 화목하고 그 후에 와서 예물을 드리라 너를 송사하는 자와 함께 길에 있을 때에 급히 사화하라 그 송사하는 자가 너를 재판관에게 내어 주고 재판관이 관예에게 내어 주어 옥에 가둘까 염려하라 진실로 네게 이르노니 네가 호리라도 남김이 없이 다 갚기 전에는 결단코 거기서 나오지 못하리라**"(마5:21-26)고 말 한다.

예수의 이상의 언급은 율법에 대한 이스라엘의 행위언약의 한계를 지적하신 말씀이었다. 이스라엘은 자신들이 마음에도 없는 율법의 행위를 이행함으로써 모든 하나님에 대한 의무를 다한 것으로 생각했다. 그러나 예수님은 율법의 행위 이전에 이스라엘이 하나님에 대한 진정한 신앙적 헌신과 이웃 사랑의 자발성을 상실하고 있음을 지적하고 있는 것이다. 이스라엘은 이웃 사랑의 자발성과 진정한 화목의 상실이야말로 죄의 핵심을 이룬다는 것을 모르고 있었던 것이다.

그러나 이스라엘의 죄와 죄를 극복할 힘의 상실은 하나님의 은총에 의한 새로운 갱신에 대한 기대와 약속으로 변하게 된다. 곧 시내 산 율법적 전승이 "새 언약"의 전승으로 바뀌어 이스라엘에게 주어진 것이다. 즉, 이스라엘은 아담 이래 '만일 네가……을 행한다면, 내가 너를 축복하리라' 하는 하나님과의 행위언약의 약속을 하나님께 받았다. 그러나 그 행위언약은 이스라엘의 계속되는 죄와 단지 율법적인 행위의 가식(假飾)으로 인해 더 이상 하나님과의 관계를 계속할 수 없게 된다. 이 때문에 하나님은 예레미아 선지자를 통해 인간의 마음과 생각을 전적으로 바꾸어서 하나님의 율법을 진정으로 완성시킬 수 있는 마음을 주시겠다고 언급하셨다. 바로 이것이 예레미아를 통해 최초로 예언되는 '은총의 언약 혹은 하나님의 "새 언약"이라 불리게 된 것이다.

하나님은 이렇게 새 언약을 선포하신다. "**나 여호와가 말하노라 보라 날이 이르리니 내가 이스라엘 집과 유다 집에 새 언약을 세우리라 나 여호와가 말하노라 이 언약은 내가 그들의 열조의 손을 잡고 애굽 땅에서 인도하여 내던 날에 세운 것과 같지 아니할 것은 내가 그들의 남편이 되었어도 그들이 내 언약을 파하였음이니라 나 여호와가 말하노라 그러나 그 날 후에 내가 이스라엘 집에 세울 언약은 이러하니 곧 내가 나의 법을 그들의 속에 두며 그 마음에 기록하여 나는 그들의 하나님이 되고 그들은 내 백성이 될 것이라 그들이 다시는 각기 이웃과 형제를 가리켜 이르기를 너는 여호와를 알라 하지 아니하리니 이는 작은 자로부터 큰 자까지 다 나를 앎이니라 내가 그들의 죄악을 사하고 다시는 그 죄를 기억지 아니하리라 여호와의 말이니라**"(렘

31:31-34).

또 "그들은 내 백성이 되겠고 나는 그들의 하나님이 될 것이며 <u>내가 그들에게 한 마음과 한 도를 주어 자기들과 자기 후손의 복을 위하여 항상 나를 경외하게 하고</u> 내가 그들에게 복을 주기 위하여 <u>그들을 떠나지 아니하리라</u> 하는 영영한 언약을 그들에게 세우고 <u>나를 경외함을 그들의 마음에 두어</u> 나를 떠나지 않게 하고 내가 기쁨으로 그들에게 복을 주되 정녕히 나의 마음과 정신을 다하여 그들을 이 땅에 심으리라"(렘32:38-41)(필자 밑줄).

마침내 예수는 모세의 율법을 전수하고 또한 예레미아에게 전해진 이스라엘에게 <u>새로운 마음과 정신을 심어주리라는 하나님의 새 언약</u>(렘32:57-42)의 전승을 자신을 통해 자기백성들에게 성령을 보내심으로써 성취한다. 그는 자신의 공생애를 통해 계명에 대한 강조와 더불어 하나님의 죄 용서와 산상보훈과 같은 사랑의 새 계명을 전파한다. 곧 자신이 모세율법의 전승과 새로운 언약으로 주어진 새 언약의 성취자로 나타난 것이다.

그는 하나님 아버지에 대하여 이렇게 말한다. **"너희가 악한 자라도 좋은 것으로 자식에게 줄 줄 알거든 하물며 하늘에 계신 너희 아버지께서 구하는 자에게 좋은 것으로 주시지 않겠느냐!"**(마7:11). 곧 성령은 구하는 자에게 예수로 말미암아 주어진다. 그리고 성령은 예수의 영으로서 아버지 하나님과 그리스도의 이름으로 새로 성령을 받은 사람과의 관계를 새로이 설정(設定)한다. 곧 하나님은 아바(ABBA) 아버지가 되신 것이다. 예수는 모세 율법전승과 새로운 아바 아버지의 관계 설정을 통해 예레미야에 의해 선포된 새 언약의 약속을 성취하고 있는 것이다(막14:36).

그리고 예수는 모세 율법의 새로운 해석과 함께 지혜의 교사로 다가온다. 지혜의 말씀을 전하는 자로, 그리고 지혜 그 자체로 다가온다. 이미 구약의 예언대로 숨겨진 비밀이 그대로 드러난 것이다. 지혜를 단지 하나님의 성품 중의 하나 혹은 속성으로 간주했던 솔로몬전승의 지혜교리는 이사야의 글에서 확인 된다. "**여호와의 신 곧 지혜와 총명의 신이요 모략과 재능의 신이요 지식과 여호와를 경외하는 신이 그 위에 강림하시리니**"(사11:2)라고 하나님의 일곱 영을 소개하고 있다. 지혜는 곧 하나님의 신의 충만 가운데 나타나는 하나님의 일곱 영중의 하나인 하나님의 속성임이 확인되고 있다.

그러나 솔로몬의 다른 책은 지혜에 대하여 다른 접근을 하고 있다. 즉, "**여호와께서 그 조화의 시작 곧 태초에 일하시기 전에 나를 가지셨으며 만세전부터, 상고부터, 땅이 생기기 전부터 내가 세움을 입었나니 아직 바다가 생기지 아니하였고 큰 샘들이 있기 전에 내가 이미 났으며 산이 세우심을 입기 전에, 언덕이 생기기 전에 내가 이미 났으니 하나님이 아직 땅도 들도 세상 진토의 근원도 짓지 아니하셨을 때에라**"(잠8:22-26). 지혜가 하나님의 속성이라는 관점이 아니라, 지혜를 하나님의 아들 혹은 하나님과 함께 세상을 창조한 창조자로 묘사하고 있는 것이다.

이사야가 지혜를 단지 하나님의 일곱 영중의 한 영의 속성으로 보고 있는데 반하여, 또 다른 위의 솔로몬의 지혜전승은 소위 지혜를 하나님의 아들로 동일시한다. 솔로몬이 말하는 지혜는 만물의 창조에 하나님과 함께 있었고, 또한 모든 근원들 중에 앞서 존재한 인격화 된 하나님의 말씀, 바로 그 지혜였다. 그러므로 이사야의 지혜와 솔로몬의 지혜 개념은 '이중적 전승'(double tradition)을 보이고 있다.

    복음서의 글들은 바로 이 이사야의 지혜개념이나 솔로몬의 지혜개념을 예수님과 연결시켜 생각한다. 그리고 예수님 자신도 이 두 가지의 지혜개념을 자신에게 연결시켜 언급하고 있는 것이다. 다시 말해, 복음서는 역시 예수께서 말씀하신 지혜의 말과 관련해서 유대 랍비전통의 관점에서 지혜의 말을 하고 있는 예수를 소개한다. 그리고 동시에 예수 자신을 지혜 그 자체로 설명하는 인격화 된 지혜전승과 직접 연결시킨다. 특별히 마태와 요한은 각기 인격화된 지혜전승, 즉 예수가 지혜라고 하는 사상을 예수님의 입을 빌려 자신들의 글에 담고 있다.

    예를 들어, 예수는 자신을 지혜로 표현하여, **"지혜는 자기의 모든 자녀로 인하여 옳다 함을 얻느니라"**(눅7:35)고 말하여 마치 지혜를 자신의 대용어로 사용하고 있다. 즉 자신을 따르는 제자들이 자신을 증거 한다는 말을 하고 있다. 그리고 그는 **"지혜는 그 행한 일로 인하여 옳다 함을 얻느니라"**(마11:19)고 말 한다. 즉 자신의 행한 일로 인해 자기가 옳다고 인정함을 받게 된다는 말이다. 예수는 자신을 또 다른 표현인 하나님의 지혜로 설명 한다. **"이러므로 하나님의 지혜(예수)가 일렀으되 내가 선지자와 사도들을 저희에게 보내리니 그 중에 더러는 죽이며 또 핍박하리라 하였으니"**(눅11:49)(필자 괄호)라고 그는 말한다. 하나님의 지혜인 예수가 자기 선지자들을 보내신다는 말이다.

마태와 더불어 요한은 유대 랍비전승의 지혜 개념을 독특한 방식으로 예수와 연결시키고 있다. 이미 언급한 잠언의 글들(잠 8:22-26)은 **"태초에 말씀(로고스)이 계시니라 이 말씀이 하나님과 함께 계셨으니 이 말씀은 곧 하나님이시니라"**(요1:1)(필자 괄호)라는 표현과 유사성을 드러낸다. 아마도 요한은 이 잠언의 글들을 의식해서 썼을 수도 있다. 그러나 잠언의 지혜가 하나님이 창조했다(가지셨으며)는 표현에 비해, 요한복음의 로고스(Logos)는 하나님과 함께 이미 선재한 존재임을 들어 차이성을 지적한다. 그러나 서로 다른 시대의 각기 다른 표현 양식을 고려하여 문자적인 차이에 얽매이지 않는다면, 잠언의 지혜전승은 마침내 예수와 연결되어 기독론적으로 설명하는 요한의 말씀(로고스)과 함께 최종적으로 설명되고 있다고 볼 수 있다.[88]

(4) 중보자전승

대리자 혹은 중보자로서의 고난 받는 종에 대한 예수 자신의 진술은 그의 "바로 그 말씀(ipsissima vox)"의 중요한 부분을 이룬다. 그러나 일반적으로 많은 신약학자들과 역사적 예수 탐구자들은 예수의 구속자 혹은 대리자로서의 속죄기능은 헬라적 영향을 받은 초대교회의 지어낸 말로 예수 자신의 생각이 아니었다고 주장한다. 이러한 생각의 저변에는 속죄를 위한 제사가 많은 사람들을 위해 한사람의 죽음으로 이루어진다는 생각이 유대전승에는 발견되지 않기 때문이라고 주장한다. 따라서 예수의 구속적 행위에 대한 진술은 헬라적 영향을 받았던 유대기독교회의 작품이라는 것이다.

그러나 한 사람의 희생이 속죄를 위한 모범이 되는 경우를 유대 랍비전통 신학에서는 모리아산의 이삭을 예로 들어 설명한다.89) 이러한 해석은 후에 기독교가 생겨나면서 그림자인 이삭의 원형으로서의 예수의 속죄의 기능을 설명하는 도구로 사용된다.90) 그리스도 예수의 속죄를 위한 대속에 대한 구약적 전승에 기초한 진술은 마침내 마가에 의해 철저하게 그리스도의 고난을 통한 죽음으로 해석이 된다. 즉, 그리스도 예수는 제단에 바쳐진 이삭이라는, 모형을 통해 드러나는 바로 그 원형적 실체였던 것이다.

그리스도의 속죄와 대속적 죽음과 관련해서, 마가의 인용들을 자세히 살펴보면 우선 시편 22편의 글로부터 인용된 것임을 알 수 있다. "**제 구 시에 예수께서 크게 소리지르시되 엘리 엘리 라마 사박다니 하시니 이를 번역하면 나의 하나님, 나의 하나님 어찌하여 나를 버리셨나이까**"(막15:34). 이 마가의 글은, "**내 하나님이여 내 하나님이여 어찌 나를 버리셨나이까 어찌 나를 멀리하여 돕지 아니하옵시며 내 신음하는 소리를 듣지 아니하시나이까**"(시22:1)라고 언급하고 있는 시편 22편의 기사이다. 그리고 마가의 예수 수난의 기사(15:25-32)는 시편 69편의 기록과 일치하고 있다.

마가는 자신의 글(10:45, 14:22-25)에서 이사야 53장과 출애굽기 24장 8절의 언약의 제사와 연관하여 예수의 죽음이 만인을 위한 대속과 언약의 제사임을 밝힌다. 즉, 마가의 "**인자의 온 것은 섬김을 받으려 함이 아니라 도리어 섬기려 하고 자기 목숨을 많은 사람의 대속물로 주려 함이니라.**" 그리고 또 "**가라사대 이것은 많은 사람을 위하여 흘리는바 나의 피 곧 언약의 피니라**"는 이 글들은 출애굽기의 글, "**모세가 그 피를 취하여 백성에게 뿌려 가로되 이는 여호와께서 이 모든 말씀에 대하여 너희와 세우신 언약의 피니라**"(출24:8)는 말씀과 "**여호와께서 그로 상함을 받게 하시기를 원하사 질고를 당케 하셨은즉 그 영혼을 속건제물로 드리기에 이르면 그가 그 씨를 보게 되며 그 날은 길 것이요 또 그의 손으로 여호와의 뜻을 성취하리로다**"(사53:10)는 이사야의 글을 간접적으로 인용하고 있는 문구들이다. 다시 말해 예수는 자신을 이스라엘을 위한 대속 제물로 생각하고 있었다는 증거가 제시된 셈이다.

그러나 예수는 한걸음 더 나아가서 속죄를 위한 대속의 의미를 새롭게 해석한다. 모세전승과 이사야전승의 대속 개념을 넘어 다가올 하나님 나라와 연관시키는 독특한 자기 이해를 한다. 그는 "**가라사대 이것은 많은 사람을 위하여 흘리는 바 나의 피 곧 언약의 피니라 진실로 너희에게 이르노니 내가 포도나무에서 난 것을 하나님 나라에서 새 것으로 마시는 날까지 다시 마시지 아니하리라 하시니라**"(막14:24-25)고 말한다. 그는 언제나 자신의 언약의 피로 이루어질 하나님 나라의 만찬을 의식하고 있었던 것이다.

(5) 회개와 기도전승

하나님의 긍휼과 회개전승의 모델은 모세의 기도로부터 시작한다. 오실 예수 그리스도의 모델로서 모세는 이스라엘의 죄과를 도말해 주실 것을 하나님께 간청한다. "**구하옵나니 주의 인자의 광대하심을 따라 이 백성의 죄악을 사하시되 애굽에서부터 지금까지 이 백성을 사하신 것같이 사하옵소서 여호와께서 가라사대 내가 네 말대로 사하노라**"(민14:19-20)에 나타나는 이 기사는 죄고백과 회개를 통한 하나님의 긍휼이 이스라엘의 출애굽 과정에서 전형적으로 나타나고 있다. 모세의 회개 전승은 우리로 하여금 그리스도 예수의 자기 백성을 위한 기도의 모습을 상상하게 하고 있다.

그리고 또 다른 구약에서 발견되어지는 하나님의 긍휼전승은 요나서의 기록에서 발견된다. 요나의 기사를 알고 있었던 예수는 "**무리가 모였을 때에 예수께서 말씀하시되 이 세대는 악한 세대라 표적을 구하되 요나의 표적밖에는 보일 표적이 없나니 요나가 니느웨 사람들에게 표적이 됨과 같이 인자도 이 세대에 그러하리라**"(눅11:29-30)고 말한다. 그리고 그는 자신을 "**요나보다 더 큰이**"(눅11:32)라고 말한다. 자신이 요나보다 더 큰 이적으로 수많은 사람들을 구원하고 있기 때문이다. 예수의 말씀의 요지는 당시 사람들이 알고 있었던 요나의 물고기 뱃속의 삼일간의 고통은 후에 자신이 받을 죽음의 고통과 삼 일만에 부활하게 될 것을 암시하는 것이었다.

요나서에 기록된 하나님의 말씀은 하나님이 이방백성까지도 사랑하시는 모습을 전해주고 있다. 하나님의 긍휼전승의 한 모습이다. 예수는 요나의 글을 인용하고 계셨기 때문에, 그의 글에 나타나는 하나님의 긍휼의 언급들을 알고 계셨을 것이다. "**여호와께서 가라사대 네가 수고도 아니하였고 배양도 아니하였고 하룻밤에 났다가 하룻밤에 망한 이 박넝쿨을 네가 아꼈거든 하물며 이 큰 성읍, 니느웨에는 좌우를 분변치 못하는 자가 십이만여 명이요 육축도 많이 있나니 내가 아끼는 것이 어찌 합당치 아니하냐**"(욘4:10-11)고 언급된 말씀은 실상 유대민족주의를 초월한 예수 자신의 구원을 위한 사상이자, 무한한 사랑의 긍휼로 예수에게 전승되었던 것이다.

그리고 하나님의 긍휼전승과 또한 그 말씀의 성취자로서의 예수의 "바로 그 말씀"(ipsissima vox)은 누가복음 15장에 나타나는 탕자의 비유에 이르러 그 절정을 드러낸다.

> **또 가라사대 어떤 사람이 두 아들이 있는데 그 둘째가 아비에게 말하되 아버지여 재산 중에서 내게 돌아올 분깃을 내게 주소서 하는지라 아비가 그 살림을 각각 나눠 주었더니 그 후 며칠이 못되어 둘째 아들이 재산을 다 모아 가지고 먼 나라에 가 거기서 허랑방탕하여 그 재산을 허비하더니 다 없이한 후 그 나라에 크게 흉년이 들어 저가 비로소 궁핍한지라 가서 그 나라 백성 중 하나에게 붙여 사니 그가 저를 들로 보내어 돼지를 치게 하였는데 저가 돼지 먹는 쥐엄 열매**

로 배을 채우고자 하되 주는 자가 없는지라 이에 스스로 돌이켜 가로되 내 아버지에게는 양식이 풍족한 품꾼이 얼마나 많은고 나는 여기서 주려 죽는구나 내가 일어나 아버지께 가서 이르기를 아버지여 내가 하늘과 아버지께 죄를 얻었사오니 지금부터는 아버지의 아들이라 일컬음을 감당치 못하겠나이다 나를 품꾼의 하나로 보소서 하리라 하고 이에 일어나서 아버지께 돌아가니라 아직도 상거가 먼 데 아버지가 저를 보고 측은히 여겨 달려가 목을 안고 입을 맞추니 아들이 가로되 아버지여 내가 하늘과 아버지께 죄를 얻었사오니 지금부터는 아버지의 아들이라 일컬음을 감당치 못하겠나이다 하나 아버지는 종들에게 이르되 제일 좋은 옷을 내어다가 입히고 손에 가락지를 끼우고 발에 신을 신기라 그리고 살진 송아지를 끌어다가 잡으라 우리가 먹고 즐기자 이 내 아들은 죽었다가 다시 살아났으며 내가 잃었다가 다시 얻었노라 하니 저희가 즐거워하더라"(눅15:11-24).

　　돌아온 탕자의 비유에 나타난 예수의 "바로 그 말씀"(ipsissima vox)은 탕자의 아버지로 등장하는 하나님의 무한한 긍휼과 "아버지여 내가 하늘과 아버지께 죄를 얻었사오니 지금부터는 아버지의 아들이라 일컬음을 감당치 못하겠나이다"(눅15:21)라고 말하는 탕자의 회개를 통하여, 구약의 하나님의 긍휼의 전승과 회개전승의 극치를 보여주고 있다.

　　예수는 비유를 통하여 하나님의 대리자로 하나님의 긍휼전승을 또 다시 자신의 시대에 재현하고 있다. 그리고 또한 자신이 그 긍휼하신 하나님의 대리자로서 자신의 사역 중 여러 번 "죄를 사하시는 행위"(막2:5,10; 눅7:48)를 하고 있다. **"네 죄 사함을 얻었느니라"**고 말하는 예수의 "바로 그 말씀"(ipsissima vox)은 구약의 여러 전승 중 하나님의 긍휼이라는 한 전승을 자신을 통하여 이루시고 있는 또 다른 증거가 된다.

　　궁극적으로 예수가 언급하고 있는 구약의 여러 예언적 전승들, 즉 메시아의 속죄와 관련된 구속전승, 율법 그리고 지혜와 관련된 유대 토라(Tora)의 가르침, 중보자전승, 그리고 하나님의 긍휼에 대한 회개와 기도전승 등은 메시아인 예수에 의해 새롭게 확인되고 새롭게 해석되어 선언되고 있는 것이다.

3. 바로 그 행위(ipsissima facta)

예수의 "바로 그 행위"는 하늘보좌로부터 이 땅에 "인자로 오심", "기적과 치유를 행하심", 친히 죄인들과 "식탁공동체"를 이루심을 통해 자신을 나타내고 있다.

메시아로서 예수는 과연 어떤 행동을 했는가? 그리고 그 행위는 구약의 어떤 예언적 근거와 전승을 따른 것인가? 그리고 그 메시아로서의 행동이 초대교회나 사도들의 자작에 의한 것이 아닌 순수한 예수의 행위 그 자체일 것이라는 증거는 무엇인가? 이런 문제들에 답하는 것이 이 난의 과제라 할 수 있다. 그리고 역시 이 문제에 대한 이러한 물음을 충족시키는 것이 역사적 예수 탐구자들이 제시하는 의문들을 해소하는 것이기 때문이다.

(1) 인자의 오심

메시아로서 예수의 "바로 그 행위"(ipsissima facta)의 가장 중심이 되는 것은 죄인들을 위해 자신의 몸을 대속 제물로 주기 위해 오신 사건이라 할 수 있다. "**인자의 온 것은 섬김을 받으려 함이 아니라 도리어 섬기려 하고 자기 목숨을 많은 사람의 대속물로 주려 함이니라**"(막10:45)라고 예수는 스스로 말한다. 그리고 그는 "**인자의 온 것은 잃어버린 자를 찾아 구원하려 함이니라**"(눅19:10)고 말한다.

예수의 이러한 주장의 배경은 이사야의 예언의 응답으로 말씀하신 것이었다. "**내가 붙드는 나의 종, 내 마음에 기뻐하는 나의 택한 사람을 보라 내가 나의 신을 그에게 주었은즉 그가 이방에 공의를 베풀리라 그는 외치지 아니하며 목소리를 높이지 아니하며 그 소리로 거리에 들리게 아니하며 상한 갈대를 꺾지 아니하며 꺼져가는 등불을 끄지 아니하고 진리로 공의를 베풀 것이며 그는 쇠하지 아니하며 낙담하지 아니하고 세상에 공의를 세우기에 이르리니 섬들이 그 교훈을 앙망하리라**"(사42:1-4)는 예언의 말씀을 이루기 위해, 예수는 자신의 삶 전체를 예언의 성취를 위한 "바로 그 행위"(ipsissima facta)의 삶을 사셨던 것이다.

그러나 그의 삶은 "**상한 갈대를 꺾지 아니하며 꺼져가는 등불을 끄지 아니하고 진리로 공의를 베푸시는**"(사42:3) 하나님 아버지의 긍휼을 대신하는데서 비롯된다. 그리고 그는 하나님께서 "**나는 여호와의 보시기에 존귀한 자라 나의 하나님이 나의 힘이 되셨도다 다시 야곱을 자기에게로 돌아오게 하시며 이스라엘을 자기에게로 모이게 하시려고 나를 태에서 나옴으로부터 자기 종을 삼으신 여호와께서 말씀하시니라**"(사49:5)는 것을 자신에 대한 소명으로 확신하고 있었다. 그리하여 그는 "**나는 이스라엘 집의 잃어버린 양 외에는 다른 데로 보내심을 받지 아니하였노라**"(마15:24)고 말한다. 그러나 예수는 "**그가 가라사대 네가 나의 종이 되어 야곱의 지파들을 일으키며 이스라엘 중에 보전된 자를 돌아오게 할 것은 오히려 경한 일이라 내가 또 너로 이방의 빛을 삼아 나의 구원을 베풀어서 땅 끝까지 이르게 하리라"(사49:6)는 하나님의 말씀을 성취하는 삶을 사셨던 것이다.

그리고 한편 예수가 12제자와 70문도를 세운 것은 흩어진 이스라엘의 모든 지파들을 다시 재건하고 세운다는 상징적인 의미의 행위였다. 예수는 하나님의 택하신 자들을 불러 모아 하나님 아버지의 뜻을 성취하려 한다. **"아버지께서 내게 주시는 자는 다 내게로 올 것이요 내게 오는 자는 내가 결코 내어쫓지 아니하리라 내가 하늘로서 내려온 것은 내 뜻을 행하려 함이 아니요 나를 보내신 이의 뜻을 행하려 함이니라 나를 보내신 이의 뜻은 내게 주신 자 중에 내가 하나도 잃어버리지 아니하고 마지막 날에 다시 살리는 이것이니라"** (요6:37-39)고 말씀하신 것은 자신에게 오는 자들을 하나도 잃어버리지 않고 마지막에 다 함께 살리려는 아버지의 뜻을 이루려 하기 때문이었다. 곧, 아버지의 택하신 자들을 보존하고 온전히 마지막 날에 살리는 것이 자신의 사명이라고 생각한 것이다.

그리고 그의 사명은 아직 하나님의 은총의 영향권에 들지 못한 이방인들에 대해서도 있었다. 즉, **"또 이 우리에 들지 아니한 다른 양들이 내게 있어 내가 인도하여야 할 터이니 저희도 내 음성을 듣고 한 무리가 되어 한 목자에게 있으리라"**(요10:16)고 예수는 말 한다. 물론 자신이 곧 다윗의 이름으로 오는 선한 목자이다(겔34:23). 이제 그는 선한 목자로서 아직 우리에 들지 아니한 다른 양들을 향한 하나님의 긍휼을 자신의 바로 그 구원의 행위를 통해 실현시키고 있다.

아직 우리에 들지 아니한 양들에 대한 하나님의 긍휼에 대해 그는 구약의 예언을 인용한다. "**내가 참으로 너희에게 이르노니 엘리야 시대에 하늘이 세 해 여섯 달을 닫히어 온 땅에 큰 흉년이 들었을 때에 이스라엘에 많은 과부가 있었으되 엘리야가 그 중 한 사람에게도 보내심을 받지 않고 오직 시돈 땅에 있는 사렙다의 한 과부에게 뿐이었으며 또 선지자 엘리사 때에 이스라엘에 많은 문둥이가 있었으되 그 중에 한 사람도 깨끗함을 얻지 못하고 오직 수리아 사람 나아만 뿐이니라**"(눅4:25-27)라고 그는 말한다. 사렙다 과부와 나아만은 이스라엘의 우리에 들지 아니한 양들이었지만, 하나님의 긍휼로 그의 목장에 들어가게 되었던 것이다.

예수는 이 구약의 하나님의 긍휼사건을 재현하기 위해 "**예수께서 이 열둘을 내어 보내시며 명하여 가라사대 이방인의 길로도 가지 말고 사마리아인의 고을에도 들어가지 말고 차라리 이스라엘 집의 잃어버린 양에게로 가라**"(마10:5-6)는 말씀을 하셨음에도 불구하고, 예루살렘에서 갈릴리로 가는 지름길인 사마리아로 길을 택하셨다. 당시 유대인들은 사마리아를 통과하지 않기 위해 두 배 이상의 길을 돌아갔다. 그러나 예수는 버림받은 아직 우리에 들지 아니한 불쌍한 양(洋)인, 남편이 다섯이나 있었으나 현재 다른 이와 함께 사는 사마리아여인에게 구원하러 찾아 가셨다(요4:3-26).

그리고 그는 메시아사건의 그림자인 엘리야의 사건에 나타나는 사렙다 지역(두로)에 살고 있는, 또 다른 모형의 사렙다 과부, 즉 수르보니게 여인의 간구대로 그녀의 딸을 악령으로부터 구원해 준다(막7:24-30). 사마리아의 우물가의 여인을 만난 사건이나 수르

보니게 여인을 만난 사건은 이스라엘집의 길 잃은 양 뿐만이 아니라, 이방의 길 잃은 양들을 긍휼이 여기는 하나님의 긍휼전승이 자신을 통해 재현되어 나타나는 바로 그 대목(對目)이다.

예수의 "바로 그 행위"(ipsissima facta)는 좀 더 구체적으로 자신에게 예언된 하나님의 선언을 행동으로 옮기는 일이었다. 예수는 죄인들을 하나님의 긍휼로 구속하는 행위이면서도, 구체적으로 그들을 자신과 함께 새로 도래하는 하나님 나라의 백성이 되게 하기를 원한다. 그리고 그는 자기 백성을 구체적으로 새로운 하나님의 통치(나라) 아래 둠으로써 구약의 예언을 이룬다. 예수는 "**나 주 여호와가 말하노라 내가 친히 내 양의 목자가 되어 그것들로 누워 있게 할지라 그 잃어버린 자를 내가 찾으며 쫓긴 자를 내가 돌아오게 하며 상한 자를 내가 싸매어 주며 병든 자를 내가 강하게 하려니와 살진 자와 강한 자는 내가 멸하고 공의대로 그것들을 먹이리라**"(겔 34:15-16)는 에스겔의 예언을 자신을 통하여 이룬다.

(2) 기적과 치유

바로 이러한 맥락에서 예수의 기적과 치유행위 혹은 축사행위는 이해된다. 그리고 예수의 기적, 치유 그리고 축사행위는 하나님의 나라가 도래 했다는 징표(徵表)가 된다. 즉, 예수가 자신의 동네 나사렛 회당에서 선포했던 "**주 여호와의 신이 내게**

임하셨으니 이는 여호와께서 내게 기름을 부으사 가난한 자에게 아름다운 소식을 전하게 하심이라 나를 보내사 마음이 상한 자를 고치며 포로된 자에게 자유를, 갇힌 자에게 놓임을 전파하며 여호와의 은혜의 해와 우리 하나님의 신원의 날을 전파하여 모든 슬픈 자를 위로하되 무릇 시온에서 슬퍼하는 자에게 화관을 주어 그 재를 대신하며 희락의 기름으로 그 슬픔을 대신하며 찬송의 옷으로 그 근심을 대신하시고 그들로 의의 나무 곧 여호와의 심으신 바 그 영광을 나타낼 자라 일컬음을 얻게 하려 하심이니라"(사 61:1-3)는 이사야의 예언은 바로 예수의 이적과 치유행위와 축사행위의 근거가 된다. 그것은 예수 자신이 스스로 밝힌 자기 복음의 성격에 대한 대 선언이었기 때문이다.

따라서 예수는 예언에 의해 언급된 그 하나님의 때가 왔고, 그 하나님의 약속이 자신에 의해 성취되고 있음을 만방에 알린다. "**그러나 내가 만일 하나님의 손을 힘입어 귀신을 쫓아내는 것이면 하나님의 나라가 이미 너희에게 임하였느니라**"(눅11:20)고 예수는 말 한다. 그리고 하나님 나라가 이미 왔다는 그 징표는 사탄의 통치시대의 종말을 의미한다. "**사람이 먼저 강한 자를 결박지 않고는 그 강한 자의 집에 들어가 세간을 늑탈치 못하리니 결박한 후에야 그 집을 늑탈하리라**"(막3:27). 즉, 다시 말해 예수는 하나님의 때에 하나님의 예언의 궁극적으로 드러난 실체인 하나님의 나라와 함께 강한 자로 왔고, 그래서 마귀를 결박한다.

이 때 이적(異蹟)은 자연스러운 것이다. 곧 이적은 예수가 하나님 나라를 드러내는 행위이자, 자신이 하나님의 아들이라는 증표이기 때문이다. 물로 포도주를 만들었던 일(요2:1-11), 깊은 데로 가서 그물을 던져 많은 고기를 잡은 이적((눅5:1-11), 바다의 풍랑을 잠잠하게 한 이적(막4:35-4), 오병이어의 이적(막6:34-44)과 칠병이어의 기적(막8:1-9), 물위를 걸으심의 이적(막6:45-52), 물고기 입에서 동전을 꺼내도록 한 이적(마17:24-27), 디베랴 바다에서 고기를 잡으신 이적(요21:1-11), 이 모든 일들은 초대공동체가 지니고 있었던 신앙에 의해 만들어졌거나 조작된 것이 아닌, 갈릴리의 예수 제자들이 이적을 보고 전했던 예수 당시에 일어난 실제사건(Factum Historicum)들이다.[91]

예수의 축사사역도 같은 맥락에서 이해될 수 있다. 회당에서 귀신을 추방한 사건(막1:23-28)이나, 거라사 귀신들린 자를 치유하신 일(막5:1-20), 벙어리 귀신추방 사건(마9:32-33), 귀신들린 아이를 치유하심(막9:14-29), 눈먼 벙어리 귀신들린 자를 고치심(마12:22; 눅11:14) 등은 하나님의 나라가 자신과 함께 온 것에 대한 반증(反證)이기도 했다. **"그러나 내가 하나님의 성령을 힘입어 귀신을 쫓아내는 것이면 하나님의 나라가 이미 너희에게 임하였느니라"**(마12:28)라고 그는 말 한다.

그리고 예수의 치유사역 역시 같은 관점에서 이해되어야 한다. 치유에는 분명히 하나님과 하나님의 대리자인 예수의 **"상한 갈대를 꺾지 아니하며 꺼져가는 등불을 끄지 아니하고"**(사42:3), 병인을 불쌍히 여기시는 긍휼이 나타나고 있다. 그러나 치유사역은 하나님의 나라가 와서 병인들을 회복시키고 있다는, 또 다른 증표로 나타나고 있다.

가나에서 왕의 아들을 고치심(요4:46-54), 베데스다 병자를 치유하심(요5:1-9), 베드로의 장모를 고치심(막1:29-31), 문둥병자를 치유하심(막1:40-45), 중풍병자를 고치심(막2:1-12), 손 마른 자를 치유하심(막3:1-5), 백부장의 종을 치유하심(마8:5-13; 눅7:1-10), 혈루증 여인을 고치심(막5:25-34), 야이로의 딸을 치유하심(막5:22-24), 두 소경을 치유하심(마9:27-31), 수르보니게 여인의 딸을 치유하심(막7:24-30), 귀먹고 어눌한 자를 치유하심(막7:31-37), 나면서 소경된 자를 고치심(요9:1-7), 수종병자를 고치심(눅14:1-6), 열 문둥병자를 치유하심(눅17:11-19), 소경 바디메오를 고치심(막10:46-52), 말고의 귀를 회복시키심(눅22:49-51), 나인성과부의 아들을 소생시키심(눅7:11-15), 나사로의 소생(요11:17-44) 등은 분명히 하나님의 나라가 나타나서 모든 질고와 죽음으로부터 삶들을 해방시키고 있는 것을 의미한다.

이 치유사역에 관하여 목격자인 베드로는 "**이스라엘 사람들아 이 말을 들으라 너희도 아는 바에 하나님께서 나사렛 예수로 큰 권능과 기사와 표적을 너희 가운데서 베푸사 너희 앞에서 그를 증거하셨느니라**"(행2:22)고 말한다. 그리고 또 "**하나님이 나사렛 예수에게 성령과 능력을 기름붓듯 하셨으매 저가 두루 다니시며 착한 일을 행하시고 마귀에게 눌린 모든 자를 고치셨으니 이는 하나님이 함께 하셨음이라**"(행10:38)고 해석한다.

IV. 복음과 사역 _231

(3) 식탁공동체

메시아로서의 예수의 "바로 그 행위"(ipsissima facta)를 드러내는 또 다른 것은 소위 그의 식탁공동체에서 찾아 볼 수 있다. **"그의 집에 앉아 잡수실 때에 많은 세리와 죄인들이 예수와 그 제자들과 함께 앉았으니 이는 저희가 많이 있어서 예수를 좇음이러라"**(막2:15)는 말씀과 같이, 예수는 세리와 죄인들의 친구였고(마11:19), 또한 죄인들을 영접하여 함께 음식을 먹는 분(눅15:2)이었다.

이는 당시의 랍비전통을 깨는 심각한 행위였으나, 예수는 죄인들과의 식탁공동체를 하나님의 나라에서의 잔치를 상징하는 행위로 간주했던 것이다. **"또 너희에게 이르노니 동서로부터 많은 사람이 이르러 아브라함과 이삭과 야곱과 함께 천국에 앉으려니와"**(마8:11)라고 예수는 말 한다. 그리고 그는 **"진실로 너희에게 이르노니 내가 포도나무에서 난 것을 하나님 나라에서 새 것으로 마시는 날까지 다시 마시지 아니하리라 하시니라"**(막14:25)고 역시 말 한다. 예수는 유대인들의 생각을 뛰어 넘는, 이방인들의 구원이 장차 천국식탁에서 이루어질 것과 또한 그 약속의 성취를 반드시 지키리라는 뜻으로 **"하나님의 나라에서 새 것으로 마시는 날까지"**라는 표현을 쓰고 있다.

예수는 자기가 증거하고 있는 하나님 나라에 대해 확실하게 증거하고 있고, 또한 자신을 따르는 자들과 하늘나라에서 함께 잔치를 할 것이라는 분명한 진술을 하고 있다. 즉, 예수는 제자들에게 "**너희는 나의 모든 시험 중에 항상 나와 함께한 자들인즉 내 아버지께서 나라를 내게 맡기신 것같이 나도 너희에게 맡겨 너희로 내 나라에 있어 내 상에서 먹고 마시며 또는 보좌에 앉아 이스라엘 열두 지파를 다스리게 하려 하노라**"(눅22:28-30)고 확신에 찬 말로 증거 한다. 다시 말해, 예수는 자신과 함께 고생한 자들을 위한 천국 잔치를 약속하고 있는 것이다. 그리고 그들에게 상으로 하늘나라의 성들을 다스릴 권한을 또한 약속하고 있는 것이다.

그는 마지막으로 자신의 식탁공동체에게 기독교의 가장 상징적인 행위인 성만찬에 참여하도록 한다. 즉, "**저희가 먹을 때에 예수께서 떡을 가지사 축복하시고 떼어 제자들에게 주시며 가라사대 받으라 이것이 내 몸이니라 하시고 또 잔을 가지사 사례하시고 저희에게 주시니 다 이를 마시매 가라사대 이것은 많은 사람을 위하여 흘리는 바 나의 피 곧 언약의 피니라**"(막14:22-24)고 예수는 말한다.

결 론

이제 결론에 도달하여 얻어진 궁극적인 사실은 예수가 자신을 하나님의 아들로 처음부터 인식하고 있었고, 그에 따라 자신의 내면에 있는 "바로 그 의도성"(ipsissima intentio)을 드러내는 행동을 했었고, 또한 하나님의 의도를 자신을 통해 나타내었다고 하는 사실이다. 그리고 하나님의 아들로서 그는 분명한 자기표현인 "바로 그 말씀들"(ipsissima verba)을 사람들에게 전했다는 사실이다. 자신이 하나님의 대리자로 보내심을 받았다고 하는 사실과 또한 자신이 하나님의 나라를 몰고 온 자라는 것을 분명히 했다. 그리고 하늘로부터 온 자인 것을 사람들에게 기적과 치유와 축사를 통해 확실한 "바로 그 행위"(ipsissima facta)를 보여주었던 것이다.

Ⅴ. 예수의 죽음과 부활

V. 예수의 죽음과 부활

 예수의 죽음과 부활사건은 모든 역사적 예수 탐구자들과 현대의 자유주의 신학사상을 지닌 모든 신학자들을 당혹케 하는 큰 스캔들(scandalos)이다. 그들이 예수를 하나님의 아들로 믿지 않는 것은 물론, 부활 사실 그 자체도 믿지 않기 때문이다. 그러나 그들이 직. 간접적으로 자신들의 '삶의 자리'(Sitzen im Leben)가 된 기독교를 거부하기에는 너무 그 흔적이 크다.
 따라서 기독교를 거부하거나 수용하거나 간에, 그 흔적을 메울 수 있는 자기 논리와 변명 그리고 새로운 의미의 해석을 분명히 찾아야 한다. 그래서 그들은 인간 예수를 찾아내기 위하여 과학적으로나 역사적으로 예수의 흔적을 열심히 탐구한다. 역사적 예수 탐구자들에게는 역사적 예수를 밝혀내는 일이 자신들에게는 학문적인 소명이나 진리탐구를 위한 열정에 부합하는 것으로 믿고 있지만, 그러나 그리스도 예수를 하나님의 아들로 믿는 믿음 없이는 하나님의 진리에 접근할 수도 없고 진리로 여겨지는 사실에 도달할 수도 없다.

일반적으로 주장되고 있는 역사적 예수 탐구와 관련해서 종래의 예수의 죽음과 관련된 신학사고는 세 가지로 정리할 수 있다. 첫째로 17-18세기의 구자유주의자들로 이루어진 초기 역사적 예수 탐구자들(스피노자, 레이마루스, 스트라우스, 그리고 르낭)은 대체로 예수의 죽음에 특별한 종교적 의미를 부여하기를 원치 않았다. 그들에게 예수는 단지 한 젊은 종교가에 불과 하고, 단지 예수에 관하여 오늘날 우리에게 전승된 것은 후기 교회가 만든 신앙 작품일 따름으로 생각한다.[92]

둘째로 역사적 예수 탐구의 제 2기에 속하는 자들은 예수가 초기에는 자신도 메시아를 기다리고 있었으나, 사건의 전개와 상황을 통해 자신이 오실 메시아임을 자각하고, 곧 자신이 하나님의 아들임을 깨달아 십자가에서 대속적인 죽음을 택했다고 믿는 부류들이다. 대부분 이러한 주장은 19세기 이래로부터 지난 세기 중반에 이르기까지 자유주의적 사고를 펼친 사람들에 의해 주장되었고, 오늘날에도 그러한 신학적 사고는 여전히 주장되고 있다.[93]

셋째로 역사적 예수 탐구의 제 3기로 분류되는 오늘날의 역사적 예수 탐구자들은 예수의 죽음을 정치적으로 혹은 사회적으로 이해하자는 부류들로서, 1970-80년 이래 생겨났다. 그리고 종교사학적 관심사와 슈바이처의 신학적 전통(예수를 선지자 혹은 영적 지도자로 이해)에 선 사람들로서 복음주의적 경향을 띤 라이트(N. T. Wright)에 이르기까지 대부분 오늘날 역사적 예수의 흔적을 탐

구한다는 입장을 지지하고 있는 사람들이다.94)

그리고 지난 과거 라이마루스, 스트라우스, 르낭이 속한 1세대 사람들은 부활이 과학적이지 않는 사건이기 때문에 그 사실을 부인한다. 슈바이처, 불트만, 불트만의 제자들이 속한 제 2세대의 실존주의적 경향을 띤 예수 탐구자들은 한 사람의 실존자로서의 예수의 신앙적인 고뇌와 자의식 그리고 하나님의 아들로서의 자각 등을 긍정적으로 해석해 보려 했다. 그러나 그러한 노력에도 불구하고, 역시 예수가 하나님의 아들 됨과 예수의 육체적 부활을 부인한다. 그리고 제 3의 역사적 탐구자들인 타이센과 어느 정도 슈바이처의 노선을 따랐던 샌더스, 버미스 그리고 소위 역사적 예수 탐구자들에 속한 모든 제 3세대의 사람들(풍크, 크로산, 호스리스, 보르그 등)은 이미 더 이상 하나님의 아들로서의 종교적인 예수의 상을 거부한지 오래 되었다. 그런 까닭에 그들은 예수의 부활사건이 과학적이지도 않고, 또한 역사적이지도 않기 때문에 예수의 부활 사실에 대하여 부정적인 견해를 표명한다. 그들에게 있어서 부활 사건은 과학적으로도 용납할 수 없는 사건이며, 또한 역사적으로도 확증할 수 없는 사건이다.

예수의 부활이 하나의 기독교 최고의 스캔들(scandalos) 일 수 밖에 없는 것은 그들의 사고 속에 예수가 여전히 한 사람의 선지자, 정치적 리더나, 혹은 냉소적인 견유철학자(Cynic Philosopher)에 불과하기 때문이다.95) 19세기 이래 자유주의적인 경향을 지닌 독일 신학자들은 자신들의 삶의 틀이 된 기독교라는 종교 그 자체를 부인할 수는 없었다. 따라서 그들은 부활 사실은 부정한 채, 어떤 방식으로든 부활을 새로운 신학적 의미로 해석해 내려고 노력해 왔다. 그들은 예수의 부활 그 자체를 부정하기 때문에 부활에 새로운 의미를 부과하려는 자신들의 학문적 노력에도 불구하고, 그 어떠한 진실에도 도달할 수가 없었던 것이다. 오히려 그들은 예수의 부활을 부정하는 것이 학문적인 진실에 도달하는 길이라고 생각했다.

그러나 오늘날의 역사적 예수 탐구에 가담하고 있는 대부분의 신학자들은 예수의 부활을 전혀 부정해버린 나머지, 다른 종교에 비하여 기독교의 우위성이나 특이성을 확보하려는 노력을 할 필요가 없게 되었다. 그 결과 그들은 신학의 테두리나 기독교라는 특정 종교의 테두리를 벗어나서 신앙에 얽매이는 고민으로부터 훨씬 자유스러워 졌다고 믿는다. 그러나 아이러니하게도 하나님을 떠난 그 어떤 인간도 니체의 경우처럼, 고독이라는 죽음에 이르는 병을 벗어날 수가 없는 것이다.

현대 신학자들과 역사적 예수 탐구자들은 예수를 단지 한 사람의 보통 인간이라는 점에서 출발하고 있기 때문에, 예수가 부활했다고 하는 사실을 받아들이지 않는다. 그 결과 기독교 신앙의 부활과 같은 역사적 사실은 제쳐두고 단지 신앙의 종교적 의미만을 밝히는 것이 자신들의 학문적 소명이라고 생각한다. 유행병처럼 퍼져나가는 포스트모더니즘(Post-Modernism)시대의 한 특성이다.

1. 예수의 죽음

예수의 죽음과 관련한 일반적인 교회의 전통적인 신앙은 예수가 죄인들을 위해 대속적인 죽음을 죽으셨다고 이해한다. 그리고 예수를 모르던 유대인들에게 설명된 예수의 죽음은 "한 의로운 의인의 죽음"으로 묘사되기도 했다. 그러나 오늘날 역사적 예수 탐구에 앞장 서는 이들은 예수의 죽임 당함을 예수와 당시 종교 지도자들 간에, 혹은 폭도 중의 한 사람으로 간주된 예수와 로마정권 간의 정치적 갈등으로 빚어진 사건으로 파악 한다. 이러한 견해는 전통적인 예수의 죽임 당한 이유에 대한 종교적인 관점을 전혀 배제시키고 있다.

그리고 예수의 죽임 당함과 함께 항상 거론되는 소위 "공변(公辯)된 판단"(행8:33)을 받지 못한 억울한 죽음과 십자가상의 처형에 대한 사실들은 신앙을 가진 우리들에게는 지울 수 없는 사실(brutum factum)로서, 영원히 변함이 없는 신앙 역사의 사실(factum historicum fidei)로 받아들여진다.

(1) 대속적 죽음

메시아의 대속적 죽음과 관련해서 예수는 이미 자신의 사명을 의식하고 있었다. 히브리서의 기록을 보면, "**그는 육체에 계실 때에 자기를 죽음에서 능히 구원하실 이에게 심한 통곡**

과 눈물로 간구와 소원을 올렸고 그의 경외하심을 인하여 들으심을 얻었느니라"(히5:7)고 말한다. 죽음을 의식하고 있는 예수에 대한 간접적인 증거자료인 셈이다.

그리고 예수의 메시아로서 대속적 죽음과 관련해서 등장하는 것은 양을 위해 목숨을 버리는 착한 목자의 이야기이다. 예수가 잃어버린 양에 대한 비유를 말했다는 것은 예수 자신이 그 잃어버린 양을 위해 희생할 것이라고 하는 사명을 이미 가슴 속 깊이 묻어 두고 있었다는 증거가 된다. 그리하여 예수는 "**너희 생각에는 어떻겠느뇨 만일 어떤 사람이 양 일백 마리가 있는데 그 중에 하나가 길을 잃었으면 그 아흔아홉 마리를 산에 두고 가서 길 잃은 양을 찾지 않겠느냐**"(마18:12; 눅15:1-4)고 말한다. 그리고 예수는 목자로서 자신의 양에 대한 무한한 책임과 사랑을 요한복음 10장에 기록된 선한목자와 양에 대한 언급을 통하여 나타내고 있다.

예수는 "**나는 선한 목자라 선한 목자는 양들을 위하여 목숨을 버리거니와, 삯군은 목자도 아니요 양도 제 양이 아니라 이리가 오는 것을 보면 양을 버리고 달아나나니 이리가 양을 늑탈하고 또 헤치느니라**"(요10:11-12)고 말 한다. 그리고 예수는 "**아버지께서 나를 사랑하시는 것은 내가 다시 목숨을 얻기 위하여 목숨을 버림이라 이를 내게서 빼앗는 자가 있는 것이 아니라 내가 스스로 버리노라 나는 버릴 권세도 있고 다시 얻을 권세도 있으니 이 계명은 내 아버지에게서 받았노라 하시니라**"(요10:17-18)고 또한 말한다. 예수는 제자들에게 주시는 말씀을 통해 자신이 양을 위하여 목숨을 버리는 선한 목자이며, 또한 자기 양들을 위하여 스스로 목숨을 내어놓게 될 것이라는 예언을 하고 있다.

분명 양들을 위해 죽는 목자에 대한 예수의 언급은 구약 에스겔 34장에 기록 된 "양"과 다윗으로 불리는 "화평의 목자"에 대한 전승들과 연결되어 있다. 그리고 예수의 선한 목자에 대한 언급은 에스겔의 글로부터 인용하신 것이었다. 에스겔의 글을 보면, **"내가 한 목자를 그들의 위에 세워 먹이게 하리니 그는 내 종 다윗이라 그가 그들을 먹이고 그들의 목자가 될지라"**(겔34:23)고 말 한다. 예수는 자신이 다윗의 이름으로 불리는 선한 "한 목자"임을 처음부터 의식하고 있었던 것이다. 그는 자신이 바로 에스겔 34장 23절에서 25절에 언급된 '화평의 목자'임을 주장한다. 그러므로 그는 **"아버지께서 나를 아시고 내가 아버지를 아는 것 같으니 나는 양을 위하여 목숨을 버리노라 또 이 우리에 들지 아니한 다른 양들이 내게 있어 내가 인도하여야 할 터이니 저희도 내 음성을 듣고 한 무리가 되어 한 목자에게 있으리라"**(요10:15-16)고 말씀함으로써, 예수는 자신을 양들을 위하여 목숨을 버리는 에스겔의 책에 기록된 바로 그 "한 목자"임을 드러낸다.

그리고 다른 한편으로 출애굽기에 언급하고 있는 이스라엘의 구원을 위한 유월절 어린 양은 이스라엘을 위해 제사의 제물로 드려지는 대표적인 대속적 의미를 지니고 있다(출12:1-13). 세례 요한이 예수를 **"하나님의 어린 양"**(요1:29)이라고 말한 것은 같은 의미로 어린 양으로 묘사된 예수가 이스라엘의 구원을 위한 메시아의 대속적 소명을 이루기 위해 제물로 바쳐질 것을 간접적으로 드러내 주고 있다.

이스라엘의 구원과 관련해서 언급되고 있는 대속적 죽임을 당하는 어린 양에 대한 기록은 이스라엘의 전통적 제사에 깊이 연관된다. 희생 제물로 혹은 속죄 제물로서 어린 양의 역할은 성전에서 행해지는 제의(祭儀)에 특별히 집중적으로 나타나고 있다. 대부분의 속죄양은 성전 제사를 위한 희생 제물로 쓰이지만, 때로는 사람이 지은 죄를 대신 짊어지고 광야로 보냄을 받기도 한다. 소위 '아사셀'(귀신)을 위해 드려지는 속죄양은 광야에서 결국 짐승들에게 찢김을 받아 죽음을 당 한다.

구약에 언급된 희생양과 예수는 하나의 상징적 병렬(象徵的 竝列, symbolic juxtaposition)을 이룬다. 즉, 속죄양의 희생 제물은 곧 하나님의 어린 양 예수의 십자가의 죽음으로 설명된다. 그리고 광야로 보내심을 받고 버림받는 아사셀의 양으로부터 자기 백성을 구원하기 위해 죽음의 사지로 가야하는 그리스도 예수의 고난의 길을 보게 된다. 이사야 53장 4절에서 7절에 기록된 속죄양과 관련된 메시아의 죽음에 대한 기록은 희생양과 예수간의 상징적 병렬을 드라마틱하게 묘사해주고 있다.

이사야의 53장 4절에서 7절까지의 글에는 **"그는 실로 우리의 질고를 지고 우리의 슬픔을 당하였거늘 우리는 생각하기를 그는 징벌을 받아서 하나님에게 맞으며 고난을 당한다 하였노라 그가 찔림은 우리의 허물을 인함이요 그가 상함은 우리의 죄악을 인함이라 그가 징계를 받음으로 우리가 평화를 누리고 그가 채찍에 맞음으로 우리가 나음을 입었도다 우리는 다 양 같아서 그릇 행하며 각기 제 길로 갔**

거늘 여호와께서는 우리 무리의 죄악을 그에게 담당시키셨도다 그가 곤욕을 당하여 괴로울 때에도 그 입을 열지 아니하였음이여 마치 <u>도수장으로 끌려가는 어린 양과 털 깎는 자 앞에 잠잠한 양같이 그 입을 열지 아니하였도다</u>"(필자 밑줄)라고 기록하고 있다.

이사야의 위의 글은 "그"(예수)가 "우리"의 질고를 지고 슬픔을 당했으나/ "우리"는 "그"가 징벌을 받아서 맞으며 고난당한다 생각했다/ "그"가 찔림은 "우리"의 허물을 인함이요/ "그"가 상함은 "우리"의 죄악을 인함이라/ "그"가 징계를 받으므로 "우리"가 평화를 누리고/ "그"가 채찍에 맞음으로 "우리"가 나음을 입었다는 "그"와 "우리" 사이의 대속적 관계를 분명히 보여 준다. 그의 잃어버림이 곧 우리의 얻음이라는 점을 이사야는 강조하고 있다. 그리고 이사야는 역시 도살장으로 끌려가는 양을 등장시킨다. "그"는 곤욕을 치를 때도 입을 열지 아니하고 털 깎는 자 앞에서 잠잠한 양 같이 입을 열지 아니 하였다.

이사야의 글로부터 우리는 십자가에서 우리를 위해 죽은 예수의 모습을 극명하게 묘사하고 있는 말씀을 발견하게 된다. 예수는 자신에 대해 기록한 이사야의 글을 알고 있었다. 나사렛회당에서 그는 이사야의 다른 글(61:1-3)을 찾아 인용하며 말씀을 전했다. 이사야 61장과 53장은 한 두루마리 가운데 있었기 때문에, 예수가 의도적으로 61장을 펴서 말씀을 전했다는 것을 보건데 그는 53장의 기록도 역시 알고 있었을 것이다.

그러므로 예수가 같은 두루마리의 한 부분인 이사야 53장의 속죄양에 대한 예언을 몰랐을 것이라고 생각하는 것은 부자연스러운 것이다. 그는 자신에 대하여 **"가라사대 엘리야가 과연 먼저 와서 모든 것을 회복하거니와 어찌 인자에 대하여 기록하기를 많은 고난을 받고 멸시를 당하리라 하였느냐"**(막 9:12)라고 말한다. 자신이 고난 받아야 할 존재, 어린 양임을 의식하고 있었다는 또 다른 증거인 셈이다.

(2) 한 의인의 죽음

예수의 죽음은 유대인들에게 또 다른 의미로 소개되고 있다. 그들은 예수를 몰랐다. 그 때문에 사도들은 예수의 죽음에 대해 예수를 잘 몰랐던 유대인들에게 달리 설명하고 있다. 베드로는 말하기를, **"너희가 거룩하고 의로운 자를 부인하고 도리어 살인한 사람을 놓아 주기를 구하여 생명의 주를 죽였도다 그러나 하나님이 죽은 자 가운데서 살리셨으니 우리가 이 일에 증인이로라"**(행3:14-15)고 증언 한다. 베드로는 이스라엘 사람들이 의로운 예수를 죽이고 도리어 살인자인 바라바를 놓아 준 것을 준엄하게 지탄하고 있다. 그러나 하나님은 죄인들을 위하여 죽으신 예수를 다시 살리셨다고 증언하고 있다.

베드로는 "한 의인의 죽음"에 대한 진술을 통하여 예수를 모르는 유대인들에게 예수를 우회적으로 설명하고 있다. 그러면서도 구약의 예언을 인용하여, **"이 예수는 너희 건축자들의 버린 돌로서 집 모퉁이의 머릿돌이 되었느니라 다른 이로서**

는 구원을 얻을 수 없나니 천하 인간에 구원을 얻을 만한 다른 이름을 우리에게 주신 일이 없음이니라 하였더라"(행4:11-12)고 베드로는 대제사장 안나스와 가야바와 요한과 알렉산더와 대제사장의 문중 앞에서 증거한다(행4:6). 베드로는 유대 지도자들이 죽인 바로 그 예수를 믿음이 없이는 구원도 없음을 전파하고 있는 것이다.

베드로의 예수에 대한 설명은 초대교회가 유대인들에게 전한 일반적인 서술이었을 것이다. 아마도 초대교인들은 유대인이나 이방인들에게 베드로와 같이 예수를 설명했을 것이다. 즉, **"하나님이 나사렛 예수에게 성령과 능력을 기름붓듯 하셨으매 저가 두루 다니시며 착한 일을 행하시고 마귀에게 눌린 모든 자를 고치셨으니 이는 하나님이 함께 하셨음이라"** (행10:38). 그리고 초대교인들은 **"베드로가 가로되 너희가 회개하여 각각 예수 그리스도의 이름으로 세례를 받고 죄 사함을 얻으라 그리하면 성령을 선물로 받으리니"**(행2:38)라고 선포했듯이, 베드로처럼 말했을 것이다.

궁극적으로 베드로를 위시한 초대교회 교인들의 신앙고백을 적나라하게 설명해 주고 있는 위의 글은 예수가 성령으로 착한 일을 하신 의인(義人)이며, 마귀로부터 속박된 자들을 구원하신 분이심을 주장한다. 그리고 예수를 알지 못하여 죽인 이스라엘 사람들에게 예수 이름으로 세례를 받고 회개하여 죄 사함 받고 성령을 받을 것을 권고 하고 있다.

(3) 죽임 당함의 이유

'왜 예수는 죽임을 당했는가'? 지금까지의 정통교회의 이해는 예수가 **"나와 아버지는 하나이니라"**(요10:30)고 말했기 때문에 유대인들의 분노를 사서 죽었다고 우선 생각한다. 그리고 안식일에 사람의 병을 고치는 일(눅13:10-16)이나, 예수의 제자들이 밀밭 사이를 갈 때 밀을 까불어 먹었던 일(마12:1-2)이 율법의 규례를 어기는 일로 간주되어 안식일을 철폐하는 것처럼 보였기 때문이다. 그리고 예수에 의한 성전 정결의 사건이 성전에 대한 신성모독, 즉 성전의 난동사건(막11:15-18)으로 간주되어 그의 죽음의 직접적인 사인(事因)이 되었다는 점이다. 일반적으로 앞에 언급한 몇 가지의 이유들이 예수가 죽음을 당한 직접적인 원인으로 지금까지 이해되어져 왔다.

그러나 최근에는 역사적 예수 탐구자들에 의해 새로운 예수의 죽임 당함의 이유들이 제기 되고 있다. 소위 역사적 예수 탐구자들에 의해 정치 사회적 시각에서 도출(導出)된 이해란 예수의 죽임 당함에 대해 전혀 종교적인 측면을 배제하고 있다. 오직 역사적 예수 탐구자들은 예수의 죽음을 정치적 사회적으로 해석함으로써(아래의 '새로운 해석'난에서 다룰 것임), '왜 예수가 유대 지도자들에게 위협적이었는지'를 밝히는 데에 관심을 집중시킨다.

하나님과 동등 됨을 주장
전통적인 예수의 죽임 당함에 대한 몇 가지 이해들을 살펴보면, 예수 자신의 하나님과 동등 됨에 대한 주장이 우선적으로 거론된다. "**나와 아버지는 하나이니라 하신대**"(요10:30)라는 예수의 주장에 대해 유대인들은 그가 하나님과 자신을 동등 되다고 주장하는 것으로 분명히 이해했다. 요한복음 5장 18절은 이러한 사실을 분명히 전해준다. 즉, "**유대인들이 이를 인하여 더욱 예수를 죽이고자 하니 이는 안식일만 범할 뿐 아니라 하나님을 자기의 친아버지라 하여 자기를 하나님과 동등으로 삼으심이러라**"라는 말이 이를 증거 해 주고 있다. 예수가 하나님을 아버지라 하여 자신을 '하나님과 동등 되다'고 말했기 때문에, 유대인들은 돌을 들어 예수를 치려고 했다(요10:31).

동일한 관점에서 또 다른 복음서의 언급(마26: 62-65; 막14:53-66; 눅22:54-55, 63-71)은 예수 자신이 바로 유대인들의 지도자들에게 하나님과 동등하다는 것과 그 자신을 메시아로 주장하고 있음을 보여주고 있다. 분명히 대제사장을 포함한 유대인 지도자들은 다니엘서의 인자에 대한 이해를 메시아의 묵시적 대망과 연결시켜 이해하고 있었다.

다니엘서의 7장의 기록을 단지 종말론적 묵시문학의 문서로만 이해하려는 역사적 예수 탐구자들의 주장과는 달리, 예수 당시의 종교 지도자들은 단지 메시아를 한 사람의 정치적 영웅을 의미하는 개념으로 생각하지 않았다. 때문에 그들이 예수에게 묻기를 이들이 너를 고소하는데 왜 아무 변명도 하지 않느냐고 물었으나 예수는 단지 침묵만을 지켰다. 그러나 대제사장은 다시 예수에게 "**네가 찬송 받을 자의 아들 그리스도냐**"하고 묻는다. 예수께서 말씀하기를 "**내가 그니라 인자가 권능자의 우편에 앉은 것과 하늘 구름을 타고 오는 것을 너희가 보리라**"

라고 대답하셨다. 그러자 "**대제사장이 자기 옷을 찢으며 가로되 우리가 어찌 더 증인을 요구하리요**"(막14:62-63)(필자 밑줄)라고 소리치고 있다.

분명히 예수는 자신이 다니엘의 기록에 언급된 "인자"를 자신이라고 밝힌다. 그러자 다니엘의 인자를 메시아 혹은 하나님의 우편에 앉으신 자로 이해하고 있었던 대제사장이 분노하고 있는 모습이 나타나고 있다. 예수는 자신을 하나님의 메시아 곧 하나님의 아들이라는 주장을 분명히 했다. 그 소리를 들었던 유대인 지도자들 또한 예수가 언급한 그 주장의 의미를 분명히 이해하고 있었음을 확연하게 드러내주고 있는 부분이다.96)

그러나 역사적 예수 탐구자들은 "인자"라는 말이나 "그리스도"라는 말이 유대 묵시적 예언에 언급된 메시아를 의미하는 것이 아니라고 주장한다. 심지어 그들 중에 어떤 이들은 "메시아"라는 용어 자체도 당시에는 종교적 지도자를 설명하는 말에 불과하다고 주장한다. 그래서 그들은 당시의 제사장이었던 가야바나 안나스가 예수의 성전정결(聖殿淨潔) 사건을 성전난동(聖殿亂動)으로 간주하여 빌라도에게 고소하게 되고, 그 때문에 십자가에서 처형당하는 예수의 머리 위에 쓴 명패는 "유대인의 왕"이라는 말로 쓰여 졌다고 주장한다.

그러나 대제사장은 분명 예수에게 "**네가 찬송받을 자의 아들 그리스도냐**"하고 묻고 있다. 그 물음에 대해 예수는 대제사장에게 말하기를 "**인자가 권능자의 우편에 앉은 것과 하늘 구름을 타고 오는 것을 너희가 보리라**"고 분명히 답 한다. 누가 "**찬송 받을 자**"인가, 그리고 누가 "**권능자**"의 우편에 앉자 있는 "**인자**"인가? 분명히 대제사장은 "**찬송 받을 자**"란 말을 여호와 하나님 대신으로 사용하고 있다. 그리고 예수는 "**권능자**"란 말과 그의 우편에 앉은 "**인자**"라는 말을 사용하고 있다. "**권능 자**"란 하나님 자신을 말하며, "**인자**"란 그의 곁에서 심판하는 '그 사람의 아들'(The Son of Man, The Son of God)을 말 한다.

분명히 대제사장들은 예수의 말을 믿지 않았겠지만, 그의 말이 지닌 엄청난 위협을 잘 알고 있었다. 예수가 하나님의 아들로서 자신들을 마지막 날에 심판하겠다는 말로 들렸기 때문이다. 중요한 핵심은 예수가 무슨 말을 했든지 간에, 그들이 심각하게 예수의 말을 받아들이고 있었다는 점이다. 이상의 사실은 오늘날 역사적 예수 탐구자들이 "인자", "그리스도", 그리고 "메시아"란 용어들을 잘못 이해하고 있다는 점을 지적한다. 불행한 일이지만 예수를 믿지 않았던 유대 지도자들은 예수를 하나님의 아들로 믿지 않는 잘못된 메시아 관(觀)을 가지고 있었다. 그러나 더욱 불행한 일은 오늘날 역사적 예수 탐구자들은 불신앙 때문에 메시아 관(觀), 그 자체 마저도 부정한다는 점이다.

옛 고인(故人)의 한 글 귀가 생각난다. "**가인**(대제사장)**을 위하여는 벌이 칠 배일진대 라멕**(역사적 예수 탐구자)**을 위하여는 벌이 칠십칠 배 이리로다**"(창4:24).

안식일에 대한 오해

안식일과 관련해서 예수는 유대인들의 눈에 결례를 범하고 있는 것처럼 보였다. 십계명 중 제 4계명에 해당할 정도로 중요한 모세법의 전통을 예수가 파괴한다고 그들은 생각했던 것이다. 요한의 글을 보면, "**유대인들이 이를 인하여 더욱 예수를 죽이고자 하니 이는 <u>안식일만 범할 뿐 아니라</u> 하나님을 자기의 친아버지라 하여 자기를 하나님과 동등으로 삼으심이러라**"(요5:18)(필자 밑줄)고 요한은 이것을 증거 하고 있다.

예수가 자신을 하나님과 동등되게 생각하는 불경죄만큼이나 중대한 죄로 간주될 수 있는 안식일을 범하고 있다고 유대인들은 생각했던 것이다. 그러나 예수가 안식일을 범했다고 고발된 것은 안식일에 선을 행하는 것까지도 정죄한 바리새인의 전통에 어긋났기 때문이었다. 그러나 예수는 안식일 그 자체를 거부한 것이 아니었다. 예수는 유대인 사회를 까다롭게 만든 율법학자들의 궤변을 거부했던 것이다.

유대 바리새인들은 예수가 안식일에 병자를 고친일, 즉 18년 된 귀신들려 꼬부라져 조금도 펴지 못하는 한 여자(눅13:10-16)를 고친 일과 안식일에 신장에 염증이 생긴 수종병(水腫病) 환자를 고친 일(눅14장)로 그를 고소했다.

왜 그들이 그런 정도의 일로 예수를 고소했을까? 당시의 바리새인들은 샴마이(Shammai)학파에 속한 사람들이었다. 기원 후 70년에 이르기까지 전쟁으로 말미암아 그 영향력이 줄어들 때까지 모든 바리새인 학파들은 엄격한 율법준수와 정결 규례를 강조해왔던 샴마이의 제자들이었다. 안식일에 병을 고치는 일 조차도 안식일을 범하는 것(눅13:14)으로 간주했던 당시의 분위기로서는 예수의 치유행위가 불법에 해당했던 것이다.

'왜 예수는 이러한 살벌한 분위기 속에서 자신을 감시하는 자들이 쳐 놓은 함정에 기꺼이 빠진 것일까? 충분히 피해 갈 수 있는 바리새인의 술수를 알고서도 그 일을 행하신 것일까?

예수는 "**외식하는 자들아 너희가 각각 안식일에 자기의 소나 나귀를 외양간에서 풀어내어 이끌고 가서 물을 먹이지 아니하느냐, 그러면 열여덟 해 동안 사탄에게 매인 바 된 이 아브라함의 딸을 안식일에 <u>이 매임에서 푸는 것이 합당하지 아니하냐</u>**"(필자 밑줄)고 말씀 한다. 이글의 핵심은 "**이 매임에서 푸는 것이 합당하지 아니하냐**"라고 반문(反問)하는 예수의 도덕적 기준이다. 예수는 바리새인의 율법적 기준과는 전혀 다른, 병자를 긍휼히 여기시는 하나님의 사랑의 모습을 보여주고 있다.

율법의 정신은 단지 계명을 맹목적으로 지킴에 있지 않다. 예수는 바리새인이 박하와 회향과 근채의 십일조를 드리는 일로 자신들이 하나님에 대한 의무를 다했다고 생각하는 것은 율법이 더 중하게 여기는 정의와 긍휼과 믿음을 져 버리는 일이라고 지적한다(마 23:23). 그러므로 안식일은 지키는 것은 오히려 정의와 긍휼과 믿음을 행하는 것이며, 또한 안식일은 사람을 위하여 있는 것이다(막 2:27). 그리고 안식일의 주인이신 예수를 위해 있는 것이다. 그러므로 예수는 "인자는 안식일에도 주인 이니라"(막2:28)라고 말 한다.

그러나 예수가 안식일에 병자들을 고친 것은 더 깊은 묵시적인 의미가 있었다. 안식일은 이사야의 글 61장 1절과 2절의 하나님의 예언과 깊은 관련이 있었다. 즉, "**주 여호와의 신이 내게 임하셨으니 이는 여호와께서 내게 기름을 부으사 가난한 자에**

게 아름다운 소식을 전하게 하려 하심이라 나를 보내사 마음이 상한 자를 고치며 포로된 자에게 자유를, 갇힌 자에게 놓임을 전파하며 <u>여호와의 은혜의 해와 우리 하나님의 신원의 날을 전파하여 모든 슬픈 자를 위로하되</u>"(필자 밑줄)라고 밝히고 있는 이사야의 글 중, "**여호와의 은혜의 해**"와 "**하나님 신원의 날**"들은 곧 진정한 해방과 안식의 날을 의미한다. 이 때문에 어떤 이들[97]은 안식일이 예속과 포로에서의 회복을 상징화하는 날이라고 생각하며, 예수가 의도적으로 안식일에 병자들을 고쳤다고 주장하기까지 한다.

그러므로 이러한 맥락에서 안식일은 만물을 회복시키는 자인 예수 자신의 날이자, "**여호와의 은혜의 해**"이며, 또한 "**하나님의 신원의 날**"이다. 그리고 이 날에 예수가 병마(病魔)로 시달리고 속박된 자기 백성을 구원하는 것은, 이사야의 예언된 바를 마침내 이루며, 또한 안식일이 곧 자신의 날 임을 선포하는 행위였다.

궁극적으로 이스라엘 백성들은 진정으로 안식일의 개념을 잘 몰랐다. 안식의 진정한 의미와 그 안식의 주인인 예수를 오해했다. 오히려 안식일의 규례와 관련된 지엽적인 문제로 안식일의 주인인 예수를 죽였다. '교각살우'(矯角殺牛), 즉 뿔을 바로 잡으려다가 소를 죽인 꼴이 되었다.

성전에 대한 오해

다음으로 전통적인 견해 중에 예수가 죽임을 당한 이유는 성전 모독과 관련이 있을 것으로 많은 사람들에 의해 생각되어 왔다. 예수는 분명히 자신이 손으로 지은 헤롯의 성전을 부수고 사흘 만에 손으로 짓지 않은 다른 성전을 짓겠다고 말했다는 죄목으로 고소되었다(막15:29; 마27:40). 뿐만 아니라, 예수는 직접적으로 성전 안의 제사장 무리들의 모든 부정들을 성전 소동을 통해 들추어내었다. 예수가 성전에 대해 도적의 소굴이라고 말할 정도로 당시의 성전은 온갖 부패의 온상이었기 때문이다. 성전을 삼일 만에 헐고 짓겠다는 성전 모독사건과 자신들의 잘못을 들추어내고 있는 예수에 대해 제사장들이 예수를 죽이려 했던 것은 자연스러운 일 이었다.

예수는 제사장들의 부패 상황을 더욱 적나라하게 들추어낸다. 그리고 예수는 또 다시 예레미아의 글(7:11)을 인용한다. **"이에 가르쳐 이르시되 기록된 바 내 집은 만민의 기도하는 집이라 칭함을 받으리라고 하지 아니하였느냐 너희는 강도의 굴혈을 만들었도다"**(막11:17). 곧 예수의 이 말은 모든 제사장 무리의 심기를 불편하게 했을 것이다. 왜냐하면 예수가 지금 성전 세수(稅收)에 영향을 주는 발언을 하고 있을 뿐만이 아니라, 지금의 성전은 공의(公義)도 없고 압제만 있다고 예레미아의 말을 빌려 지적하고 있기 때문이다. 실제로 성전에 드려지는 모든 예물은 제사장들의 수익과 직접적인 연관이 있었다. 성전의 뜰 안에서 장사하는 이들로부터 받는 뇌물과 세수는 모두 불법이었기 때문이다. 예수는 그것을 예레미아의 예언을 인용하여 제사장들이 강도의 굴혈을 만들고 있다는 지적을 하고 있는 것이다.

제사장들은 예수의 성전 예물 드림에 대한 돌출적인 발언이 곧 자신들의 성전 수입에 직접적으로 부정적인 영향을 미친다는 것을 잘 알고 있었다. 그러나 예수가 직접적으로 제사장 무리를 자극한 것은 예수의 성전에서의 도발적인 행위였다. 그것은 공의를 상실한 유대 성전에 대한 하나님의 심판을 나타낸 것이었다. 예수는 성전에서의 도발적인 행동을 통하여 하나님의 심판을 하고 있었다. 그리고 그 행동의 결과는 자신에게 죽음뿐이라는 것을 이미 알고 있었다. 그리하여 예수는 하나님의 심판행위(성전소동)로 빚어질 자신의 죽음을 미리 준비했다. 마가의 기록에는 **"예수께서 예루살렘에 이르러 성전에 들어가사 <u>모든 것을 둘러보시고</u> 때가 이미 저물매 열두 제자를 데리시고 베다니에 나가시다**"(11:11)(필자 밑줄)라고 기록되어 있다. 이 마가복음의 기록을 통해 예수가 성전정결과 연관된 자신의 계획을 위해 미리 **"모든 것을 둘러보시고"** 자신의 죽음을 맞이하려 했던 것을 미루어 짐작할 수가 있다.[98)]

  예수가 성전에서 행한 정결행위는 오히려 성전 지도자들에게는 자신들에 대한 도전이자 하나의 난동의 형태로 보였을 것이다. 즉, **"무엇이든지 밖에서 사람에게로 들어가는 것은 능히 사람을 더럽게 하지 못하되 사람 안에서 나오는 것이 사람을 더럽게 하는 것이니라 하시고 무리를 떠나 집으로 들어가시니 제자들이 그 비유를 묻자온대"**(막7:15-17)라고 예수는 말 한다. 예수의 이러한 도발적이며 도전적인 행위는 제사장 무리들을 두렵게 했다(막11:18). 그들은 예수를 잡고자 했을 것이다. 그러나 성전의 지도자들은 예수를 잡고 싶어도 예수의 가르침을 두렵게 받아들인 많은 사람들로 인해 민란이 일어날 것을 두려워했다(막11:18).

예수는 자신에게 다가오는 죽음을 정리해야할 필요가 있었다. 성전에서의 도발적인 행위는 성전지도자들에게는 난동으로 보였으나, 예수에게는 자신이 제물이 되어 바쳐질 성전정결을 위한 죽음의 준비였던 것이다. 예수가 이미 계획된 자신의 죽음을 위해 제단인 성전을 정결케 하려 했다는 신학적인 이해는 지난 세기 이래 많은 신학자들의 지지를 받았다. 그들의 주장과 같이 분명 예수는 대속적인 죽음을 예견하고 있었던 것 같다. 그는 **"저희가 먹을 때에 예수께서 떡을 가지사 축복하시고 떼어 제자들에게 주시며 가라사대 받으라 이것이 내 몸이니라 하시고 또 잔을 가지사 사례하시고 저희에게 주시니 다 이를 마시매 가라사대 이것은 많은 사람을 위하여 흘리는 바 나의 피 곧 언약의 피니라"**(막14:22-24; 눅22:15-20)(필자 밑줄) 라고 말 한다. 예수는 **"많은 사람을 위해 흘리는 바 나**(자신)**의 피 곧 언약의 피"**를 흘리게 될 것을 예견하고 있다.

예수는 헤롯의 성전을 이미 심판하셨다. 그리하여 그는 성전의 의미를 더 이상 부여하지 않았다. 성전에 소동이 일어나자 유대인들은 예수에게 무슨 권세로 이런 행동을 하느냐고 따졌다. 그리고 그들은 예수에게 그 권세에 상응한 표적을 보이라고 종용했다. 이 때, 예수는 이렇게 답했다. **"너희가 이 성전을 헐라 내가 사흘 동안에 일으키리라"**(요2:19). 이 말의 심각성을 예수가 몰랐을 리 없다. 유대인들, 특히 제사장들에게는 자신들의 모든 종교적 권위를 다 부정하는 말씀으로 들렸을 것이다. 그러나 이미 예수는 성전 소동을 통하여 유대인들의 성전을 심판하시고 부정하고 계신 것이다. 그들은 즉시 예수를 고발했다.

유대인들은 예수가 죽을 만한 불경(不敬)을 저질렀다고 생각했다. 그러나 유대인들은 그가 하나님이며, 그가 예레미아에 의해 예언된 대로 자신의 성전을 심판하고 있음을 자신들의 불경 때문에 볼 수가 없었던 것이다. 유대 지도자들과 제사장 그리고 유대인들은 예수를 죽이며 이렇게 조롱한다. **"성전을 헐고 사흘에 짓는 자여 네가 만일 하나님의 아들이어든 자기를 구원하고 십자가에서 내려오라 하며"**(마27:40).

그러나 예수는 이렇게 말 한다. **"아버지여 저희를 사하여 주옵소서 자기의 하는 것을 알지 못함이니이다"**(눅23:34).

새로운 해석

그리고 한편으로 예수의 죽임 당함에 관한 또 다른 이해가 역사적 예수 탐구자들에 의해 새롭게 제기 되었다. 그들은 그리스도의 신앙을 고루(固陋)한 것으로 생각한다. 역사적 예수 탐구자들은 정치 사회적 구도 안에서 인간 예수를 새롭게 해석하려고 시도 한다. 그리고 신앙적인 입장을 소지한 모든 전통적인 견해들을 거부한다. 예수 자신의 죽음에 대한 자의식이나 소명 따위는 역사적 자료가 아니라 초대교회의 신앙의 주장일 다름이라고 생각한다. 따라서 그들이 선택한 것은 당시를 살았던 한 인간 예수의 죽음에 대한 정치적 사회적 시각을 적용하는 일이었다.[99]

역사적 예수 탐구자들이 주장하는 예수가 죽임 당한 이유는 대체로 두 가지이다. 그 이유는 그들이 예수가 성전에서 일으킨 소동은 단지 제사장들과의 불화만을 뜻하는 것이 아니라, 이스라엘 전반의 종교적 사회적 구도를 뒤엎는 계획적인 폭동으로 간주하기 때문이다. 예수 당시 도적의 굴혈(lestes)이라는 용어는 요세프스의「고대사」(Antiquities,14:415;15345-8)에서 정치적 모반자들(rebel)에게 대하여 사용하고 있었다는 것이다. 그래서 역사적 예수 탐구자들은 예수의 행위 그 자체도, 인류 구원을 위한 대속적 행위가 아니라, 로마 정권에 대항하는 항전 운동으로 또한 당시의 부패한 유대 정치 종교 지도자들에 대해 항거하는 폭동 주도자로 이해했다.

그리고 이 폭동은 로마정권에 대한 도전으로 이해되었기 때문에, 십자가에 쓰인 명패에 빌라도는 유대인의 왕이라는 명칭을 기록해 넣도록 명령했다는 것이다. 이러한 견해는 반기독교적인 시각에서는 흥미로운 것이겠지만, 예수의 죽음에 대한 전반적인 통찰을 제시하는 견해는 아니다. 왜냐하면 빌라도가 예수에게 보인 동정은 로마정권이 예수에게 오히려 동정을 보여주고 있는 증거이기 때문이다. 그리고 빌라도가 바라바를 등장시켜 예수를 방면하려 했던 것은 개인적으로 빌라도는 예수를 죽이고 싶지 않았기 때문이다. 따라서 이 사실로 보아 로마 총독인 빌라도는 예수를 정치적 종교적 불만을 품은 폭도로 본 것은 아니었다.

그리고 역사적 예수 탐구자들이 제시하는 예수의 죽임 당한 또 다른 이유는 예수의 식탁공체 때문이라고 생각한다. 역사적 예수 탐구자들의 이 새로운 해석은 어느 정도 타당성을 가지고 있다. 즉, **"그의 집에 앉아 잡수실 때에 많은 세리와 죄인들이 예수와 그 제자들과 함께 앉았으니 이는 저희가 많이 있어서 예수를 좇음이러라 바리새인의 서기관들이 예수께서 죄인과 세리들과 함께 잡수시는 것을 보고 그 제자들에게 이르되 어찌하여 세리와 죄인들과 함께 먹는가"**(막

2:15-16)고 힐문한다.

당시에 유대에는 다양한 사회적인 층이 있었다. 예수는 특별히 종교적으로 죄인으로 취급받던 사람들과 깊은 교제를 했다. 이러한 예수의 자극적인 행위에 대하여, 예수의 대적자들은 예수가 유대의 율법적 전통사회 전반을 부정하는 결과를 만들어 내고 있다고 생각했다. 예수가 죄인들과 함께한 식탁 공동체의 행위들은 유대인들에게는 자극적인 행위로 세리와 죄인들의 친구라는 비난을 받게 했다. 예수는 자신에게 돌아오고 있는 비난을 잘 알고 있었다. 그래서 그는 "**인자는 와서 먹고 마시매 말하기를 보라 먹기를 탐하고 포도주를 즐기는 사람이요 세리와 죄인의 친구로다 하니 지혜는 그 행한 일로 인하여 옳다 함을 얻느니라**"(마11:19)고 말한다. 그러나 예수의 식탁공동체에 대하여 "**바리새인과 서기관들이 원망하여 가로되 이 사람이 죄인을 영접하고 음식을 같이 먹는다 하더라**"(눅15:2)고 성경은 언급하고 있다.

그러나 유대인의 왜곡된 사회 전반에 대한 부정과 성토로 보였던, 이 예수의 식탁 공동체는 새로 발생한 기독교의 성격을 가장 잘 드러내고 있는 모형이었다. 그것은 과거 출애굽 당시 광야에서 있었던 '하나님 앞에서 먹고 마셨더라'는 모세전승의 완성이었다. 출애굽기 24장 9절에서 11절을 보면, "**모세와 아론과 나답과 아비후와 이스라엘 장로 칠십 인이 올라가서 이스라엘 하나님을 보니 그 발 아래에는 청옥을 편 듯하고 하늘같이 청명하더라 하나님이 이스라엘의 존귀한 자들에게 손을 대지 아니하셨고 그들은 하나님을 보고 먹고 마셨더**

라"고 기록되어 있다. 애굽에서 불러낸 이스라엘과 하나님의 식탁공동체는 예수를 통해 자신의 식탁공동체에서 재현되고 있다. 그리고 예수의 마지막 만찬은 모세전승의 식탁공동체에 대한 완성으로, 또한 뿐만 아니라 미래의 천국의 어린 양의 잔치, 곧 천국의 식탁공동체의 모형을 미리 앞당기어서 선취적(先取的)으로 보여주고 있다.

다시 말해, 예수의 식탁 공동체는 과거의 출애굽 당시 광야에서의 하나님과 이스라엘 간의 화평과 화해의 전통을 궁극적으로 밝혀주고, 또한 종말론적 미래 사건의 예시(豫示)이기도 한 셈이다. 마태는 천국 식탁공동체와 관련해서 "**또 너희에게 이르노니 동서로부터 많은 사람이 이르러 아브라함과 이삭과 야곱과 함께 천국에 앉으려니와**"(마8:11)라고 예수의 말을 기록하고 있다. 예수는 지상에서 죄인들과 세리들과 함께 식탁 공동체를 나누는 자신을 스스로 마침내 지상에 다시 와서 자기 백성과 만찬을 베풀 메시아이자 인자로 생각했다. 그리고 또한 예수는 과거에는 죄인이었으나 자신의 피로 사유함을 받은 모든 이들과 함께 영원한 식탁 공동체, 곧 어린 양의 잔치를 준비할 것이라고 선포를 한다(막8:38; 마10:23,25:31; 마8:11; 눅10:22).

이에 반하여, 역사적 예수 탐구자들은 예수의 식탁공동체를 사회적 하류 계층의 모임을 통해 정치적 사회적 모반을 꾀하는 집단체로 간주 한다. 역사적 예수 탐구자들은 예수는 자기를 따르는 부류들의 의식을 계몽하고, 유대 종교에 대한 새로운 해석을 통하여 유대사회를 전반적으로 변화시키려 한다고 생각한다. 역사적 예수 탐구자들에게 있어서 식탁공동체는 의식화작업을 위한 도구였고, 예수와 그 추종자들이 맞이하려는 다가올 새로운 세상을 위한 통로였다.

결론적으로 역사적 예수 탐구자들은 무엇을 추구하는가? 영어의 표현을 빌리자면, So what?(어쨌단 말인가?). 무엇을 증명하기 위해 역사적 예수 탐구자들이 예수가 성전에서 난동을 부리다가 죽었다고 주장하고 있는가? 그리고 무엇을 증명하기 위해 예수의 식탁공동체는 정치적 사회적 불만을 소지한 자들의 모임이라고 정의 하는가? 자신들은 예수에 대한 역사적 사실들을 밝히는 것을 사명으로 생각하고 있지만, 신앙이 없는 그들의 진실은 진리 없는 사상의 허무함에 불과하지 않는가!

억울한 죽음

예수의 억울한 죽음은 가룟 유다가 빌미가 되었다. 가룟인[100]이라고도 하고 혹은 정치적인 요인들을 암살하기 위해 단도를 가지고 다니던 정치적 열혈당이라는 추측이 따라 다니던 유다는 예수의 12제자 중의 한 사람이었다. 그가 예수를 은 30 냥에 팔아 넘겼다고 하는 마태의 증언을 기초하면, 그는 돈에 관심이 많았던 사람인 것은 분명하다. 요한은 다음과 같이 증언한다. "**그 때에 열둘 중에 하나인 가룟 유다라 하는 자가 대제사장들에게 가서 말하되 내가 예수를 너희에게 넘겨 주리니 얼마나 주려느냐 하니 그들이 은 삼십을 달아 주거늘 저가 그 때부터 예수를 넘겨 줄 기회를 찾더라**"(마26:14-16). 그리고 또 다른 증언은 그가 "**가난한 자를 생각함이 아니요 저는 도적이라 돈 궤를 맡고 거기 넣는 것을 훔쳐 감이러라**"(요

12:6)고 언급하고 있다.

그러나 가룟 유다에게는 또 다른 일면이 있었을 지도 모른다는 추측이 있다. 이미 초대교회로 하여금 이단설로 정죄되었지만, 2세기 말경에 쓰인 유다서를 근거로 그가 예수의 하나님의 나라를 몰고 올 대속적(代贖的) 사역을 돕기 위해 희생적으로 예수를 팔았다는 주장이 있다. 이미 이러한 주장들은 영지주의적 사고를 지닌 반기독교 정서로부터 출발된 이단 사설임을 이레니우스(Irenaeus, 120-203)가 반박한지 오래지만, 이로 인해 가룟 유다가 돈을 사랑한 사람이기보다는 예수에 대해 정치적 상실감을 느낀 나머지 그를 배반하게 되었다고 하는 주장이 나오게 되었다.

유대지도자들, 특히 제사장들은 성전 난동을 통해 자신들의 모든 권위를 훼손시키고, 또한 군중의 모든 총애를 빼앗아 가버린 예수에 대해 깊은 상처를 입었다. 빌라도는 제사장들이 예수를 자신에게 넘겨줄 때 이미 이를 간파하고 있었다. 성경은 **"이는 저가 대제사장들이 시기로 예수를 넘겨준 줄 앎이러라"**(막 15:10)고 말 한다. 그러나 대제사장들은 예수를 표면적으로는 신성모독과 로마정권에 대한 모반을 일으킨 것으로 고소했다.

제사장들과 유대 장로들이 예수를 잡기 위해 가룟 유다를 이용한 것은 아마도 예수를 보호하려는 무리들로부터 떼어 놓아 소동 없이 은밀하게 체포하려는 수작이었을 것이다. **"가로되 민요가 날까 하노니 명절에는 말자 하더라"**(막14:2; 마26:5; 눅 22:2)고 말한 그들의 사정에는 소동을 두려워했기 때문이었을 것이다. 가룟 유다는 마침내 그들의 소기의 목적을 이룰 수 있는 좋은 기회를 찾게 해 준 사람이었다. 그는 예수가 사람들을 피해

한적한 곳인 감람산으로 갈 것을 알고 있었기 때문이다.

예수는 마침내 대제사장들과 장로들과 서기관들 앞에 끌려 나간다. 제사장들이 사주한 사람들이 각기 다른 주장들로 예수에게 거짓 증거를 한다. "**어떤 사람들이 일어나 예수를 쳐서 거짓 증거하여 가로되 우리가 그의 말을 들으니 손으로 지은 이 성전을 내가 헐고 손으로 짓지 아니한 다른 성전을 사흘에 지으리라 하더라 하되 오히려 그 증거도 서로 합하지 않더라**"(막14:57-59)고 성경은 말한다. 제사장들은 자신들의 오해와 무지 그리고 모든 죄를 뒤집어씌우려는 악한 마음에서 출발된 거짓 증거로 예수를 죽음에 이르게 했다. 그들은 예수가 죽었다가 다시 부활할 자신의 육체, 곧 새로운 성전을 가르쳐 말씀하셨다고 하는 사실을 전연 깨달을 수가 없었던 것이다. 요한복음 2장 19절에서 21절에는 "**예수께서 대답하여 가라사대 너희가 이 성전을 헐라 내가 사흘 동안에 일으키리라 유대인들이 가로되 이 성전은 사십육 년 동안에 지었거늘 네가 삼 일 동안에 일으키겠느뇨 하더라 그러나 예수는 성전된 자기 육체를 가리켜 말씀하신 것이라**"고 분명히 말한다.

그러나 예수는 이사야의 예언대로 억울한 죽음을 당하였다. 그 기록을 보면, "**그가 곤욕을 당하여 괴로울 때에도 그 입을 열지 아니하였음이여 마치 도수장으로 끌려가는 어린 양과 털 깎는 자 앞에 잠잠한 양같이 그 입을 열지 아니하였도다 그가 곤욕과 심문을 당하고 끌려갔으니 그 세대 중에 누가 생각하기를 그가 산 자의 땅에서 끊어짐은 마땅히 형벌받을 내 백성의 허물을 인함이라 하였으리요**"(사53:7-8)라고 언급하고 있다. 그리고 이 말씀은 사도행전에 이렇게 번역되어 있다. **"읽는 성경 귀절은 이것이니 일렀으되 저가 사지로 가는 양과 같이 끌리었고 털 깎는 자 앞에 있는 어린 양의 잠잠함과 같이 그 입을 열지 아니하였도다 낮을 때에 공변된 판단을 받지 못하였으니 누가 가히 그 세대를 말하리요 그 생명이 땅에서 빼앗김이로다 하였거늘**"(행8:32-33)(필자 밑줄).

예수는 공변된(공정한) 판단을 받지 못하고 죽이기로 의도된 졸속 재판에 의해 처형되었다. 분명히 그 재판은 불법이었다. '산헤드린'(Sanhedrin)공회 법에 따르면, 당시 사형 죄로 규정된 재판은 야간에 할 수 없음에도 불구하고 예수를 죽이려는 의도대로 졸속재판으로 넘겨졌다. 그런데도 예수는 금요일 새벽 1-3시 사이에 실시된 재판에서 유죄 판결을 받았고 명절에 처형되었다. 바리새 법에 따르면, 명절에는 처형을 할 수 없었는데도 말이다.[101] 유죄인정을 확인할 수 있는 증거가 없음에도 불구하고 심문의 기회도 주지 않고 강압적으로 사형에 해당한다고 정죄한 점은 그들의 잘못을 피할 수 없게 한다. 그리고 사형수들에게 주어지는 만 하루의 사형집행 유예도 없이 바로 처형했다는 점 등도 예수의 억울한 죽음을 밝혀주고 있다.

빌라도는 바로 그 사건의 유일한 증인이었다. **"빌라도가 다시 밖에 나가 말하되 보라 이 사람을 데리고 너희에게 나오나니 이는 내가 그에게서 아무 죄도 찾지 못한 것을 너희로 알게 하려 함이로다 하더라**"(요19:4; 눅23:4)고 성경은 기록하고 있다. 빌라도가 말하기를 **"어찜이뇨 무슨 악한 일을 하였느냐"** 고 유대인들에게 물었다. 유대인들은 더욱 큰소리로 **"십자가에**

못 박혀야 하겠나이다"라고 하였다. 빌라도가 도무지 백성들을 달랠 수 없었을 뿐 아니라, 도리어 폭동이 일어 날 것을 염려 하였다. 그래서 빌라도는 사람들 앞에서 물을 가져오게 하여 손을 씻으며 "**이 사람의 피에 대하여 나는 무죄하니 너희가 당하라**"고 말 하였다. 이에 유대인들이 말하기를 "**그 피를 우리와 우리 자손에게 돌릴 찌어다**"라고 소리쳤다. 이에 빌라도는 명절에 죄인을 놓아주는 전례에 따라 살인자였던 바라바는 놓아주고 예수는 채찍질하고 십자가에 못 박히게 넘겨주었다(마27:23-24).

십자가의 처형

자신의 죽음을 앞에 둔 예수 자신에게 다가오는 압박감은 엄청난 스트레스를 제공했을 것이다. 겟세마네 동산에서의 기도를 하는 동안 예수의 땀은 핏방울로 변했다. "**말씀하시되 내 마음이 심히 고민하여 죽게 되었으니 너희는 여기 머물러 깨어 있으라 하시고 조금 나아가사 땅에 엎드리어 될 수 있는 대로 이 때가 자기에게서 지나가기를 구하여 가라사대 아바 아버지여 아버지께서는 모든 것이 가능하오니 이 잔을 내게서 옮기시옵소서 그러나 나의 원대로 마옵시고 아버지의 원대로 하옵소서 하시고**"(막14:34-36)라고 성경은 기록하고 있다. 의사였던 누가의 기록은 훨씬 사실적(事實的)이다. "**예수께서 힘쓰고 애써 더욱 간절히 기도하시니 땀이 땅에 떨어지는 피 방울같이 되더라**"(눅22:44)라고 묘사하고 있다.

분명히 예수는 겟세마네 동산에서 극도의 심리적 압박감 때문에 혈한증(血汗症, hematidrosis)이라는 증세를 보였다. 정신적인 압박감을 사람이 심하게 받으면 땀샘의 모세혈관이 터져 땀에 피가 섞여 나오는 증상을 예수는 나타내고 있었던 것이다. 이미 혈한증을 겪고 있었던 예수의 피부는 극도로 약해져 있었고, 다음 날 로마 병정에게 가죽 채찍으로 태형(笞刑)을 맞는 그 아픔은 이루 말할 수 없었을 것이다. 마가의 기록을 보면, **"군병들이 예수를 끌고 브라이도리온이라는 뜰 안으로 들어가서 온 군대를 모으고 예수에게 자색 옷을 입히고 가시 면류관을 엮어 씌우고 예하여 가로되 유대인의 왕이여 평안할지어다 하고 갈대로 그의 머리를 치며 침을 뱉으며 꿇어 절하더라 희롱을 다한 후 자색 옷을 벗기고 도로 그의 옷을 입히고 십자가에 못 박으려고 끌고 나가니라"**(막15:16-20)고 말 한다.

예수는 서른아홉 줄의 가죽 채찍으로 등과 허리 그리고 정강이에 이르기까지 얻어맞았다. 가죽 채찍의 끝에 달린 쇳조각과 뼈 조각들이 이미 예수의 살을 뚫고 채찍의 자국마다 길게 터진 속살들을 드러내 놓게 했다. 이 때 쯤 이미 예수는 많은 피를 쏟아 저혈량성 쇼크(hypovolemic shock) 상태에 빠져 있었을 것이다. 그 때문에 예수는 십자가의 수평 들보를 지고 갈보리 산으로 올라가는 '형극의 길'(Via Dorolosa)을 가면서 쓰러지고 비틀거렸던 것이다.

이사야는 이렇게 예언 했다. **"이왕에는 그 얼굴이 타인보다 상하였고 그 모양이 인생보다 상하였으므로 무리가 그를 보고 놀랐거니와"**(사52:14) 그리고 **"그는 멸시를 받아서 사람에게 싫어 버린 바 되었으며 간고를 많이 겪었으며 질고를 아는 자라 마치 사람들에게 얼굴을 가리우고 보지 않음을 받는 자 같아서 멸시를 당하였고 우리도 그를 귀히**

여기지 아니하였도다 그는 실로 우리의 질고를 지고 우리의 슬픔을 당하였거늘 우리는 생각하기를 그는 징벌을 받아서 하나님에게 맞으며 고난을 당한다 하였노라 그가 찔림은 우리의 허물을 인함이요 그가 상함은 우리의 죄악을 인함이라 그가 징계를 받음으로 우리가 평화를 누리고 그가 채찍에 맞음으로 우리가 나음을 입었도다 우리는 다 양 같아서 그릇 행하며 각기 제 길로 갔거늘 여호와께서는 우리 무리의 죄악을 그에게 담당시키셨도다"(사53:3-6).

십자가에 메어 달린 예수는 비참했다. 손과 발에는 긴 대 못을 박고 수직으로 세움을 받았다. 오직 몸을 지탱해 주는 것은 긴 장대 못일 따름이었다. 이미 그의 몸무게를 지탱하지 못하고 양 어깨 뼈들은 탈골이 되었을 것이다. 또한 못 자국으로 모든 신경들은 극도의 고통을 동반해서, 그의 뼈마디 마다 다 헤아릴 수 있을 정도로 모든 뼈들이 어그러졌을 것이다.

이미 오래 전에 예언된 다윗의 시편은 그의 고통이 얼마나 큰 것인지를 예언하고 있다. "나는 물같이 쏟아졌으며 내 모든 뼈는 어그러졌으며 내 마음은 촛밀 같아서 내 속에서 녹았으며 내 힘이 말라 질그릇 조각 같고 내 혀가 잇틀에 붙었나이다 주께서 또 나를 사망의 진토에 두셨나이다 개들이 나를 에워쌌으며 악한 무리가 나를 둘러 내 수족을 찔렀나이다 내가 내 모든 뼈를 셀 수 있나이다 저희가 나를 주목하여 보고 내 겉옷을 나누며 속옷을 제비뽑나이다"(시22:14-18).

1835년 독일의 신학자 스트라우스가 예수의 기절설을 주장한

이래 오늘날까지 많은 사람들이 예수의 십자가 죽음을 믿지 않고 있다. 그들은 7세기의 코란의 기록이 말하고 있듯이, 아마디야 무슬림들(Ahmadiya Muslims)은 예수가 십자가에서 기절했다가 살아서 인도로 도망쳤다고 생각한다. 믿을 수 없는 사건들이 자신들 앞에 일어났고 도무지 죽은 사람이 살아났다는 것을 설명할 방법이 없었기 때문이다.

그러나 예수는 확실히 죽었다. 그는 확실한 죽음의 상태를 자신의 몸에 나타내고 있었기 때문이다. 로마 병사가 예수의 옆구리를 창으로 찌르자 그의 몸에서 물과 피가 흘러 나왔다고 성경은 말한다. 많은 출혈은 심장 박동 수를 빠르게 하고 마침내 더 이상 견딜 수 없을 때 심장을 멈추게 한다. 이 때 심장 주위에 있는 막 조직에 액체가 고이는 심낭삼출(Peardial effusion) 현상이 나타나게 된다. 죽은 자에게만 나타나는 현상인 심장에 고인 물이 깊이 심장을 관통한 창의 자국으로 인해 몸 밖으로 물과 피를 흘러 보내고 있는 것이다. 이미 예수는 운명하신 것이다.

예수는 크게 **"엘리 엘리 라마 사박다니"**라고 소리를 지르며 운명했다. 이 절규는 다윗이 밧세바(우리아의 아내)와의 사이에 난 아들을 잃어버린 슬픔을 표현하여 절규한 말 이었다(시편 22:1). 예수는 자식을 잃어버린 다윗의 절규를 십자가에서 인용했다. 예수는 자기 자식과 같은 이스라엘 백성들에 의해 십자가에 메어 달리고 있었다. 자기를 죽이려는 이스라엘은 이미 영적으로 죽은 자식과도 같았기에, 예수는 자식의 죽음을 보며 다윗의 절규, **"엘리 엘리 라마 사박다니"** 하고 소리쳤다.

자기 자식으로 여겼던 이스라엘에 의해 죽임을 당하는 아버지로서, 예수의 마음은 자식으로 여겼던 이스라엘이 살았다고 하나 진정으로 죽었음을 보아야만 했다. 예수는 아버지로서 그 슬픔을 표현하신 것이다.

예수는 자신의 고통과 더불어 하늘 아버지의 고통을 느끼고 있었고, 그 고통을 사람들에게 전달하고자 했다. 아무도 그의 말을 깨닫는 자 없었으나, 그는 아버지의 고통을 자신의 고백을 통해 사람들에게 전달하고 있는 것이다. **"엘리 엘리 라마 사박다니, 나의 하나님 나의 하나님이여 어찌하여 나를 버리셨나이까"**(막15:34).

2. 예수의 부활

예수의 부활은 역사상 모든 무신론적인 사상을 가지고 있었던 신학자들을 넘어지게 하는 걸림돌 이었다. 그리고 역시 오늘날에도 수많은 신학자들을 넘어지게 하는 스캔들이다.[102] 많은 신학자들은 예수의 부활사건을 역사적 자료로 취급할 수가 없다는 명목 하에 자신들의 역사적 예수 탐구의 자료의 목록에서 제하여 버려왔다. 그러나 문제는 오랜 역사를 지닌 기독교라는 거대한 덩어리가 오늘날까지 인류 역사 가운데 여전히 존재하고 있는 근거는, 예수에 대한 부활신앙 때문이라는 것을 그들은 잘 알고 있다. 이것이 그들로 하여금 딜레마에 빠지게 한다. 단순히 하나의 소문(Rumor)이 오늘날의 기독교 신앙을 구축했다는 것은 이성적으로 납득이 가지 않기 때문이다. 물론 부활에 대해 과학적이거나 역사적으로 보증을 해 줄만한 확실한 증거도 없다. 그러나 '예수의 부활을 믿을 수 없다'라는 불신앙으로 전제된 사고의 틀은 예수의 부활이 수많은 이들에 의해 목격되었고, 그 소식이 전해져서 성경에 기록되기까지 했는데도 그 사실을 인정할 수 없게 만든다.

많은 사람들이 지니고 있는 예수의 부활에 대한 불신은 역시 많은 추측과 상상을 불러일으키고 있다. 최근의 바바라 티어링(Barbara Thiering)의 「인간 예수」(Jesus the Man)[103]를 보면, 예수는 십자가의 달렸던 두 강도 중 한 사람인 의사 시몬 마구스(Simon Magus)의 도움을 받아 잠시 죽었다가 되 살아 났다는 것이다. 그리고 예수는 바울과 다른 수행자들과 도주를 했다는 것이다. 먼 곳에서 막달라 마리아와 결혼하여 아이를 낳고 살았다는 진부한 이야기로 결론을 맺는다. 티어링은 당시 로마의 가혹한 형벌과 죽은 자가 살아나서 도망갈 경우 자신이 대신 죽어야 하는 당시의 사형집행에 대한 엄격한 규칙들을 몰랐던 것 같다. 그러므로 그의 소설은 사형 집행자에 의해 확실하게 사형수의 죽음이 확인됐다고 하는 사실에 대해 무지했기 때문에 생겨난 공상 소설이었다.

또한 사람들에게 알려진 리처드 안드류(Richard Andrews)와 폴 셸런버르그(Paul Schellenberger)의 또 다른 글, 「하나님의 무덤」(The Tomb of God)[104]은 예수가 십자가에서 도망쳐 프랑스 남부에서 살다가 죽어 그 유골이 남아 있다고 주장한다. 단지 예수의 부활은 초대교회가 경제적으로 정치적으로 돈과 권력을 소지하기 위해 꾸며낸 계략에 불과하다는 것이다. 무엇을 근거로 그런 공상을 하는 것인지 너무 엉뚱하기도 하다.

사도 바울은 고린도교회에 편지를 했다. **"그리스도께서 만**

일 다시 살지 못하셨으면 우리의 전파하는 것도 헛것이요 또 너희 믿음도 헛것이며 또 우리가 하나님의 거짓 증인으로 발견되리니 우리가 하나님이 그리스도를 다시 살리셨다고 증거하였음이라 만일 죽은 자가 다시 사는 것이 없으면 하나님이 그리스도를 다시 살리시지 아니하셨으리라"(고전 15:14-15). 그리고 그는 또 다시 말한다. "만일 그리스도 안에서 우리의 바라는 것이 다만 이생뿐이면 모든 사람 가운데 우리가 더욱 불쌍한 자리라"(고전15:19). 바울은 그리스도 예수의 부활은 마침내 모든 그리스도인들에게 있어서 이 세상을 살아가는 이유이며 삶의 진정한 의미라는 말을 하고 있는 것이다.

바울은 그리스도 예수의 부활이 그리스도인들의 진정한 삶의 의미라고 말 한다. 그가 외친 부활의 증거는 자신이 다메섹에서 부활하신 예수를 만났던 사건으로부터 비롯된 것이었다. 그리고 또한 부활을 목격했던 다른 두 증인인 베드로와 야고보의 증언을 통해 얻은 것 이었다. 그는 이렇게 말 한다. "내가 받은 것을 먼저 너희에게 전하였노니 이는 성경대로 그리스도께서 우리 죄를 위하여 죽으시고 장사지낸 바 되었다가 성경대로 사흘 만에 다시 살아나사 게바에게 보이시고 후에 열두 제자에게와 그 후에 오백여 형제에게 일시에 보이셨나니 그 중에 지금까지 태반이나 살아 있고 어떤 이는 잠들었으며 그 후에 야고보에게 보이셨으며 그 후에 모든 사도에게와 맨 나중에 만삭되지 못하여 난 자 같은 내게도 보이셨느니라"(고전15:3-8). 바울은 예수의 부활이 많은 사람들에게 증거 되었으며, 자신에게까지 증거 되었다고 주장하고 있는 것이다.

바울은 부활 사건이 있은 후 2년에서 8년 혹은 기원 후 32년에서 38년경에 예루살렘이나 다메섹에서 이 부활사건의 목격담을 사도들로부터 전해 들었다. 그리하여 그는 고린도교회에게 다시 전해주고 있는 것이다. 그는 회심 후 3년 만에 예루살렘을 방문했고, 그 곳에서 베드로와 야고보를 만났다. 바울은 "**그 후 삼 년 만에 내가 게바를 심방하려고 예루살렘에 올라가서 저와 함께 십오 일을 유할새 주의 형제 야고보 외에 다른 사도들을 보지 못하였노라**"(갈1:18-19)고 말한다. 아마도 그들을 통하여 예수 부활의 증거를 들었을 것이다.

그러나 그럼에도 불구하고 역사적 예수 탐구자들의 입장을 반복하며, 도올은 예수의 부활은 예수의 동생이었던 야고보가 예수 사후 교단을 수습하러 다니던 이야기들이 와전되어 생긴 소문으로 간주 한다.105) 그러나 야고보는 예수 생전에 자신의 형인 예수를 그리스도로 믿지 않았던 사람이었다. 그러다가 부활한 예수가 자신에게 나타나자 야고보는 그 시로 예수를 주라 시인하게 된다(고전15:7). 만일 야고보가 사람들이 자신을 그리스도 예수와 동일하게 생각했거나 여겼다면, "**형제들아 주의 강림하시기까지 길이 참으라...... 주의 강림이 가까우니라**"(약5:7-8)라는 말을 교회들에게 하지 않았을 것이다. 과연 야고보는 누구를 보고 강림하실 주라고 고백하고 있는 것인가! 만일 야고보가 죽은 자의 부활, 곧 예수의 부활을 믿지 않았다면 예수의 강림도 믿지 않았음이 자명한 일이기 때문이다.

예수의 부활의 증거는 당시 부활을 목격한 사람들에 의해 또 다시 증거 된다. 막달라 마리아에게 나타나신 일(요20:10-18)과 다른 여자들에게 보이셨고(마28:8-10), 엠마오 도상에서 글로바를 포함한 두 제자들에게 나타나셨으며(눅24:13-32), 열한 제자를 포함한 여러 사람들에게 나타나셨다(눅24:33-49). 그리고 도마를 제외한 12제자들에게와 여러 사람들 앞에 나타나셨으며(요20:19-23), 도마와 다른 사도들에게 보이셨고(요20:16-20), 그리고 승천하기 전에 감람산에서 사도들과 함께 계셨다(눅24:50-52).

이미 예수의 부활은 많은 사람들에게 증거 되었고, 새로운 공동체의 활력이 되었다. 예수 부활 직후 많은 사람들은 이미 예수의 부활을 기정사실화 했고 아주 자연스럽게 자신의 신앙고백으로 전하고 있었다. 이러한 이유 때문에 가장 최초의 복음서로 알려진 마가의 기록에 예수의 부활에 대한 증거가 없음을 인해 부활사건은 초대교회가 만들어 낸 하나의 소문에 불과하다고 주장하는 이들이 있음에도 불구하고, 예수의 부활이 초대공동체에게는 더 이상 언급할 필요가 없는 확고한 사실 그 자체였기에 더 이상의 증거를 필요하지 않았던 것이다.

그러나 실상 마가는 "**가서 그의 제자들과 베드로에게 이르기를 예수께서 너희보다 먼저 갈릴리로 가시나니 전에 너희에게 말씀하신 대로 너희가 거기서 뵈오리라 하라 하느니라**"(막16:7)고 기록하고 있다. 이미 마가는 예수의 부활을 더 이상 설명이 필요 없는 기정사실로 생각하고 있었고, 다른 이들도 당연한 것으로 생각하고 있었기 때문이다.

예수의 부활은 오늘날까지 많은 정황 증거들로부터 변호되어 왔다. 예수의 죽음이후 단지 소수에 불과하던 사람들이 엄청난 집단으로 불어났다는 점은 그들 내부에 그들을 강력하게 운집케 하는 힘이 있었음을 말한다. 만일 그것이 단지 소문에 의한 부활에 대한 증거였다면, 그 소문은 결국 얼마가지 못해 소멸해 버렸을 것이다. 그러나 예수의 제자들은 죽기까지 그 믿음을 지켰다. 세상에 그 어떤 논리도 생명과 바꿀만한 값어치를 가진 것이 있을까! 예수의 대적자인 바울이 하루아침에 그의 추종자가 되어 예수의 부활을 외치며 순교했다는 사실은 무엇을 말하는가! 바울의 회심은 한 정신병자의 행동이었는가? 오늘날까지 교회는 그 믿음의 신앙을 고수해오고 있지 않는가! 장장 이천년의 역사 동안 말이다.

예수의 부활은 지난 18세기 이래 현재까지 많은 탁월한 신학자들에 의해 거부되어 왔다. 과학적이지도 역사적이지도 않다는 이유 때문이었다. 18세기의 라이마루스(Reimarus)를 필두로, 스트라우스(Straus), 르낭(Renan), 그리고 브레데(Wrede), 슈바이처(Schweizer), 불트만(Bultmann)과 그의 제자들 그리고 소위 오늘날 역사적 예수 탐구에 큰 영향력을 제공했던 타이센(Gerd Theiβen)과 샌더스(E. P. Sanders) 그리고 버미스(Geza Vermes)와 오늘날 역사적 예수 탐구자들인 예수세미나 회원들(Funk, Crossan, Hosley, Cairo, Borg)[106]에 이르기까지 수많은 영향력 있는 신학자들이 예수의 부활을 거부해 오고 있다. 그러나 문제의 핵심은 그들이 예수를 진정으로 구세주로 믿지 않는다는 것이다. 그들이 예수가 하나님의 아들이자 메시아라는 사실에 동감한다고 해도, 신앙의 가상공간 안에서 그렇게 사용되고 사고되어 왔기 때문에, 단지 개념적으로 이해하는 것에 불과하다.

그러나 그들이 만든 영향력은 상상을 초월한다. 지난 몇 세기 동안 신학적 이슈들을 그들이 지배해 왔기 때문에 여전히 많은 신학자들과 신학도들은 그들의 무신론적으로 전제된 틀 밖을 빠져나가지 못하고 있다. 그러나 보수라는 미명아래 숨은 무지의 둥지도 역시 더 이상 안전지대가 아니다. 이미 보수진영에 속했던 많은 평신도들이 그들의 책의 영향력으로 그리스도의 신앙을 포기하고 있기 때문이다. 이제 다가오는 것은 새로운 갈등의 시대이다. 신학과 신앙의 괴리 속에서 확신을 상실한 교회 지도자들의 설교에 수많은 영혼들은 미래를 상실하게 될 것이다.

더욱 불행한 일은 오늘날 신학자들과 교회의 지도자들 그리고 신학도들 역시 그들의 교육 아래 커 왔고, 수많은 신학자들과 교회 지도자들이 그들의 담론 속에서 빠져 나오지 못하고 허우적거리고 있다. 실상 그럴지라도 성령의 은혜로 그들의 설교와 강의를 듣고 있는 수많은 평신도들이 예수의 이름을 들을 때마다, 예수에 대한 찐한 감동을 받고 있음에도 불구하고 그들은 왜 사람들이 눈물을 흘리는지 모른다. 단지 자신의 설교의 위력을 또 한 번 과신하거나, 혹은 그들 자신의 종교적 무지가 만든 자기도취의 결과로 생각한다. 그러나 수많은 기독교인들이 흘리는 눈물은 자신들의 강의와 주장에 대한 감동이나, 혹은 교인 각자의 종교적 자기도취 때문이 아니라, 오직 예수라는 그 이름이 예수를 하나님의 아들로 믿는 모든 자들에게 감동을 주고 있는 줄을 그들은 아직도 모르고 있다.

"이것들을 증거하신 이가 가라사대 내가 진실로 속히 오리라 하시거늘 아멘 주 예수여 오시옵소서"(계22:20)

부록 : 역사적 예수 탐구
(Historical Jesus Quest)
그 역사와 문제점

부 록

역사적 예수 탐구

(Historical Jesus Quest)

그 역사와 문제점

과학과 역사인식의 한계

역사상 예수의 존재와 그의 삶을 과학적으로, 그리고 역사적으로 밝혀보려 했던 그 어떤 시도도 성공한 적이 없었다.

지금까지 전통적인 과학적인 시야로 예수의 삶과 그의 존재를 항상 파악해 왔던 모든 역사적 예수 탐구자들의 태도는 예수를 단지 한 평범한 인간으로 혹은 신화적인 대상으로만 이해해 오고 있다. 그러나 이러한 태도는 관찰자 자기 시대의 과학적 차원이 지닌 한계뿐 만이 아니라, 관찰자 자신의 한계로 인해 스스로 진리를 다 파악한 것인 양 잘못된 결론에 도달하게 한다. 즉, 관찰자 자신의 시대에서는 사실로 증명되는 진리가 다가오는 시대에는 거짓으로 판명되는 일이 비일비재하기 때문이다. 그러므로 현재의 과학적 판단은 항상 미래의 새로운 발견과 해석의 몫으로 남겨두는 겸허한 자세가 필요하다.

같은 맥락에서 한 시대의 각기 다른 차원을 지닌 개념들의 집합체인 패러다임(paradigm)을 통한 차원이론으로 우리에게 알려진 토마스 쿤(Thomas S. Kuhn)[107]이 남긴 교훈은 인간이 지닌 과학적 판단과 사실이 항상 발전적이고 차원적이어서 더 나은 차원의 세계에서 지난 과거를 볼 때, 항상 과거는 불합리로 남을 수밖에 없다는 지적이었다. 이러한 사실은 단지 과학사를 이해할 때 발생하는 문제점만이 아니라, 역사를 과학적으로 이해하려 할 때도 역시 모든 역사적 시각이 지닌 불가항력적인 한계로 나타나게 된다. 물론 그러한 불가항력적인 동일한 한계는 신학을 포함한 다른 모든 학문의 발전에도 나타나고 있다. 그러므로 예수의 삶과 존재를 현재의 모든 과학적인 시야로 줄자를 삼아 파악해 보려는 많은 시도들이 실패로 끝나는 이유가 여기에 있는 것이다.

역시 마찬가지로 역사적으로 예수의 삶과 존재를 규명해 보려는 모든 역사적 예수 탐구자들의 역사주의적 태도는 역사주의가 지닌 약점들로 인해 스스로 한계에 봉착하게 된다. 역사주의(Historicism)는 역사를 단순히 관찰자와 그의 시대의 정신과는 상관이 없는 별개의 실증적인 사실들로 객관화시킬 수 있다고 믿는 맹신으로부터 출발하고 있기 때문이다. 즉, 역사주의는 역사가 사실들의 객관(object)과 더불어 그 사실들과 연결되어 있는 수많은 정신적이며 실존적인 주관(subject)들이 뒤엉켜 있는 종합적 실체라고 하는 사실을 망각하고 있는 것이다. 그러므로 단지 역사주의적 관점에서 예수의 어록이나 사건들을 단지 실증주의적인 대상으로만 파악한다면, 그것은 이미 언급했던 바와 같이 동일한 오류를 범하는 것이 된다.

그러나 실상 역사주의의 또 다른 약점은 이 세상 모든 일을 우리 자신들이 다 파악할 수 있다고 믿는 믿음이다. 그리고 역사주의는 이 세상이 인과 관계에 따른 법칙인 결정론적(deterministic)인 성향을 지니고 있다고 철저히 믿는다. 즉, 역사주의는 현재의 입장에서 인과론적 이해가 완전히 납득되어야 하고 정신적인 진리마저도 생. 화학적으로나 물리적으로 다 파악할 수 있다고 믿는 닫힌 체계의 맹신에 빠져 있다. 그리고 역사주의는 아직 파악되지 않은 것조차도 이미 그 결론은 무엇이라고 전제하는 환원주의적(reductionistic) 태도를 통해 아직 체 드러나지 않은 진리를 다 파악했거나, 혹은 할 수 있는 것처럼 맹신 한다.

그러므로 이러한 역사주의의 약점을 극복하기 위해 철학자들이 엄밀한 과학으로서의 진리의 실체에 접근하기 위해 우선 사실(Sache)들을 괄호 안에 넣어 모든 판단을 중지하고, 역으로 사실에 대한 과학적 증거들을 수집함으로써 바로 사실 그 자체에 도달하려는 현상학적인 방법을 동원했다. 그러나 이러한 수고에도 불구하고 초월적인 모든 종교적인 영역을 단지 현상학적 방법을 통하여 파악해 보려는 시도 역시 한계에 도달할 수밖에 없다. 결국 현상학적 방법론으로 도달할 수 있는 것은 '사실 그 자체'(as it self)가 아니라, '사실 그 자체에 가까운'(such as it self) 해석일 따름이다.

또한 역사주의적인 관점에서 예수의 존재와 삶을 탐구하려는 시도 역시 성공할 수 없는 또 다른 이유는 모든 역사가가 자기 시대의 관점의 한계 속에서 과거를 해석하기 때문이다. 또한 엄밀한 역사비평 방식으로 모든 편견을 극복하기 위해 과거의 자료들을 엄밀한 과학적 시도, 즉 자료비평이나 그 자료의 시대적 정황 및 저자의 신학적 의도를 덧붙인 편집비평과 같은 방법을 통해 분석한다고 해도 결과는 현재의 역사비평방식에 따른 한계 이상의 결과를 얻기가 힘들다는 것이다. 즉, 얻어진 역사적인 결과들을 현재의 역사적 시각 내지 학문적 판단 능력으로 재구성함으로써 완벽한 문제해결, 즉 완벽한 결론에 도달한 것으로 착각하는 환원주의에 빠지게 되기 때문이다.

지난 세기의 유명한 종교사학자였던 시카고대학(The university of Chicago)의 종교사학파에 속했던 엘리아데(Mircea Eliade, 1907-86)는 이러한 문제점을 잘 알고 있었다. 종교사 연구를 위해 소위 엄밀한 과학적 추구로서의 후설의 현상학을 종교 연구를 위해 방법론으로 빌려 쓰고 있었으나, 과학적 방법론으로는 종교가 추구하는 궁극적인 해답에 도달할 수 없음을 그의 초월적 신비체험을 다루는 샤머니즘 연구를 통해 시인했어야만 했다.[108] 하나님이라는 궁극적 실체를 과학적 방법으로 다 파악할 수 없다면, 오히려 종교학이 추구하고자한 바, 종교의 궁극적 실체 파악에 대한 확신에 따른 맹신보다는, 단지 궁극적 실체에 대한 겸허한 접근을 뜻하는 궁극적 관심(Ultimate Concern)[109]이란 말을 사용했던 지난 세기의 위대한 신학자 폴 틸리히(Paul Tillich, 1886-1965)가 훨씬 정직한 편이다.

오늘날 역사주의는 현재의 확실한 사실로 여겨졌던 것과 현재의 시점에서 사실로 여겨지는 추정들이 오히려 미래의 불합리로

판정되는 수많은 사례들을 통해 '역사는 미래를 통해 열려 진다'는 진리 앞에 무릎을 꿇게 되었다. 이 때문에 역사는 항상 사실을 다룬다고 하는 관점에서 역사의 객관(object)과 그것을 주관에 의해 해석하게 된다는 해석자의 주관(subject)의 문제이면서도, 역시 역사는 객관과 주관을 넘어 미래로부터 다가오는 더 낳은 새로운 해석을 위한 여지를 항상 남기게 된다.

그러므로 하나님의 아들로서 예수의 삶과 존재에 기초하고 있는 기독교의 진실은 결코 그 시대마다의 한계를 지닌 과학주의와 역사주의의 희생물이 되기를 거부한다. 즉, 예수의 존재와 그의 삶이 그를 하나님의 아들로 고백하는 종교적인 신앙에 의해 진리로 선포되었다 할지라도, 그 이유 때문에 비과학적이라거나 비역사적이라는 편견으로 부정되어야 할 그 어떤 이유도 없기 때문이다.

궁극적으로 예수의 삶과 존재를 기반으로 하는 기독교가 지닌 진리는 "인간은 하나님을 다 알 수 없다"라는 무한한 차이로부터 출발한다. 즉, 기독교는 "유한으로 무한을 다 파악할 수 없다"(Finitum non capax infiniti)[110]는 명제로부터 출발하며, 그러기에 "불합리하기 때문에 믿을 수밖에 없다"(credo, quia absurdum est)[111]는 말이나, "어리석게 보이기에 믿을 수밖에 없다"(Credibile est, quia ineptum est)는 신앙고백을 결코 부끄러워하지 않는다. 그러나 분명한 것은 기독교의 진리들이 비과학적이거나 비역사적이라는 말을 쓸 때, 그 주장은 아직 검증되지 않은 선언에 불과한 것이며, 그런 주장들이 정당성을 얻으려면 미래로부터 구체적인 검증이 확인 되어야만 한다.

역사적 예수 탐구의 배경

엄밀하고 확실한 증거를 추적하여 예수의 존재와 그의 삶을 파악해 보겠다는 관점에서 시작된 '역사적 예수에 대한 탐구'(the Historical Jesus Quest)는 탐구자 각자의 시대가 지닌 사회적이며 정치적인 환경을 배경으로 잉태되어 왔다. 그리고 역사와 과학을 통해 기독교와 예수를 이해하려 했던 소위 역사적 예수 탐구자들은 반 기독교적 정서로부터 출발하고 있었던 르네상스(Renaissance)를 거쳐 17세기를 통해 현대에 이르기까지 무신론적 사상을 두드러지게 나타내고 있다.

가톨릭에 대해 반정서적인 운동으로 시작했던 르네상스는 중세의 신본주의로부터 인본주의로의 회기를 알리는 인문주의와 함께 출현하고 있었다. 유럽의 여러 나라들 간의 이권분쟁이 표면상 종교적인 교리 싸움으로 번졌던 30년간의 종교전쟁(1618-48)은 기독교에 대한 혐오성을 불러 일으켰다. 그리고 소위 당시의 과학적 원리에 입각한 이성적인 종교를 주장한 이신론(Deism)[112]의 출현은 기독교를 초월종교로부터 자연종교로 이해하려 했다. 그리고 천동설로부터 지동설로 옮겨진 천체에 대한 이해는 곧 신 중심의 사고로부터 인간 중심의 사고로의 전환을 의미하는 것이었다. 그리고 그것은 곧 종교에 대한 회의와 의심을 알리는 단초를 제공 했다. 문제를 더욱 심각하게 만든 것은 가톨릭이 천동설과 같은 잘못된 과학적 오류와 모든 진리에 대한 판단은 교황의 보좌로부터(ex Cathedra) 나온다고 하는 정치적 이데오르기를 교리화 함으로써 당시의 계몽주의자들로부터 공격의 대상이 되었다는 점이다. 신앙의 개혁을 부르짖고 나왔던 개신교도 그 비난의 화살을 피해 갈 수는 없었다. 이미 종교는 덜 계몽되어진 그 어떤 것을 의미했기 때문이다. 그러므로 모든 기독교의 종교의 권위는 축소되거나 부정되는 방향으로 흘러가게 되었다.

르네상스 이래 종교에 대한 회의와 질문을 가졌던 사람들은 당시의 과학적 진실로 도무지 용납할 수 없었던 대상을 교회 그 자체로부터 한 걸음 더 나아가 교회가 진리로 간주했던 말씀, 곧 성경의 내용 그 자체를 자신의 검토 대상으로 삼았다. 그 결과 창세기는 설화로 간주되었고, 아담은 유대인의 조상이거나 제한적으로 한 씨족의 조상으로 간주되었다.[113]

17세기를 근간으로 하고 있던 모든 상식, 즉 경험으로 확인되지 않은 지식은 결코 온전한 지식이 아니라는 영국의 경험론적 철학사조[114]와 자연과학의 발달과 함께 나타난 수학적 원리의 중요성[115]과 정신세계조차도 수학적으로 설명할 수 있다고 믿었던 기계론적(mechanistic)이고도 자연과학적인 철학사조[116]는 마침내 자신의 사고의 영역 안에서 그 어느 공간도 종교가 거처하도록 할애할 장소를 허락하지 않았다. 마침내 이러한 전통이 오늘날에 이르기까지 현대주의의 뿌리가 되어 기독교를 위협하고 하나님의 아들로서의 예수의 존재와 삶을 총체적으로 부정하고 있는 것이다.

제1세대 역사적 예수 탐구: 반종교적 정서로서의 문제의 제기

스피노자(Benedict Spinoza, 1632-77)

오늘날 역사적 예수에 대한 탐구를 우리는 유대기독교적 전통아래 무신론적인 성향의 자연주의적인 태도를 지녔던, 베네딕트 스피노자의 글에서 찾아보게 된다. 1675년 헨리 올덴버그(Henry Oldenberg)에게 보낸 편지와 논문(*Tractatus*)을 통해 스피노자는 예수의 부활은 문자적으로 이해는 할 수 있어도 그것은 단지 우화적인 의미(allegorical sense) 그 이상은 결코 아니라고 주장한다.[117]

정확히 말해서 그는 오늘날 역사적 예수에 대한 탐구의 두 가지 방향-과학적으로 보느냐, 역사적으로 보느냐 중 역사적 사실의 관점에서 신적인 존재로서 예수를 부정하는 쪽 보다는, 기독교와 예수가 과연 과학적으로 납득이 가는 대상인가 하는데 초점을 맞추어 예수와 기독교를 부정했다. 그에게 있어서 예수와 기독교는 비과학적 대상이었기 때문이다. 이 점이 오늘날 현대의 역사적 예수 탐구자들[118] 대부분이 스피노자를 자신들의 탐구의 원조로 보는 이유이다.

기독교는 스피노자 당시의 과학적 상식이었던 수학적인 메커니즘에 기초한 물리학의 관점에서 볼 때, 상식적인 대상이 아니었다. 이미 기독교는 진부한 인간의 의인화(anthropomorphism)로 이루어진 자기투사의 결과이며, 아직 덜 계몽되어진 자기기만의 한 일종이었다.[119] 기독교가 주장하는 기적 역시 그의 수학적 메커니즘의 그 어떤 공간에도 존재할 수 없는 사기꾼들에 의해 속여졌거나, 그렇게 신앙적으로 이해되어 묘사된 것에 불과 했다.[120] 그가 기독교에 대한 이러한 편견을 가지게 된 것은 수학적 원리 (Principia Mathematica)로 세상을 다 설명할 수 있으리라 믿었던 갈릴레오 갈릴레이(Galileo Galilei, 1564-1642)와 정신세계마저도 수학적으로 설명할 수 있다고 믿었던 데카르트(Rene Descartes, 1596-1650)의 이성의 합리적인 정신과 수학적 세계관에 비해, 기독교와 성경은 너무나 비과학적이고 불합리한 것이었으며 진부한 것이라고 생각했기 때문이었다. 그리고 정통 교회들의 성경관이 이를 한층 더 부채질했기 때문이었다. "기록된 것은 정당하다"라는 당시의 일반적인 성경적 이해는 성경 속에 나오는 인물들의 비윤리적인 태도들에 대해 정당화하는 인식을 가져 주었고, 그것이 스피노자에게는 더욱 불합리하게 보였던 것이다.

때문에 스피노자는 새로운 신에 대한 이해와 그 원리를 주장하기에 이른다. 그에게는 더 이상 유대-기독교적 신은 존재하지 않는다. 오직 이성의 합리적인 빛 가운데 이해되어지는 만물을 있게 하는 생산적 자연(Natura naturans)과 오직 생성되어지는 생성된 자연(Natura naturata) 밖에는 없는 것이다. 그리고 그 자연은 언제나 자유스럽게 자신의 법칙을 따라 그대로 흘러가는, 즉 기독교가 말하는 종말적이며 목적론적인(telological causa finalis) 원인이 결코 아닌 탈 목적론적인 거대한 운명 체계와 같은 우주의 법칙이었다. 그는 기독교의 목적론적 사고야 말로 마차를 말 앞에 두는 자가당착의 원리라고 생각했다. 그리고 그는 기독교의 종말론적인 사고는 시간의 끝에 가서야 종결될 수 있는, 시작에서부터 이미 불완전한 모습을 드러낸 불완전한 신(God) 개념으로부터 출발한 것에 불과한 것으로 이해했다.

우리는 과학적으로나 또한 윤리적으로 정당한 변명을 소지하고 있지 않았던 당시의 교회에 대해 스피노자가 어떠한 오해를 했어도 이해할 수가 있다. 그리고 당시의 수학적이며, 이성적인 사회적 상식의 입장에서는 진부한 우화나 납득하기 어려운 기적과 같은 것으로 가득 차 있는 성경을 볼 때, 그런 분위기의 상식에서는 오해가 당연하다. 그 때문에 교회가 지니고 있는 목적론적 우주관이나 기적은 비과학적이고도 우화적인 상식 밖의 수준으로 이해되어 질 수밖에 없었을 것이다.

그러나 과연 그의 주장대로 기독교가 목적론적인 태도를 지니고 있기 때문에 그리고 알레고리로 이해되는 것들을 많이 소지했기 때문에 정말 불합리한 것일까? 이것은 단지 편견에 불과하다. 예수에 대해 교회가 선포한 신앙의 진리는 이미 선포되어진 것에 대해 아직 해석되고 밝혀져야 할 많은 부분을 남기고 있다. 그것은 미래의 몫이며 아직 그 어느 시대의 과학적 판단에 의해 완전하게 종결된 적이 없다. 과학 그 자체가 아직 발전적이기 때문이다. 그리고 우주가 목적론적이지 않다고 주장하는 것이 충분한 과학적인 근거를 가지고 있지 못한 것과 같이, 목적론적인 사고를 신앙으로 가지고 있다는 것이 결코 불합리한 일은 아니다. 우리가 스피노자를 부정하는 것은 그의 과학적 시각이 17세기에 머물러 있고, 그의 반종교적 편견은 17세기의 무신론적 자연주의 철학의 영향으로 자기논리가 상실된 체 기독교를 불합리하게 낙태시키려 했기 때문이다.

스트라우스(Davis Friedrich Strauss, 1808-74)

같은 맥락에서 기독교가 덜 계몽된 상태로부터 무지를 벗어야 한다고 믿었던 또 다른 사람이 있었다. 스트라우스였다. 그는 스피노자의 반기독교정서를 그대로 물러 받았고, 역시 스피노자와 같은 생각을 가지고 기독교를 과학적으로 해석했다. 스트라우스는 라이마루스(Hermann Samuel Reimarus, 1694-1768)[121]의 영향아래 자랐다. 라이마루스는 사도들의 '예수의 사체유기설'을 주장하고, 오직 기독교의 윤리적인 측면만을 강조하여, 최초로 사도들에 의한 그리스도 신앙과 예수 자신의 선포 사이에는 차이와 간격이 있다고 주장한 사람이었다. 신학자로서 라이마루스의 전통을 이은 스트라우스는 이미 진부해진 기독교 전통의 무지로부터, 그리고 그 반대로 완전히 기독교를 부정하는 이성론자들의 비난으로부터 벗어날 수 있는, 당시의 과학적 상식으로부터 납득이 갈만한 합리적이고도 상식적인 기독교를 설명하고 싶었다. 이러한 의도 때문에 그는 1835년 1500면이 넘는 분량의 「비평과 검증을 통한 예수의 삶」(*Life of Jesus Critically Examined*)이라는 책을 내 놓았다.

스트라우스가 볼 때, 자신의 눈에 비친 기독교가 지니고 있는 무지는 성경의 기록과 예수의 부활 그리고 기적과 신화적으로 보이는 것들이었다. 그는 이런 것들이 납득이 갈 수 있도록 과학적으로 재정립을 할 필요가 있다고 생각했다. 예컨대 마태와 누가의 예수의 족보의 차이나, 여리고에서 예수가 만난 문둥이에 대하여 시내로 들어가면서라는 기록과 나오면서 만났다는 기록 등이 나타내고 있는 차이,[122] 혹은 죽었던 예수가 벽을 뚫고 나타난 사건등과 같은 비과학적이며 신화적인 것처럼 보이는 것들을 역사적인 자료로 수용할 수 있는 납득이 갈만한 것으로 바꾸어 놓는 일이었다. 결론은 간단했다. 비과학적이며 역사적으로 도무지 용납할 수 없었던 그러한 사건들은 무지의 소치이거나 혹은 악의적인 사기의 의도 아니면, 꿈과 같은 집단적인 최면상태에서 생겨난 일들 일 것이라는 판단이었다.[123] 1835년 그가 죽은 예수는 단지 기절을 했을 따름이라는 주장을 편 것도 우연이 아니었다.

　　엄밀한 과학으로서 역사적 사실들을 편집하는 방식으로 기독교를 재정립하는 것은 스트라우스의 사명이었다. 그런 이유로 그는 자신의 사상의 변화를 나타내는 세 단계의 과정을 거친다. 그는 1840-41년 사이에「현대 학문과의 투쟁을 통해 역사적 발전을 시작한 기독교 신학」(*Christianity Theology Set Forth in Its Historical Development and in Its Struggle with Modern Knowledge*)이라고 하는 책을 저술한다. 그리고 이후 슐라이어마허(Schleiermacher, 1768-1834))의 1865년 유작인 「신앙의 대상으로서의 그리스도와 역사로서의 예수」(*The Christ of Faith and the Jesus of History*)에 대해 좀 더 진보적인 역사비평을 하지 않았다는 점을 비판하면서 자신의 생각을 덧 붙여 나간다. 그리고 그는 자신이 죽기 2년 전 「낡은 신앙과 새로운 신앙: 고백」(*The old Faith and the New: A Confession*)이라는 글을 통해 자신의 마지막 반전통적인 신학적 입장을 밝혔다.

　　초기 스트라우스의 신학적 영향력은 기적과 계시를 부정하고 이성주의적인 종교로서의 기독교를 외치던 계몽주의 전통으로부터 출발하고 있었다. 이로 인해 그는 공관복음서의 기적 등을 부인했고, 특히 요한복음이 후기 속사도 시대에 저작된 고도의 신학적 창작물로서 역사적 예수 연구를 위한 자료로는 부적합하다는 것을 주장했다.[124] 그리고 그는 스피노자나,「이성의 한계 안에서의 종교」(*Religion innerhalb der Grenzen der bloβen Vernunft*)로서의 기독교를 주장한 칸트(I. Kant, 1724-1804)와 정신세계와 종교마저도 역사화하려 했던 헤겔(F. Hegel, 1770-1831)의 역사주의에 기초한 관념주의 신학에 관심을 기울였다. 그는 당시에 유행하고 있던 신화 개념을 성서에 적용하길 원했다. 그리고 자신이 믿었던 바, 당시 기독교를 철학적으로 가장 잘 설명하고 있었던 헤겔 철학을 통해 자신의 의도인 기독교의 초자연적 주장들을 납득이 갈 수 있는 합리적인 해석으로 재해석하기를 원했다. 그러나 후에 그는 헤겔의 사고가 너무 이성적이며 오히려 너무 관념적이어서 현실적이지 않다고 생각했기 때문에 그를 부정했다.

그는 예수의 신성을 부인하는 자신의 입장을 슐라이어마허 신학 가운데서 그 가능성을 발견한다. 슐라이어마허가 예수를 위대한 윤리 교사로 묘사했던 점, 하나님의 아들로서의 예수상은 제자들의 신앙으로부터 도출된 사상이라고 한 주장, 그리고 모든 신앙인이 공감할 수 있는 절대 의존적 감정의 모델로서 인간 예수를 소개했다는 점 등을 긍정적으로 평가했기 때문이었다. 그러나 그는 슐라이어마허가 설정했던 '신앙 대상으로서의 그리스도'와 '역사로서의 예수'라는 애매한 구분을 훨씬 뛰어 넘어 '신앙의 그리스도'를 완전히 제거한 과학적으로 파악된 예수를 설명하고자 했다. 말년에 그의 사상은 다윈의 영향아래 있었고, 그가 선택한 길은 신학자로서 기독교라는 종교를 버리는 무신론주의자가 되었던 것이다.[125]

르낭(Ernst Renan, 1823-92)

스트라우스의 영향을 그대로 물러 받은 불란서 신학자 르낭은 독일 신학의 전통아래 자신의 역사적 예수 탐구를 시작한다. 그가 초기 역사적 예수 탐구자로 알려진 것은 1863년 쓴 「예수의 생애」(*Vie de Jesus*) 때문이었다. 그가 오늘날의 역사적 예수 탐구자들에게서 주목을 받는 이유는 스트라우스를 계승하여, 사실에 근거한 역사적인 측면에서 예수의 생애를 문학적인 형식을 통해 긍정적으로 서술했다는 점 때문이었다. 그리고 이전 사람들이 단지 예수와 기독교의 문제점만을 지적한 반면, 그는 구체적으로 예수와 기독교를 긍정적인 방식으로 새롭게 서술하려 했다는 점에서 현대 예수 탐구자들에게 공감을 주었기 때문이다.

르낭의 「예수의 생애」는 독일신학의 영향아래 저술되었고, 그의 신학은 당시 계시를 부정하는 독일의 성서비평학적 전통을 결코 넘어선 적이 없었다. 그의 성서 해석은 스트라우스를 결코 넘어서지 않았다. 그는 예수의 베들레헴 탄생을 거부하고, 다윗의 자손이 아님을 주장한다. 그리고 그는 나사로 사건에 대하여 실제로 그가 죽은 것이 아니라 예수가 그를 살렸다고 사람들에게 말함으로서 예수를 영광스럽게 하려는 나사로 가족의 충정에서 비롯된 사기극 이었다고 주장한다. 그리고 그는 요한복음의 예수의 역사성을 거부한다. 그가 아는 요한은 오직 예루살렘이 멸망하자 천국이 도래할 것으로 생각하고 있었던 유대적 대망에 대한 편견을 버리고, 새로운 종말론적 사고와 에베소에서의 영지주의적(gnostic) 영향을 통해 존속해 있었던 예수 공동체를 수습하려 했던 사람이었다.126) 그는 예수의 신적 존재는 요한과 같은 제자들에 의해 각색되었음을 주장했다.

궁극적으로 그는 스트라우스의 주장을 단지 반복한 셈이었다. 그러나 그럼에도 불구하고 당시의 이성적 사고를 통해 여전히 예수의 생애를 아름답고 의미 있게 서술해 나갔던 그를 통해, 새로운 예수의 상을 그려낼 수 있다고 하는 가능성을 현대의 역사적 예수 탐구자들은 그에게서 발견했던 것이다. 즉, 예수의 신적 존재를 부정하면서도 갈릴리의 아름다운 한 청년이 어떻게 사회적인 혁명가로 변모해 갔었는지, 그리고 어떻게 지혜를 설파하는 냉소적 견유철학자(Cynic Philosopher)[127]로 발전해 갔는지에 대한 예수의 논쟁을 그대로 끌고 갈 수 있는 길을 오늘날 역사적 예수 탐구자들은 르낭을 통해 발견한 것이다.

요약 그리고 반론

스피노자, 라이마루스, 스트라우스 그리고 르낭과 같은 제 1세대 역사적 예수 탐구자들은 오늘날 소위 현대에 속하는 제 3세대 역사적 예수 탐구자들의 원류가 되었다. 스피노자, 라이마루스, 스트라우스 그리고 르낭의 주장들은 현대 역사적 예수 연구자들의 논의에 대해 초석을 놓았다. 그러므로 오늘날의 역사적 예수 연구가들의 연구의 특징은 단지 1 세대 연구자들의 주장들을 좀 더 정교하게 했다는 것에 불과하다고 볼 수 있다. 스피노자나 라이마루스를 계승한 스트라우스나 르낭의 주장들은 오늘날에도 여전히 현대 역사적 예수 탐구에 여전히 유효한 것으로 다루어지고 있다.[128]

같은 맥락에서 예수를 역사적으로 해석하겠다고 시작했던 역사적 예수 탐구의 줄자는 오늘날에도 결코 변하지 않았다. 제 1세대와 같이 역시 과학적이냐 아니면 역사적이냐 하는 것에 여전히 현대 역사적 예수 연구자들이 초점을 맞추고 있기 때문이다. 그들에게는 하나님 아들로서 예수에 대한 신앙이 부재하고 또한 무신론적 신학이 그 바탕에 깔려 있기 때문이다. 이러한 변함없는 입장 때문에 초기의 제 1세대의 역사적 예수 연구자들에 대하여, 소위 자신의 시대의 다른 신학자들에 반하여 종말론적이고 묵시적인 개념이 초기 기독교에 있었다고 주장했던, 제 2세대에 속하는 바이스(Johannes Weiss, 1863-1914)나 슈바이처와 같은 이들은 과학과 역사만으로서 예수 연구에 접근해가는 것은 예수의 사실 그 자체를 검증하는 것이 아니라, 오히려 과학과 역사를 통하여 예수를 잘못 판단하는 것임을 지적한다. 소위 기독교의 참 내용인 '종말론적 대망을 기다리는 예언자로서의 예수'의 상을 놓친다는 것이다. 적어도 기독교 그 자체의 진실에 귀를 기울여야하고, 또한 신앙의 대상으로서의 예수에 대한 충분한 자기 증거를 예수 자신의 자기인식을 통해 확인해 보아야 한다는 점을 강조한다. 그럼에도 불구하고 그들 역시 예수를 좀 더 종교적으로(종말론적인 예언자로) 파악하자는 의도 그 이상은 결코 아니었다.

같은 맥락에서 불트만과 같은 이들은 슐라이어마허 이래 거론되어 오던 '신앙의 대상으로서의 그리스도와 역사로서의 예수'[129] 사이의 종래의 논의를 자신의 시대가 요구하는 실존주의적 사고와 과학적 상식을 통해 다시 한 번 거론한다. 그는 바이스나 슈바이처의 생각을 좀 더 정교화하고 수정해 나간다. 그에게 있어서 역사적 예수에 대한 인식은 불가능하다. 이미 우리가 가진 자료들은 초대교회의 신앙적인 작품이기 때문이라는 생각 때문이다. 따라서 그는 예수를 전혀 역사적으로만 검증하려는 시도가 지닌 파괴적 반종교의식을 염려 한다. 때문에 그는 여전히 독일의 개신교의 신학적 전통과 독일 기독교회의 신앙의 범위를 더 이상 넘지 않기를 원한다. 그러나 아이러니하게도 제 3 세대의 역사적 예수 탐구자들에 속한 그의 제자들과, 독일의 신학적 풍토와는 전혀 다른 종교사학파의 영향을 받은 영미의 젊은 신학자들이 신앙인으로서는 결코 돌아올 수 없는 무신론적 경향의 다원주의 세계로 빠져들어 가게 된 것은 자신의 신학이 지닌 방향성의 한계로 인한 반발 때문이었음을 그는 미쳐 예상하지 못 했던 것이다.

제2세대 역사적 예수 탐구 : 반론

슈바이처(Albert Schweitzer, 1875-1965)
1세대 역사적 예수 탐구자들에 의해 얻어진 결과는 예수와 기독교는 비과학적이며, 비역사적인 실체라는 점이었다. 때문에 예수와 기독교에 대한 탐구는 예수와 기독교를 역사적 사실로서의 자격과 신앙의 근거로서의 위치를 모두 상실해 버리게 만들었다. 그러나 이전의 모든 주장들과는 달리 역사적 예수 탐구는 새로운 전기를 맞이했다. 슈바이처가 예수와 기독교의 탐구에 새로운 이해와 의미를 제공해 주었기 때문이었다. 이것 때문에 그의 위치는 과거와 현재의 역사적 예수에 대한 탐구에 있어서 아주 중요하게 다루어진다. 현대의 모든 역사적 예수 논의의 실마리를 전해주는 가교 역할을 하고 있기 때문이다.

그는 역사적 예수 탐구와 관련해서 3권의 중요한 논문들을 썼다. 그 논문들은 자신의 초기 생각과 그리고 그의 생각의 발전을 반영하고 있다. 영어로 번역된 그의 책들은 다음과 같다. 우선 그는 1901년에 쓴 「하나님 나라의 비밀」(*The Mystery of The Kingdom od God: Das Messianitaets-und Leidensgeheimnis. Eine Skizze des Lebens Jesu*)을 저술한다. 이 책을 통하여 슈바이처는 이미 자신의 신학적 구상의 대부분을 포함시키고 있었다. 그리고 그 생각은 1892년에 쓰인 바이스의 책, 「예수의 하나님 나라의 선포」(*Jesus Proclamation of the Kingdom of God*)의 개념인, 예수는 후기 제 2성전에 대한 종말론적 신앙을 가졌던 종말론적인 예언가였다는 주장을 구체화 하는 것 이었다. 그에 의해 두 번째 쓰여 진 책은 이미 우리에게 잘 알려진 「역사적 예수 탐구」(*The Quest of the Historical Jesus: Von Reimarus zu Wrede: Eine Geheimnis. Eine Skizze des Lebens Jesu*)였다. 그리고 3번째는 「기독교와 하나님 나라」(*The Kingdom of God and Primitive Christianity: Reich Gottes und Christenum*)였다.

슈바이처의 예수에 대한 구상의 핵심은 그의 전에 있었던 인간 예수를 주장했던 라이마루스(Reimarus)에서 「마가복음 안에 나타난 예수의 비밀」(*Das Messiasgeheimnis in den Evangelien*)이라는 자신의 책을 통하여 예수의 메시아설은 마가 자신의 구상이었음을 주장한 윌리엄 브레데(William Wrede, 1859-1906)에 이르는 과학적이지도 역사적이지도 않는 예수의 존재를 새롭게 해석할 수 있는 길을 튀어 놓는 일 이었다. 적어도 그는 이전의 역사적 예수 탐구자들이 예수가 단순한 한 유대랍비에 불과했다는 주장에 따른 단편적인 해석을 뛰어 넘어, 이사야가 언급했던 고난 받는 하나님의 종에 대한 자의식을 소지하고 있었고, 그 고난을 앞당김으로서 하나님의 나라가 속히 올 수 있다고 하는 자기 인식의 발전을 그의 마음에 가지고 있었던 사람이었음을 분명히 주장한다.130) 곧 종말론적 예언가로서의 자기 인식을 예수가 지니고 있었다는 것이다. 분명히 그의 주장은 묵시론적 종말사상을 소지하고 있었던 유대-기독교와 예수에 대해 진지하고도 긍정적인 변호를 가져다주었다.

그러나 그는 처음 예수가 자신을 메시아라고 생각하지 않았다고 주장한다. 단지 자신을 말라기 선지자의 예언(3:1-2)에 언급된 메시아가 오기 전에 보내심을 받은 세례 요한과 같은 예언자로 보내심을 받은 선구자에 불과하다고 생각했다는 것이다. 메시야가 아니었기에 그는 세례 요한의 **"오실 그이가 당신입니까"**(마 11:2-6)라는 물음을 간접적인 말로 회피했다고 생각한다. 분명히 그 자신의 생각 속의 유대-기독교적 메시아는 현재의 초라한 예수 그 자신과는 다른, 다니엘의 묵시록에 기록된 것과 같이 구름타고 영광으로 오시는 자이기 때문이다. 그러나 여기서 메시야의 비밀이 발생한다. 기다렸던 메시야의 대망과 종말론적 신적 개입은 나타나지 않고 있다. 때문에 그는 이 신적 도래를 앞당기기 위해 예수가 십자가의 고난을 스스로 택할 수밖에 없었다고 생각한다.

이러한 맥락에서 예수는 자신이 신앙의 대상이며 곧 초자연적인 존재의 길, 곧 신의 아들의 길로 나아가게 되었다고 그는 주장한다. 브레데가 그리스도의 초자연적인 묘사는 예수 사후 교회의 창작에 불과한 것이라고 주장한 것에 대해 정반대의 반론을 편 것이다.131) 그러나 슈바이처는 예수가 십자가에서 비로써 자신이 가지고 있는 종말론적인 대망의 기대가 깨어지고 기대했던 하나님의 개입은 일어나지 않자, **"나의 하나님, 나의 하나님 어찌하여 나를 버리셨나이까"**(막15:34)라고 절규하다가 죽었다고 믿었다.

결국 그에 의하면 예수는 자신의 종말론적인 망상 때문에 죽은 것이다. 그러나 그는 이것을 실패로 생각하지 않았다. 예수가 남긴, 사람을 사랑하는 종교적인 진실성은 그에게서는 무엇보다도 귀중했다. 이 때문에 그의 신학이 마지막으로 택한 출구는 자신의 스승(H. J. Holtzmann)으로부터 받았던 슐라이어마허의 사상이기도 한 "사회 윤리사상을 고취한 경건한 스승"(a pious teacher of social ethics)으로서의 예수였다. 바로 "생명의 외경"(reverence for life)을 가르친 위대한 스승을 그는 전하길 원했다.132) 그리고 그는 유대교 철학사상을 지닌 불란서의 현상학자 임마누엘 레비나스(Emmannuel Levinas)의 사상의 영향을 받아 "한계 없는 책임감"(a responsibility without limit)133)을 강조하는 무신론적 윤리주의자로서의 길을 걸었다. 그는 "존재의 본질"(Essense of Being)이라는 말이나 "절대자"(Absolute) 혹은 "우주의 영"(Spirit of Universe)이라는 말 등은 헛소리에 불과하다는 결론을 내렸다.134)

불트만(Rudolf Bultmann, 1884-1976)

예수에 대한 슈바이처의 생각은 불트만에 의해 계승되고 더욱 수정되어졌다. 불트만이 슈바이처로부터 물러 받았던 사상은 예수가 종말론적 메시아 대망을 가졌던 예언자라고 하는 사실과, 예수를 신적인 위치로 올려놓은 것은 단지 초대교회의 작품이라는 브레드의 신학적 구상이었다. 물론 이러한 구상은 라이마루스와 스트라우스의 것이기도 했다.

그러나 개인적으로 불트만의 신학적 구상은 네 가지의 신학적 목표를 가지고 있었다. 첫째로 역사적 예수 탐구를 시도했던 소위 과거의 역사적 객관화(objectification) 작업이 과연 성공할 수 있을까 하는데 의문을 제기하는 일 이었다. 그의 생각에는 역사적 예수를 추적하기에는 성경이 너무나도 신앙적인 주관에 의해 쓰여 졌다고 생각했기 때문에, 실제 우리가 예수에 대해 아는 것은 너무나도 단편적인 자료들 밖에는 없고, 또한 이전의 예수 탐구자들이 지니고 있던 역사주의적 사고, 즉 확실한 '지워버릴 수 없는 사실'(brutum Factum) 내지는 '역사적인 사실'(Factum Historicum)을 추적하기에는 한계가 있다고 생각했다. 그리고 소위 나와 관련되어 이해되고 서술되는 역사의 주관적인 면을 완전히 배제한, 오직 역사를 객관적으로만 이해하려는 역사주의적 태도를 용납할 수가 없었다. 둘째로 그는 예수를 역사적으로 추적하려 했던 지난 과거의 모든 신학자들이 지닌 소위 역사에 대한 이해가 문제를 안고 있음을 지적하는 일과, 참으로 기독교 신앙의 성격을 새로운 실존주의적인 이해 방식으로 어떻게 설명할 수 있는지에 관심을 지니고 있었다. 셋째로 유대인의 종말론적 묵시적 대망과 관련된 예수의 가르침의 성격을 규명하는 일이었다. 이 부분은 슈바이처의 생각을 계승하면서 새롭게 보완하고자 했다. 그리고 마지막 넷째로 그는 자신의 노년에 유행처럼 번지고 있는 종교 다원주의를 맞이하면서 세계 종교 가운데 기독교의 위치를 확고하게 설정하는 일에 초점을 두었다.[135]

1925년 불트만은 「신에 대하여」(*von Gott zu reden*)라는 자신의 글에서 어느 누구도 신에 대하여 객관적으로 말을 할 수가 없다고 주장한다. 이유는 어느 인간도 신에 대하여 말을 할 때, 그 신의 바깥에서 관조(觀照)하는 입장이기에 그를 객관적으로 언급할 수가 없기 때문이다. 그리고 신에 대하여 말을 할 때, 이미 그는 언급하고 있는 명제와 개인적인 사고를 통해 주관적으로 연계되어 있기 때문이다. 때문에 그는 과거의 역사적 예수 연구자들이 지니고 있었던 잘못된 역사인식, 즉 인간의 역사를 객관화(objectification) 할 수 있다고 주장하는 말은 그 역사에 대해 각 개인이 어떠한 관계를 가지고 있느냐하는 물음을 배제하고 있다고 생각한다. 즉 나와는 아무런 관련이 없는 그런 역사 속에는 인간 자신의 개인적이며 실존적인 의미를 담을 공간이 없기 때문이다. 기실 역사는 나와는 아무관련이 없는 정신적인 것을 배제한 체 생물학적으로만 생각할 수 없는 것이기 때문이다.[136)]

그러므로 그에 있어서 신은 결코 객관적으로 설명될 수 있는 과학적인 명제가 아니었다. 따라서 예수도 과학적으로 객관화시킬 수 있는 대상이 아니었다. 그가 이전의 역사적 예수 탐구를 모두 거부한 것은 이 때문이었다. 그러므로 그에게 있어서 역사적 예수의 상을 추적하는 것은 불가능한 일이다. 역사의 객관성보다는 주관성에 그가 깊이 빠져 들어간 이유는 마틴 하이데거(Martin Heidegger)의 실존주의 철학으로부터 영향을 받은 것 때문이었다.[137)] 자신에게 영향을 준 실존주의 철학이 자신의 존재의 근거로 간주하는 현재의 '삶의 정황'(Sitzen im Leben)만을 강조하다보니, 과거로부터 미래 역사로의 흐름에 대해, 즉 역사의 객관성에 대해서 그는 전혀 관심이 없었던 것이다.

그러나 그는 역사의 사건들에 대한 확실한 사실들을 모두 다 주관적으로 처리할 수가 없다는 것을 잘 알고 있었다. 때문에 그는 과거에 일어났던 사건을 단지 역사주의적인 입장에서 이해하는 것이 아닌, 그 사건의 일어난 행위(act) 그 자체를 고스란히 편견 없이 그대로 받아들일 것을 주장한다. 그리고 그는 반드시 역사 해석자의 실존주의적인 경험이 역사의 실제 사실들과 변증법적(dialectical)으로 함께 고려되어야 함을 주장한다.138) 이러한 맥락에서, 그는 예수와 기독교의 신앙을 담을 수 있는 새로운 이해 공간으로서, 기독교의 실존적인 역사를 설명하는 구속사(Geschichte)라고 하는 말을 즐겨 사용한다.139) 그리고 그는 여전히 자신의 신학적 논의를 독일 개신교신학과 루터교의 전통 안에서 거론하기를 희망하고 있었다.140)

그러나 1961년 후기의 불트만은 달랐다. 그는 이미 자신이 철학적인 전제로 사용하고 있었던 실존주의가 시대적 경향에 밀려 빛을 잃어 가고, 거부할 수 없는 힘으로 과학이 일반상식화 되어 몰려오는 현실 속에서 비신화화의 문제를 거론할 수밖에 없었다. "과학적 원리란 우리들에게 실존의 틀로서 주어진 것(mit unserem Dasein in der Welt gegeben)이며, 곧 기적을 믿는다는 것은 우리에게 주어진 이 자연의 법칙을 위배하는 것"141)임을 그는 선언한다. 결국 무신론적인 스피노자의 사상으로 돌아간 그의 모습을 볼 수 있다. 그는 기적을 기록한 성경 저자들이 하나님의 행위로 기적을 이해하지만 하나님은 자신을 기적 뒤로 숨기시는 분(Deus absconditus)이라고 주장한다. 즉, 기적을 통해서는 하나님을 볼 수가 없고, 하나님의 기적은 비밀 가운데 행해지는 것이며, 또한 마귀도 소위 기적과 같은 행위를 하기 때문에 기적을 수용할 수가 없다는 주장을 한다. 이로써 예수의 이적과 기독교의 모든 드러난 기적과 신비는 거짓이며, 하나님 자신과는 별개의 사실이 되는 비신화화(mythologisierung)의 대상이 되어버리고 말았다.142) 불트만은 하나님이 역시 자기 계시를 드러내는 분(Deus revelatus)이며 인간의 삶에 개입하시고 행동하시는 분임을 간과하고 있는 것이다.

불트만의 신학과 관련해서 볼 때, 그는 역사적 예수 탐구에 대하여 초지일관 부정적인 태도를 취했다. 예수에 대한 자료가 빈곤하다는 이유 때문이었다.143) 그리고 그는 오늘날 역사적 예수 탐구자들이 예수와 초대교회를 유대교적 영향권 아래 자라난 사람임을 강조하는 반면, 복음은 헬라적 영향권 아래 있었던 초대교회의 창작물이라고 생각했다. 1921년 그는 「공관복음 전승사」(*The History of Synoptic Tradition*)라는 자신의 책을 통해, 헬라적 전통을 가졌던 초대교회들은 역사적 그리스도에 관심을 가진 것이 아니라, 그리스도에 대한 신앙과 종교의식에만 관심을 가졌다고 주장한다.144) 예수를 직접 본 증인들의 증언들이 모두 다 초대 공동체를 유지시키기 위해 신앙적으로 각색되었다는 주장이었다. 과연 그럴까? 그는 자신의 신학적 편견 때문에, 거부할 수 없는 예수에 대한 역사적 사실들이 분명히 증언되고 있었음에도 불구하고, 예수에 대한 초대교회의 모든 증언을 부정하고 있는 것이다. 그리고 그는 예수의 십자가 죽음과 부활이 복음의 핵심적 내용이었으며, 세례와 성 만찬은 그것들에 대한 상징적인 의미였다고 주장한다. 때문에 그리스도의 십자가와 부활과 관련된 복음적 선포인 케리그마(Kerygma)는 그 자체가 역사적이지도 않으며, 예수의 자전적인 역사적 사실을 포함하고 있지도 않다고 주장한다. 케리그마 안에는 예수에 대한 그 어떤 확실한 역사적 사실 정보도 포함하고 있지 않다는 것이다.

그러나 그는 또 다른 한편으로, 케리그마가 예수의 실존을 증거하고 있는 한, 그 속에는 암묵적인 예수에 대한 흔적이 함축되어 있음을 인정한다. 그러나 오직 그 흔적은 간접적으로만 사실을 확인할 수 있다.145) 그가 확인했던 예수는 하나님의 나라를 도래시키기 위해 "놀라운 종말론적인 드라마"를 계획했었고, 그 계획을 이루기 위해 죽음이냐, 삶이냐하는 결단을 내렸다는 것이다. 따라서 이러한 맥락으로 복음서 연구를 통해 그가 내린 결론은, 예수가 자기 목적을 성취한 것이 아니라 자신의 사명에 대한 오해(자신이 죽음을 택하면 하나님의 나라가 나타날 것이라는 믿음)로 말미암아 십자가에 죽기로 결단을 내려서 처형되었다는 사실이다. 소위 실존주의적 사고와 그 철학의 명제인 결단이라고 하는 틀을 통해 예수를 본 결과가 빚어낸 잘못된 결론이었다. 그리고 그 생각은 자신의 것이 아닌 슈바이처의 생각이기도 했다. 그는 슈바이처와 마찬가지로 예수의 죽음은 "의미 없는 운명"(ein sinnloses Schicksal)에 불과한 것이라는 결론을 내렸다. 따라서 그리스도의 신앙은 초대교회가 스스로 만들어 낸 자발적인 신앙일 따름이며, 예수 자신과 초대 교회의 신앙 사이에는 그 어떤 일치도 보이지 않는다는 것이 그의 일관된 주장이었다. 결론적으로 그의 무신론은 자연스러운 자기 자신의 논리적 귀결이었다.

종교 다원주의 문제와 관련해서, 그는 여전히 독일의 개신교 신학적 전통과 범주를 넘어서지 않으려 했다. 어쩌면 루터교회의 범주라고 할 수 있는, 오직 기독교의 신만이 계시의 신이고, 그 계시로 응답할 수 있는 신만이 참 신이라고 말한다. 기독교는 다른 종교를 설득해야할 의무를 소지하고 있지만, 다른 종교가 하나님의 계시를 소지했다고는 보지 않았다. 다른 종교에서 참 하나님을 말한다는 것은 불가능하다고 그는 생각한다. 신앙은 기독교의 절대성을 떠난 그 어떤 종교와 신앙 체계에서도 존재하지 않는다. 만일 존재한다면 그것은 우상에 불과하다고 주장한다.146) 그러므로 그는 종교와 역사철학의 영향아래 자신의 종교철학을 전개했던 트뢸취(Ernst Troeltsch, 1865-1923)의 기독교의 특별계시와 기적을 부인하는 자연주의 신학을 거부한다. 기독교의 유일성을 훼손시킬 수 있다고 보았기 때문이다. 그리고 그는 종교사학파의 주장을 경계해서 기독교만이 유일한 종교이며, 다른 종교는 우상을 숭배하는 것이라고 주장한다.147) 우리는 그의 말에 깊은 동정을 느낀다. 여전히 그는 루터교의 신앙 안에서 살고 있다. 그러나 그는 또한 여전히 하나님의 아들 예수를 모른다.

요약 그리고 새로운 탐구(New Quest)

역사적 예수 탐구의 제 2 전기를 주도했던 슈바이처의 공헌은 예수와 그 예수에 대한 신앙으로 둘려 쌓여진 초대교회를, 과학적이지도 역사적이지도 않는 거짓 자료들로 꽉차있는 가상의 공간이라고 혹평하는 이전의 역사적 예수 탐구자들로부터, 또 다시 예수와 그에 대한 신앙의 의미를 되살려 놓았다는데 있었다. 그는 예수를 제 2 성전과 관련된 유대 묵시론적 종말의식을 소지한 진지한 예언자였다고 생각했다. 그러나 그는 그 이전의 역사적 예수 탐구자들과 같이 그리스도에 대한 신앙을 포기 했다. 오직 신이 없는 세상을 유지하기 위해서는 무한한 인간의 책임감과 모든 존재하는 생명에 대한 외경만이 필요할 따름이었다. 그가 예수를 강조한 것은 그 무한한 책임감의 모델을 예수를 통해 발견했기 때문이다.

불트만은 슈바이처의 생각을 새롭게 계승 변화시켰다. 그가 계승한 것은 예수가 유대 묵시적 종말론적 의식을 가진 예언자였다는 사실이었다. 이는 바이스와 슈바이처의 생각이었다. 그러나 그들이 미래의 하나님 나라의 도래에 대해 예수가 대망을 가졌다고 생각했던 것과는 달리, 예수가 오실 메시아와 하나님의 나라를 불러들일 중대한 종말론적인 결단, 즉 십자가의 죽음을 택하는 "무시무시한 종말론적인 대 역전극"(tremendous eschatological drama)[148]을 연출했다는 것이다. 그리고 신앙의 대상으로서의 예수에 대한 묘사는 예수자신의 자기인식의 발전에서 출발했다고 하는 슈바이처의 생각을 반영하는 것 보다는, 라이마루스로부터 브레데(W. Wrede)에 이르는 초대공동체의 작품이라는 주장을 받아들이는데 적극적으로 동의했다. 그러나 불트만은 간접적으로 예수의 부활 이후의 초대교회가 지닌 그리스도에 대한 신앙이 부활 이전 예수의 십자가의 결단을 통하여 암묵적으로 나타나고 있음을 후에 인정한다. 그런 점에서 그는 슈바이처의 생각을 완전히 버린 것은 아니었다.

궁극적으로 불트만은 이러한 결론과 함께 슈미트(K. L. Schmidt)[149]가 주장했던 것처럼, 예수에 대해 공간복음서, 특히 공간복음서 중에서 가장 먼저 쓴 것으로 여겨지는 마가복음에서 조차도 극히 작은 단편적인 자료들 밖에는 예수에 대해 알려주지 않는다고 생각한다. 이 때문에 그는 역사적 예수 탐구에 낙관론을 폈던 종래의 모든 예수에 대한 역사적인 이해를 거부했던 것이다. 그 결과 오직 그가 관심의 대상으로 삼은 것은 초대교회의 예수 신앙을 그대로 담은 케리그마(kerygma)의 성격을 파악하는 일이었다. 그리고 그 케리그마의 성격은 오직 예수가 내린 종말론적 대 결단과 그것에 대한 초대교회의 자기이해를 내용으로 하고 있었다.

결론적으로 예수의 결단과 실존적인 이해에 얽힌 그의 신학적인 진술은 단지 실존주의가 그에게 가르쳐 준 틀을 그대로 신학화한 것에 불과한 것이었다. 그 때문에 자연스럽게 실존주의가 지니고 있었던 반역사주의적인 태도 역시 자신의 신학적인 틀로 받아들여 버리고 말았던 것이다.

결과적으로 불트만이 지닌 실존주의의 틀은 역사인식을 가로막았다. 그렇다고 해서 예수에 대한 역사적인 흔적이 다 그의 사고 안에서 소화되는 것이 아님을 지적하면서, 그의 제자 케제만(Ernst Kaesemann, 1906-1998)은 역사적 예수 연구에 대한 새로운 지평을 연다. 1953년 케제만의 「역사적 예수의 문제」(The Problem of the Historical Jesus)는 실존주의 사고 아래 생산된 불트만의 케리그마 안에서도, 역시 예수를 역사적으로 이해할 수 있는 단편들이 발견되고 있고, 예수의 제자들 역시 그의 스승에 대한 신앙과 그에 대한 역사적 진술 사이에 차이를 가지고 있지 않았다는 것을 주장한다. 케제만은 구약의 역사적 자료들을 많이 사용하고 있는 마태의 의식 역시 역사적인 기록을 자신이 옮겨 놓고 있다고 굳게 믿었다는 것이다.[150] 그리고 계시의 문제는 분명히 그 계시를 인간이 수용한다고 하는 측면에서 역사적일 수밖에 없음을 역시 주장한다. 불트만과는 완전히 반대되는 주장이었다.

케제만으로부터 시작 된 역사적 예수 추적에 대한 새로운 탐구는 새로운 연구에 대한 많은 가능성을 가져다주었다. 많은 연구의 축적이 있었다. 그러나 그 연구들의 결과는 독일의 신학적 전통에 그대로 남아 있기를 바랐던 바르트와 불트만 그리고 케제만의 의도와는 너무나도 먼 곳으로 나아가 버린 결과를 낳았다. 결국 과학적이고 역사적인 사실에 근거하지 않는 사념에 치우치는 비실제적인 자료들은 더 이상 연구 자료의 대상이 될 수 없는 시대가 온 것이다. 불행하게도 예수에 대한 대부분의 자료들은 과학적으로나 역사적으로 검증될 만한 자료로 받아들여지지 않았기에 괄호 밖으로 밀려 나가게 된 것이다. 그리고 오늘날 제 3의 역사적 예수 탐구를 주도하고 있는 신학자들에게 있어서 그리스도에 대한 신앙은 그들의 무신론적인 전제 때문에 예수가 단지 이해될 뿐이지 신앙의 대상으로 받아들여지지는 않게 되었다.

제3세대 역사적 탐구 : 종합에 이르는 길

역사적 예수 탐구의 제 3세대는 기독교의 전통적인 예수에 대한 신앙이 과학적이거나, 사실에 입각한 역사적인 근거를 소지하지 않고 있다고 생각한다. 때문에 기독교 신앙의 핵심이 되는 예수의 동정녀 탄생, 부활, 메시야로서의 도래, 심판, 천국 이런 개념 등은 결코 이성적이지 않다고 하는 무신론적인 입장을 취한다. 그 결과 예수와 기독교는 결코 특정적인 종교로 받아들여지지 않는다. 단지 종교를 연구하는 관점에서 종교사학적인 관심사의 한 탐구의 부분일 뿐이다.

표면적으로 오늘날 제 3의 역사적 예수 탐구는 과거의 성서비평론의 한계가 예수에 대한 올바른 이해를 가로 막았다는 인식에서부터 출발하고 있다. 19세기의 문헌비평의 일종이었던 여러 자료비평은 성경에 대한 복잡한 구도를 제시해 주었다. 그 중에 오늘날까지 영향을 주고 있는 것은 그리스바하(Johann Jacob Griesbach, 1745-1812)의 공관복음서의 상호이용설과 라크만(Karl Konrad Friedrich Wilhelm Lachmann, 1793-1851))의 마가복음의 우위설, 그리고 마태와 누가의 기본 참고도서로 Q자료가 쓰였다고 하는 가설 등이다.

Q자료 가설은 1801년 영국의 헤르만 마쉬(Herman Marsh)로부터 시작해서 1832년에는 슐라이어마허를 통해, 1838년 마가복음의 우위설을 받아들인 바이스(Christian Hermann Weisse)와 1863년 슈바이처의 스승인 홀츠만(Heinlich Julius Holtzmann)에 의해 재확인 되었다. 직접적으로 Q자료(Quelle: 근원)로 명명한 것은 바이스로 알려지고 있다. 이제 Q자료는 마태 그리고 누가의 원자료로 쓰였다는 주장이 당연하게 받아 들여졌다. 그러나 자료비평은 단순히 자료들을 분석하는 단계를 거쳐 저자들의 신학적 사상과 구도를 읊어야 한다는 요구에 따라, 성서연구의 편집 비평적 방식이 가미되었다.

그러나 문제는 브레데가 마가복음 그 자체에서 역사적 예수의 자료를 더 이상 찾을 수 없다는 주장을 하면서 발생했다.[151] 역사적 예수 탐구자들에게는 성경이 더 이상 예수의 역사적 흔적을 제공해 주는 자료가 될 수 없었기 때문이었다. 그런 실망은 이후에 일어난 양식사 비평론자들에게 대해서도 마찬가지였다. 성경을 문학비평에서 사용하는 양식적인 방법(Form Criticism)으로 전승들과 설화들로 구분해 놓는다고 할지라도, 양식사비평의 핵심 인물이었던 불트만이 얻은 결론은 공관복음에 나타나고 있는 예수의 말씀에 대한 자료전승과 설화 자료전승 중, 납득할 수 없는 설화자료들은 비신화화하자는 것이었고, 그 결과 예수의 이적 이야기나 설화 등은 현대 과학과 현대인의 사고의 틀에 맞지 않기 때문에 삭제되어야 할 것들로 분류되었다. 이렇게 해서 얻은 결과로 그는 예수를 더 이상 역사적으로 탐구하기에는 불가능하다는데 이르렀다.

따라서 제 3의 역사적 탐구의 방향성이 새로이 설정됐다. 더 이상 성경 안에 나타나는 예수를 추적하는 것은 역사적인 증거자료가 불충분하기 때문에 불가능하거나 무의미하다는데 뜻이 모아졌다. 사도들의 증언과 초대교회가 남긴 자료들은 오직 성경 저자 자신들의 그리스도에 대한 신앙적인 이해방식 내지는 표현이라고만 생각했기 때문에, 슐라이어마허 이래 '역사로서의 예수'와 '신앙의 그리스도'를 구분하는 역사적 예수 탐구자들의 전통에 따라 역사적 예수에 대한 정확한 자료를 제공해 주지 못한다고 생각했고, 또한 예수에 대한 역사적인 자료가 부족하다고 생각했다. 그래서 새로운 방식으로 택한 것이 예수 당시의 유대사회의 정치적 사회적 구도를 재조명하는 것이었다. 그리고 기독교를 많은 종교들과 비교해보는 종교사학파의 견해를 채택하는 일이었다. 이는 이미 제 1세대 역사적 예수 탐구자들이 주장했던 바를 단지 심도만 달리하여 되풀이 하고 있을 따름이다.

타이선(Gerd Theissen)과 사회학적 전통

70년대 초기에 독일신학에서는 불트만의 비신화화의 문제와 역사를 배제하는 신약성서비평의 한계 때문에, 새로이 부상하는 사회과학이었던 사회학으로 신약의 세계관을 재정립하려는 시도가 제기되었다. 하이델베그의 신과대학 교수 게르트 타이선(Gerd Theissen)은 그 중심인물 중의 한 사람이었다. 초기 그리스도교를 유대의 한 갱신운동으로 파악했던 그의 저술들은 고정된 성서해석을 넘어 많은 다양한 형태의 예수에 대한 이해와 초대교회의 모습을 그리도록 방향성을 제시해 주었다.

예수에 대한 타이선의 기본적인 전제는 예수를 새로운 윤리적 종교적 가르침을 제자들에게 전한 계시전달자인 '인자'(the Son of Man)라는 사실과, 그의 제자들에게 방랑 카리스마주의자의 모델을 제시해 주었다는 사실, 그리고 각 성마다 자기를 따르는 사람들에게 깊은 관심을 표하는 사람으로 묘사한다. 당연히 이러한 예수에 대한 관점은 그의 제자였던 호르스레이(R. A. Horsley)와 크로산(John Dominic Crossan)을 포함한 역사적 예수 탐구를 주제로 모인 북미신학자 모임인 예수세미나 회원들에게 "진보적인 성향의 카리스마적 방랑설교가"(a radical charismatic itinerant preacher)로 각인 된다.152)

그러나 타이선의 예수는 부자들과는 적대적이며 가난한 자들만의 지도자였다. 예수 당시의 사회를 날카롭게 이분법적으로 나눈 것153)은 당시 사회의 역사적 정황과 상황을 자신의 사회학적 시각을 통하여 자신의 논리로부터 개념화한 결과였다. 예수 당시의 사회를 이분법으로 보려는 시도는 당시의 사회가 실제로 그랬기 때문이 아니라, 타이선이 지닌 신학적 이해의 틀이 그러했기 때문이었다. 그러나 실상 예수를 가까이서 따라 다니며 도운 사람들은 중산층 이상의 사람들이 많았다.

그리고 예수는 가버나움을 근거로 하고 활동했다. 타이선이 예수가 집 없는 부랑자들의 지도자인 것으로 묘사하지만, 실제로는 가버나움 중심으로 하루 생활권 안에 자신들의 집들을 소지했던 대부분 중산층의 사람들도 많았다. 때문에 타이선이 강조한 그러한 전제는 역사적인 근거로부터가 아닌 타이선 자신의 시대에 있었던 독일신학의 한 지류였던 막스주의와 정치학, 생물학적 역사이해154)와 그리고 신학의 종합적인 이해의 틀이 자연스럽게 종합되어 그를 통해 나타난 것이다.

타이선은 불트만의 양식비평(form criticism)의 약점인 공관복음 자체를 하나의 문학 형태의 글로 이해하려는 시도로는 더 이상 예수 당시의 정치 사회 지리적 구조와 형태를 파악할 수 없음을 잘 알고 있었다. 그는 새로운 신학적 시각을 시도했다. 일반적으로 기원 후 40년대에 기록된 것으로 주장되고 있는 Q자료보다 이미 마가의 기록 13장의 이야기, 즉 예루살렘에 멸망의 미운 것이 서거든(막13:14)이라는 예수의 예언을 황제 카리규라(Caligula)의 동상이 성전 안에 세워진 때(A.D. 70년 이전)와 후에 일어난 예루살렘 파괴의 때를 말하는 것이라고 주장한다. 이것은 곧 복음서의 전승설화는 모두 초대교회의 조작(A.D. 70년 이후)이라고 주장한 불트만의 생각을 뒤 엎는 것이었다. 그리고 예수 전승설화가 이미 40년대 초기에 존재해 있다고 말함으로서 초대교회의 저작설을 뒤 엎기도 한다.

그리고 타이선은 여전히 자신의 이분적 사회구도 안에서 예수 사후 두 부류의 제자들이 발생했는데, 어떤 이들은 예수와 같은 방랑 견유예언가로, 다른 부류는 정착을 하면서 공동체를 이어나간 소위 신약교회라고 주장한다. 사회를 이분법으로 보아 좌파와 우파라고 하는 형식으로 혹은 지배계급과 피지배계급으로 나누는 마르크스주의적 틀을 그는 소지하고 있었다. 그러나 이러한 시각은 칼 바르트(Karl Barth)신학의 일부분이었던 사회주의적 전통을 따르던 이들에 의해 마르크스주의적 정치신학의 풍조와 함께 이미 신학적 논쟁으로 깊이 독일 신학계에서 논의되고 있었다. 타이선은 결코 자신의 시대와 무관한 사람은 아니었다.

그러나 정작 문제가 되는 것은 그의 「역사적 예수」(The Historical Jesus)155)가 더 이상 예수를 메시아로 남겨두지 않는다는 사실이다. 단지 평범한 한 사람의 사회혁명가로 예수는 묘사 된다. 그에 의하면 예수는 바리새인과 열심당원 그들 어느 쪽에도 속하지 않는 탈 민족적 세계관을 가진 사람이었다. 그것은 양쪽 모두에게 위협을 의미했다. 그러나 예수는 민족해방에 관심을 가진 사람이 아니었다. 단지 헬라적인 문화에 젖어 있는 대도시를 떠나 조용하게 유대 종교사상을 혁신하려는 사람이었다고 그는 해석한다. 따라서 그는 예수가 하나님의 나라를 선포하고 가난한 자에게 구원을 주고 심판을 선포한 사랑이 넘치는 방랑 철학자와 같은 예언가 혹은 한 사람의 악마 추방자(Exocist)였다고 결론을 내린다. 우리는 이러한 결론을 이미 라이마루스와 르낭의 사상으로부터 본 적이 있다. 그리고 그러한 결론은 그 다음 세대인 사회적 정황을 통해 역사적 예수를 탐구하려는 예수세미나 사람들에게도 역시 같은 증후군으로 나타나고 있다.

　같은 맥락에서 예수세미나의 한 일원인 호르스리(Richard A. Horsley)도 타이선의 제자로서 타이선보다 한층 더 예수 당시의 사회구조를 이분적 구도 안에서 보고 있다. 소위 지배계급(바리새인, 서기관, 율법사, 귀족들)과 피지배계급(농민, 어부, 세리, 창기와 병자 그리고 가난한 사람들)이라는 가파른 이분적 구도 안에서 당시의 사회적 상황을 이해하려 한다[156]. 그리고 그는 예수를 1세기의 사회 혁명가로 생각하고 있으며, 유대 묵시적 종말론은 사회적 변화의 구도를 선도하기 위한 의식화 작업의 일종으로 생각한다. 그러한 철저한 이분법적 사회관은 피지배계급이 오늘날에도 존재하는 한, 그의 메시지가 소위 그리스-로마시대 뿐 아니라 오늘날에도 중요한 의미를 던져주고 있다[157]고 믿는다.

　예수는 유대사회에 큰 비전을 던져준 사람일 뿐만이 아니라 오늘날에도 역시 큰 비전을 우리들에게 제시해 주고 있다고 호르스리는 주장한다. 구체적으로 그가 제시하는 예수의 비전은 남녀의 구분이 없는 평등사상, 경제적인 공동체의 조력정신과 스스로 살림을 꾸려 나가는 자율적인 자립정신, 초인종적인 박애와 가정에 대한 새로운 이해 등을 든다. 문제는 우리가 이미 독일 신학자 타이선에게서 보았던 혁명가 예수 그 이상의 어떤 새로운 면모도 그에게서 발견할 수 없다는 사실이다. 단지 그와 타이선의 차이란 타이선이 예수를 대중적 혁명가로 보았다면, 그는 단지 소박한 마을 중심으로 개인들의 의식화 작업을 통해 세상을 변화시키려 했다는 점이다. 그러나 오히려 문제는 그 역시 예수를 혁명가 그 이상의 존재로 결코 생각하지 않는다는 점이다.

같은 입장을 고수하고 있는 카이로(R. David Kaylor)의 입장은 좀 더 진보적이다. 그는 예수가 열심당원 이었으며, 혁명을 꿈꾸었던 혁명가였다고 생각한다. 그의 메시지가 다분히 정치적이었고 혁명적 뉘앙스를 띄고 있었기에 십자가에 처형당했다고 말한다. 그러나 빌라도와 당시의 종교 지도자들은 예수를 정치적인 위험인물로 본 것이 아니라 종교적으로 위험한 인물로 보았다. 그러나 그는 예수가 유대 묵시 종말론적인 대망을 품고 있었거나, 자신이 '인자'라고 생각했다는 것에 별로 관심이 없다. 오직 그는 그런 용어들을 공동체와 사회적 현상을 설명하기위한 용어로 다루고 있을 따름이다. 한 예로 **"너희가 그 말을 들었으나 그러나 나는 너희에게 말하노니"** 라는 전형적인 예수의 말들은 예수가 다분히 정치적이었다는 것을 뜻한다고 그는 주장한다.158)

타이선의 사회학적 전통을 따라 예수를 설명하려했던 모든 시도들은 공통적으로 예수를 혁명적인 존재였음을 부각시킨다. 특히 타이선의 입장을 고수한 카이로(R. David Kaylor)의 주장 등에서 그 흔적을 찾아 볼 수 있다. 이러한 전통은 거슬러 올라가면 라이마루스와 스트라우스의 전통을 현대적으로 이어가고 있다고 말할 수 있을 것이다. 그들은 예수의 산상보훈과 비유들은 다분히 정치적이고, 또한 성전 정결을 위한 행위들이 정치적으로 보였기 때문에, 예수가 십자가에 죽었던 것으로 생각한다. 하나님의 아들 예수는 결코 그들의 신앙의 대상은 아니었다.

예수세미나(Jesus Seminar)와
견유철학적(cynic philosophical) 이해

또 다른 한 부분에서는 주로 영국과 미국의 종교사학파의 영향아래 결성된 영국과 북미의 신학자들을 중심으로 오늘날 제 3의 역사적 예수 탐구가 시작된다. 역사적 예수에 대한 새로운 탐구가 소위 "예수세미나"(Jesus Seminar)라 불리는 신학자들의 모임에 의해 주도 되었다. 로버트 펑크(Robert W. Funk)는 그들을 대표하고 있고, 크로산(John Dominic Crossan)은 그들 중 대표적인 신학자이다.

예수세미나는 예수와 관련된 모든 자료를 다 탐구의 대상으로 삼는다. 그들의 학문적 전제는 "역사 비평적 입장"(the historical-critical approach), "사회과학적 접근(the sociological approach), 그리고 컴퓨터 과학"(the social-scientific method and computer science)을 방법론으로 택한다. 그리고 오히려 이미 권위를 상실한 성경보다는 단지 존재했을 것으로 추정되는, 마가에는 없으나 마태와 누가에게서만 발견되는 공통적인 230개의 문구들로 이루어진 Q자료와, 훨씬 사도들의 후대에 쓰였으나 다섯 번째의 복음(The Five Gospels)이라 하여 사복음서보다도 그들에게는 더 중요한 문서로 여겨지는 소위 나일 강변인 낙 하마디(Nag Hamadi)에서 발견된 도마복음서(Gospel of Thomas)와, 그 이외의 다른 지역에서 발견된 도마의 이름으로 된 문서들(시리아에서 발견된 Acts of Thomas, the Book of Thomas)이나, 유다서가 더 중요한 자료로 취급 된다.

이들 문서들은 150년 경 이후에 기록된 것으로 알려지는 유다서를 제외하고는 모두 다 기원 후 200년을 넘어가는 저작들이다. 즉, 1세기에 저술된 성경들과는 비교할 수 없는 후대의 영지주의의 영향 아래 있었던 작품으로 이미 오래전에 교회에 의해 공인된 작품인 성경에 대해 옳고 그름을 시비하고 있는 것이다. 그리고 그들은 성경에 대한 편견을 가진 나머지 자신들이 도입한 잘못된 방법론적 오류 때문에, 1-3세기의 유대문헌과 사해사본과 특히 그노시스파(gnocism)의 문서로 알려진 낙 하마디 등의 문서들과 외경과 위경들, 그리고 역사기록에 남아 있는 단편들에 대해 지대한 관심을 기울이게 된 것이다. 그러나 문제는 제 5복음서들이란 모두 다 그럴듯하게 비평주의적 입장을 택한 학자들에 의해 추정적 해석과 함께 재구성된 문서들에 불과하다는 점이다. 즉, 문제가 되는 것은 단지 자료에 따르는 비평이 문제가 아니라 편집하는 자의 의도적인 구도가 자료를 그렇게 해석하도록 유도하고 있다는 점이다.

예수세미나를 대표하는 펑크(Robert W. Funk)나, 중심인물인 크로산, 그리고 예수세미나의 주된 사상은 예수가 유대를 배경으로 냉소적인 언어를 구사한 한 시골 농부라는데 초점을 두고 있다. 예수는 지혜와 냉소적인 언어구사를 통해 당시 문화를 비판했다고 그들은 생각한다. 예수에 대한 이러한 해석은 전적으로 도미닉 크로산의 「역사적 예수」(*Historical Jesus*)[159]가 끼친 영향 때문이었다. 그러나 크로산의 예수는 부활이 없는 예수였다. 전혀 전통적으로 묘사되어 오던 예수가 아니었다. 그리고 그의 예수의 평등사상은 현대적 감각에 의해 각색되어진 평등사상이었다. 그러나 그에 의하면 예수는 결코 종말론적인 사고를 지녔거나 자기에게 초점을 둔 사람도 아니었다. 다시 말해 슈바이처와 불트만의 사상을 간접적으로 배격하고 있는 것이다. 그러나 예수가 메시아로서 신앙의 대상이 된 것은 단지 초대교회의 창작이라는 주장에 대해서는 라이마루스 이래 동일한 전통아래 성장했던 불트만의 생각에 일반적으로 동조하고 있다.160) 그리고 그가 유대의 견유철학자의 일종이었다고 하는 것은 르낭의 생각을 그대로 현대화 한 것에 불과하다.

마르쿠스 보그(Marcus J. Borg)와 카리스마적 이해

현재 제 3의 역사적 예수 탐구에 한 획을 긋고 있는 마르쿠스 보그의 경우를 보면, 1987년의 그의 책 「예수, 새로운 비전」(*Jesus, New Vision*)161)에서 그는 예수를 사회변혁을 꿈꾸는 카리스마적인 치유사역자 혹은 전통적인 지혜 개념을 뒤집어엎고 사회적 변화를 꿈꾸는 혁신적인 현자로 묘사하고 있다. 자신의 초기 사상의 관심거리였던 하나님의 계시를 받고 성령으로 귀신을 내 는 종말론적인 예수의 이미지로부터 후퇴한 셈이다.

그의 초기 신학적 입장에 나타나는 예수는 하나님과 하나님의 성령을 체험한자로서 유대 사회에 성령을 불어 넣는 첫 계시자이다. 그러나 유대사회가 그를 부정함으로 그의 메시지는 세계를 향하게 된다. 즉, 예수는 열심당원들처럼 로마 정권을 몰아내고 성전을 지키겠다고 하는 사상이나, 또한 바리새인들처럼 율법의 행위로 획득되는 거룩 개념과는 달리 죄인들과 어울려 다른 변화의 공동체를 꿈꾸고 있었기 때문에, 모든 전통에 위험적인 인물이 되었다고 그는 판단한다. 이것이 예수가 죽은 이유라고 그는 믿는다.

보그는 자신의 스승 케어드(George B. Caird, 1917-1984)로부터 예수가 사회혁명가라는 인상을 물러 받게 된다. 동일한 생각을 가지고 있었던 타이선과 호르스리 그리고 카이로와도 사상적 교류를 공유한다. 그러나 후에 그는 종교현상학적 관점에서 예수 자신의 종교경험에 깊은 관심을 나타낸다. 그는 슐라이어마허와 하르낙(Harnak)과 동일한 입장을 지니고 예수의 부활과 동정녀 탄생을 부인한다. 부활은 단지 헬라사상을 기초해서 볼 때, 소생의 의미가 아니고 단지 실존적인 변화를 의미한다고 주장한다. 그리고 부활은 초대교회가 만든 전승이며, 예수의 탄생과 관련해서 동정녀 탄생은 역사적인 사실이 아니라고 말한다. 단지 은유적인 담화전승일 따름이라고 주장 한다162)

그는 예수와 인자와의 관계에 깊은 관심을 가진다. 그러나 그의 인자는 다니엘서 7장의 메시야와 제 1 에녹서에 언급된 히브리 전통의 과거의 인자가 아니라 1세기 당시의 팔레스타인 땅에 현재적 의미를 지닌 한 사람의 인자로서 예수인 것이다. 시간적으로 미래적 메시야를 의미하지 않고 현재적 의미로서의 예수, 즉 한 사람의 인간 예수를 발견하려 한다. 그 작업을 위해 그는 공관복음에서 역사적 예수의 잔재를 찾으려 했지만 요한복음은 거절한다. 역사적이지 않다고 생각하기 때문이다. 그는 예수를 단지 초대교회에 의해 하나님의 형상으로 간주되었을 따름이지, 그 자신이 하나님은 아니라고 말한다. 그리고 "우리 주 예수 그리스도 하나님"(our God, Jesus Christ)이라는 니케아신경의 고백은 4세기경의 기독교의 상황에서 굴절된 언어의 의미를 나타내고 있다163)고 말 한다. 그의 사상에 뿌리하고 있는 근본 기저에는 결국 과학적으로나 역사적으로 예수사건을 사실로 받아들인다면 상식을 위배하는 것이라는 주장이 깔려 있다. 단지 종교현상학적인 관점에서 애써서 예수의 의미만을 강조하고 있는 것이다.

그러나 그의 초기 사상에서 언급되는 예수의 특별한 특징, 즉 신비적인 인물로서의 이해를 역사적 탐구를 위한 한 가능성으로 거론해야만 한다는 주장은 긍정적인 평가를 가져다준다.164)

샌더스(E. P. Sanders)와 종말론적 이해

샌더스는 예수의 유대 묵시론적 종말론적 메시야에 대한 자기 이해와 관련해서 슈바이처의 중요한 계승자가 된다. 그는 제 3의 역사적 탐구자들이 역사적 예수의 가능성과 또한 예수에 대한 종교적 의미를 다 지워버린 것에 비해 복고적인 성향을 가진 사람이다. 샌더스는 예수에 대한 기록에서 역사적 예수를 발견할 수 있다고 주장하고, 예수를 메시아사상과 관련된 유대 묵시록의 종말론적 사고를 지닌 사람으로 설명한다. 그러나 그는 사회학적 관점에서 제 3의 역사적 예수 탐구는 거절한다. 분명히 그는 예수를 종말론적 사고를 지니고 있는 선지자로 생각하기 때문이다.165) 그러나 문제는 예수를 단지 선지자로만 묶어 둔다는 점이다.

샌더스는 예수에 대한 종래의 바울신학 중심의 헬라적 시각을 유대 랍비적 시각으로 바꾼 점에서 제 3의 탐구자들에게 지대한 영향을 주었다. 그의 중심점은 제 3의 예수 탐구자들이 예수의 역사적 사실들을 다 부정하는 반면에, 그는 분명히 예수의 실체를 역사적 사실로 거론한다. 그는 심지어 예수의 부활은 사람들에 의해 증거 되었다고 말한다. 그러나 문제는 그 부활이 어떤 의미로 사람들에 의해 전달되었는지를 확실하게 밝힐 수는 없다고 말한다.

그는 독일 불트만신학 전통의 두 가지 강조점이었던 예수의 헬라적 기원과 메시야로서의 자각에 따른 준비로 성전정결과 같은 시각을 전적으로 반대 한다. 초기 유대교에서는 성전정결과 같은 의식이 없었고 오히려 성전을 부정하는 사고가 쿰란 문서들에 나타나기 때문이라고 말 한다.166) 예수는 유대주의적 전통을 가진 사람이었고, 결코 유대 집권자들과는 불화를 가진 적이 없는 사람이라고 생각한다. 단지 예수가 죽은 것은 정치적 선동 때문에 로마 당국에 의해 죽었다는 것이다. 예수를 유대적 토양에서 이해하자는 주장은 상당한 일리를 가진다. 그러나 예수와 당시의 종교 지도자들 간의 긴장이 없었던 것으로 보는 그의 시각은 예수와 그 당시의 지도자들이 모두 율법을 강조했다는 점으로부터 얻어진 생각이었다. 유대 지도자들과의 불화와 관련해서 단지 예수가 그들에게 용납될 수 없었던 것은 소위 죄인들로 간주된 자들을 죄에 대한 희생이나 대가를 지불함이 없이, 그들을 자신의 공동체로 받아들인 것 때문이었다고 그는 생각한다. 왜냐하면 예수의 그러한 공동체는 유대 전통의 모든 공동체의 규칙을 깨는 매우 위험한 발상을 지니고 있다고 생각되었기 때문이었다.

그는 어느 정도 슈바이처와 불트만의 전통 위에 서서 그들의 문제를 정리하고 싶어 했다. 그러나 그의 정리는 역시 슈바이처나 불트만이 봉착한 문제들인 기적과 하나님의 나라 및 부활 등에 대해 그들과 다른 견해를 견지하고 있다. 불트만이 기적을 자연적인 (natural) 사건으로 해석하려 했기 때문에 비신화작업을 했어야만 했다는 점을 그는 잘 알고 있었다. 기적에 대하여 설명할 수 없는 것은 아직 과학의 미숙 때문에 밝혀지지 않은 것으로 그는 생각한다. 많은 부분에 있어서 그는 예수의 삶의 과정과 결과에 대해서 제 3의 역사적 예수 탐구자들 중에 가장 논리적으로 설명을 해내는 장점을 지니고 있다. 그러나 그러면서도 납득이 가는 이해의 공간 속에 역사적 예수를 찾으려는 자신의 시도 때문에, 하나님의 아들이 아니라 단지 종말론적인 선지자 예수만을 설명함으로써 애매한 결론으로 종결을 맺는다.

결론과 특징

지금까지 역사적 예수 탐구에 대한 지난 과거로부터 현재에 이르는 변천들을 더듬어 보았다. 역사적 예수 탐구의 제 1 세대이래, 제 2, 제 3 세대인 현재에 이르는 모든 신학자들이 지니고 있는 기본 전제는 예수를 역사적 사실(Factum Historicum)로 받아들일 수가 없다는 것이다. 그리고 과학적인 대상으로 접근할 수 없는, 단지 종교적인 의미만 우리에게 전해주고 있다는데 전적으로 동의하고 있다.

제 1세대의 역사적 예수에 대한 전적 부정은 기독교의 사실과 의미 그 자체를 완전히 거부하고 있다. 그러나 제 2 역사적 예수 탐구에 대한 시도는 예수와 기독교의 의미를 되살려 놓았다. 그러나 신앙의 그리스도(Christus fidei)는 더 이상 믿음으로 강조되어질 수가 없게 되었다. 급기야 제 3의 역사적 탐구시대인 현재에 들어서면서 더 이상 예수와 기독교는 설 자리를 잃게 된다. 그들에게 있어서 예수는 더 이상 하나님도 메시아도 아니다. 단지 오늘날에도 종교적인 의미를 전해 주는 위대한 지혜자의 일종일 따름이다.

좀 더 구체적으로 분석해보면, 오늘날 역사적 예수 탐구자들의 공통적인 특징은 라이마루스와 슐라이어마허가 주장했던 '역사의 예수와 신앙의 예수'(The Jesus of History and the Christ of the Faith) 사이의 큰 간격을 인정하고 계승하고 있다는 점이다. 물론 그들은 신앙의 예수를 삭제하기 원한다. 단지 역사적 예수에 대한 어떠한 자료를 복음서 기록으로부터 더 찾아 낼 수 있을까에 관심이 가 있을 따름이다. 결국 그들이 찾아낸 결론은 역사적 예수가 한 평범한 유대 견유학자이거나 카리스마적 종교가라는데 초점을 맞춘다. 그들에게서 르낭의 망령이 또 다시 나타나고 있다. 그리고 스트라우스가 주장했듯이 과학적이지도, 역사적인 실증도 없는 존재로 예수의 위치를 둔갑시킨다.

그리고 그들은 역사적인 인물인 예수에 대해 신앙의 그리스도로 묘사한 모든 성경적 자료들은 초대교회의 창작물이라는데 뜻을 함께 한다. 슐라이어마허, 스트라우스, 르낭, 슈바이처와 불트만의 생각들을 계승하고 있는 셈이다. 때문에 성서 이외의 자료들을 초대교회의 증언보다 더 중요시 여긴다. 그러나 더욱 심각한 문제는 그들은 자신들만 예수를 메시아로 믿지 않을 뿐만 아니라, 자신들의 사상과 글에 영향을 받은 모든 사람들을 그리스도의 신앙에서 이탈을 시키고 있다. 오늘날 역사적 예수 탐구자들은 소위 '알기를 포기한 신앙은 무지를 통한 왜곡이며, 과학적이지도 않고 그러면서도 역사적인 사실을 상실한 신화적인 세계로의 끝없는 나락'이라고 말한다. 그러나 분명한 것은 그들이 예수를 믿지 않는 사람들이라는 것이다. 그들은 자신들이 세운 교회의 모든 신앙고백과 전통을 자신들의 손으로 허물고 있다. 그들이 비중 있는 신학자들이라는 점에서 더욱 문제는 심각해진다.

궁극적으로, 역사적 예수 탐구자들의 핵심은 간단하다. 예수와 기독교 전통이 '과연 과학적인 검증의 대상이 되느냐 혹은 역사적 자증을 내어 놓을 수 있느냐' 하는데 그들의 관심이 모아져 있다. 결과적으로 신앙을 포기한 그들은 NO라고 말할 수밖에 없기 때문에 새로운 출구를 찾고 있는 것이다. 예수를 사실의 역사(Factum Historicum)로 받아들일 수 없기 때문이다. 그리고 예수를 신앙의 그리스도(Christus fidei), 즉 하나님의 아들로 받아들일 수 없기 때문에 마르쿠스 보그의 책 제목167)_「그리스도의 의미」(*The Meaning of Jesus*)처럼, 예수의 실체와 사건에 대한 '지워버릴 수 없는 역사적 사실'(Brutum Factum)은 사라지고 오직 그 의미만을 외치고 있는 것이다. 그 때문에 역사적 예수 탐구자들이 어떠한 주장을 되풀이하고, 또한 어떠한 미사여구를 예수에게 붙여준다고 해도 그들의 결론은 언제나 동일하다. "그는 하나님의 아들이 아니라, 단지 위대한 한 인간이었을 따름이다."

"어리석은 자는 그 마음에 이르기를 하나님이 없다 하도다"(시편14:1)

미 주

1) 샌더스(E. P. Sanders), *Paul and Palestinian Judaism* 1977 SCM Press.
2) 샌더스, *Jesus and Judaism* 1985 SCM Press.
3) 균터 보른캄(Guenther Bornkamm), *Paul.* Minneapolis: Fortress Press, 1995 [1969]
4) 샌더스(E. P. Sandrs)의 1985년 작품인 「예수와 유대이즘」(Jesus and Judaism)은 예수에 대한 새로운 해석을 내어 놓는다. 그에 따르면, 예수는 단지 슈바이처가 언급한대로 종말론적인 묵시사상을 소지하고 있었고, 세례요한의 계승자로서 메시야에 의한 이스라엘의 부흥을 꿈꾼다. 그러나 그의 죽음을 촉발시킨 것은 성전에서의 상을 뒤엎었던 정치적인 일이었으며, 유대 율법주의와의 마찰로 죽은 것이 아니라는 새로운 해석을 내어 놓는다. 즉, 유대주의에 대하여 친화적인 예수를 설명하고 있는 셈이다.

벤 워더링톤(Ben Wetherington III)도 같은 견해를 피력한다. 그러나 라이트(N. T. Wright)는 불트만의 양식사학파(Form Criticism School)의 영향으로 예수와 바리새인 간의 율법적인 갈등은 초대교회와 유대주의자들 간의 갈등을 반영한 나머지 초대전승으로 조작된 것이라고 하는 샌더스의 주장에 반대한다. (*Jesus and Victory of God: Christian Origin and the Question of God*, Vol. 2 Augsburg Fortress, 1996, Chapter 9 참조).

5) 이런 견해에 대해 반대의 의견들도 많다. Juelicher, *I*, 118 ff.; W. Wrede, *Das Messiasgeheimnis* (1901), 54ff.; Bultmann, *Trad.*,

351, n. 1.
6) 로빈슨(James McConkey Robinson), 호프만(Paul Hoffmann), and 크로펜보르그(John S. Kloppenborg), editors, *The Saying Gospel Q in Greek and English: With Parallels from the Gospel of Mark and Thomas*, 2002.
7) 도올 김용옥, 「기독교성서의이해」, 통나무, 2007, 48.
8) 김영한, 「크리스천투데이」 : 역사적 예수의 고고학적 발견에 대한 비판적 소개, 2008.
9) 레루프(Jean-Yves Leloup), *The Gospel of Thomas: The Gnostic Wisdom of Jesus* (Rochester Vermont: Innertraditons, 2005), 85.
10) 레루프, *Ibid.*, 219.
11) 키텔의 「신약학 사전」 (Gerhard Kittel,ed., tran., by Geoffrey W. Bromiley, *Theological Dictionary of the New Testament*, volume IV (Grand Rapids: Eerdmans Pub. Com. 1977), 817-819. J. Koegel, "*Der Zweck d. Gleichnisse Jesu im Rahmen seiner Verkuendigung*," BFTh, 19, H. 6 (1915); C. A. Bugge, *Das Christus mysterium* (1915); T. Arvedson, *Das Myterum Christi, Eine Studie zu Mt. 11:25-30* (1937), 219.
12) 많은 역사적 예수 탐구자들이 도마서의 비중을 강조한 나머지, 예수의 '씨 뿌리는 자의 비유'와 관련해서 바울의 고전 2장 9절을 이사야의 글(64:3, 52:15)의 인용으로 보기보다는 오리겐과 암브로스의 말을 인용하여 엘리야 비서(*Apocalypse of Elijah*)로부터 인용했다고 생각한다. 문제는 모든 문서들이 도마복음서 17장에 나타나고 있으니 바울의 글도 도마복음서에서 인용했을 것이라는 주장을 하고 싶어 한다. 도올 역시 그들의 생각을 빌리고 있다(*기독교성서의 이해*, 466-8, 2007).

그러나 필자가 이미 앞에서 언급했듯이 바울의 언급은 이사야가 출저이며, 더 나아가서 이스라엘의 고대 신탁과 관련된 모세의 언급 (신29:4)과도 연관되는 긴 구속사적 역사를 지닌 묵시담론의 결정체이다.

13) 요1:21;6:14;7:40;행3:22;7:37;1마카비4:46;14:41;1Qumran, *Rule of the Community* IX,11;4Q.175, *Testimonia* 5-8.

14) 엘리슨(D. C. Allison), 「테스트 간의 상호성 속에 나타나는 예수」(*The Intertextual Jesus: Scripture in Q,* Harrisburg (PA: Trinity Press International, 2000), 115).

15) 리델보스(H. N. Ridderboss)는 아브라함사건을 메시야의 성육신사건과 연결시킨다(*The Gospel of John* (Grand Rapids: Eerdmans, 1997), 322-23). 모타이어(S. Motyer)는 예수 자신은 아브라함 전에 자기가 탄생했다는 말이 아니라 자신이 곧 신성(deity)을 지닌 하나님이라는 주장을 하고 있다고 말한다(*Your Father the Devil? A New Approach to John and "the Jews."* PBTM. Carlisle: Paternoster).

16) 쿨만(Oscar Cullman)은 로고스(Logos)교리와 관련해서 "나는 …이다"는 예수의 말을 관련시키고 있고(The Christology of the New Testament, 268), 스타우퍼(E. Stauffer)는 가야바 앞에서 예수는 "ego eimi"(막14:62)라는 말을 사용함으로써 자신의 신성을 간접적으로 드러내고 있다고 주장한다(*Jesus and His story* (Eng. trans. 1960), 150ff). 버나드(J. H. Bernard)는 "John (ICC, 1928), cxvii"에서 "나"(ego)가 마태에는 29회, 마가에는 17회, 누가에는 23회 그리고 요한복음에서는 134회나 기록되어 있다고 말한다.

17) 버나드(J. H. Bernard), *John* (*ICC,* 1928), 57. 예수는 하나님 자신이 밝힌 "나는 나다"(ego eimi)에 해당하는 "나"(ego)를 마태(29

회), 마가(17회), 누가(23회) 그리고 요한(134회)를 사용하고 있다.
18) 브라운(R. E. Brown), *John* 1, 520ff; F. M. Braun, *Jean le theologien*, 1964, 137-150. 그리고 슈넥켄베르그 (R. Schnachkenberg), *John I*(Eng. trans. 1968), 481-493. 필자는 슈넥켄베르그의 생각을 동조한다. 즉 로고스는 헬라적인 용어로서 요한에 의해 유대교적인 개념으로 사용된 것이다.
19) 로고스는 우선 헤라클레이토스 자신의 말을 의미한다. 그가 마치 선지자인 것처럼 그의 말씀이라고 말할 수는 있겠지만, 그 말은 헤라클레이토스에게 주어진 담론이나 혹은 아직 이성이라는 것으로 해석하기에는 이르다. '에온토스 아이에이'(ἐόντος αἰεί)라는 말의 해석의 어려움이 발생하지만, 그러나 '에온'(영원)이라는 말은 이오니아 헬라어에 있어서는 로고스라는 말과 함께 사요월 때, '진실한'(true)이라는 뜻을 의미한다(Cf. Zeller, p. 630, n. 1; Eng. trans. ii. p. 7, n. 2.).
20) In any case, the Johannine doctrine of the λόγος has nothing to do with Herakleitos or with anything at all in Greek philosophy, but comes from the Hebrew Wisdom literature. See Rendel Harris, "*The Origin of the Prologue to St. John's Gospel*," in The Expositor, 1916, pp. 147
21) 그러나 필로(Philo)의 "protogonos huios)는 인격적인 의미가 아니라 우주를 형성하는 하나님의 형상 내지는 도구(organon)로 사용하고 있다.
22) 지혜의 선재에 대해 시락서 24:3-11의 창세기 1장에 대한 기사를 보면, "나는 지극히 높은 분이 말씀하신 말씀이며 안개와 같이 온 지면에 덮여 있다. 나의 거처는 높은 하늘이며 구름 기둥에 내 보좌를 두었다. 나는 홀로 하늘의 주위를 만들었으며 심연의 깊음을

가로 질렀다. 바다의 파도와 온 땅과 모든 백성과 나라들이 나의 지배하에 있었다. ...... 시간이 시작하기 전 나를 창조하였으며 내가 영원히 있으리라. 내가 성소에서 주의 목전에서 주를 섬겼으며, 그리하여 내가 시온에 세움을 입었도다. 주께서 나의 거처를 주께서 사랑하는 시온성에 두셨으며, 예루살렘에서 나에게 권세를 주셨도다"라고 말한다. 솔로몬의 기도 지혜서를 보면, "우리 조상의 하나님, 긍휼하신 주께서 당신의 말씀으로 만드셨고, 지혜로 사람을 빚으셨도다. ......지혜가 주와 함께 있었고, 주의 하신 일을 익히 아시며 주께서 세상을 만드실 때 주의 곁에 있었나이다(9:1-9).

23) 제 1 클레멘트의 편지 20장 11절. 그러나 한 세기를 지나면서 로고스가 지닌 그 헬라적 의미로 인해 기독교회는 새로운 기독논쟁에 휩쓸리게 된다. 로고스가 지닌 제 2자의 의미가 우주의 궁극적인 존재와 동일시 될 수 없다는 반론이 나오면서부터 예수는 "하나님과 같은 존재(homoeousius)" 인지, 아니면 "하나님 그 자신인지(homoousius)"의 논쟁 있었다. 니케아 종교회의는 아리우스(Arius)의 "homoeousius"를 이단으로 정죄한다.

24) 피츠마이어(J. A. Fitzmyer), 「신약학의 쿰란 아람어의 공헌」(The Contribution of Qumran Aramaic to the Study of the NT, *NTS* 20(1973/74), 393)에 수록된 논문을 참조. 김세윤, 「그 사람의 아들」, 도서출판 엠마오, 1992, 41-45.

25) 불트만이나 보른캄(G. Bornkamm)은 체험전승은 역사적으로 뿐 아니라 신학적 진술로도 가치를 상실하고 있다고 생각한다. (U. Wilckens, Die Bekehrung des Paulus als religionsgeschichtlich-ches Problem, *Rechtfertigung als Freiheit: Paulus Studien* (1974), 11).

26) 마르쿠스 보그(Marcus Borg)의 주장(*The Meaning of Jesus*,

2000년 판, 12장의 주장들)들은 대체로 오늘날 현대 신학자들과 역사적 예수 탐구자들에 의해 거론되고 있는 일반적인 주장들이다.
27) *Haghigha* 77:4. The Sinaitic -Syriac Ms의 누가 2:4절에 대한 해석과 L. N. Sweet의 I.S.B.E. 제 2권 1198에 거론되는 초대교회의 전승 참조.
28) 예수가 로마 궁수 판테라(Pantera)의 아들이었다는 주장은 켈수스(Celsus)와 탈무드의 주장으로, 판도라는 시돈 사람으로 벨기에서 기원 후 40년에 62세로 사망했고, 예수라는 아들이 있었다. 그의 아들은 복음서의 예수와는 연대가 맞지 않고, 또한 당시에는 많은 사람이 예수의 이름을 사용하고 있었다.
29) 도올 김용옥,「*기독교성서의 이해*」, 통나무, 2007, 252.
30) 도올 김용옥,「*기독교성서의 이해*」, 2007, 248. 도올은 마리아가 "어차피 처녀가 아니다"(p. 249)고 주장한다. 개신교는 가톨릭과 약간의 의견 차이는 있으나, 동정녀 탄생에 대한 고백에 일치한다. 문제는 예수님에게 인간관계에 의해 태어난 동생들이 있었다고 하는 사실을 개신교는 새롭게 생각하지 않는다. 그 역시 그것을 잘 알 것이다. 그럼에도 불구하고 비아냥거리며 내뱉는 "어차피 처녀가 아닌데"라는 그의 말은 학자로서 부끄러운 천박한 학문적인 수준을 드러내고 있다.
31) *Dictionary of Jesus and the Gospel*, edit., by Joel B. Green, Scot McKnight, I. Howard Marshall, (Leicester:, England, IVP. 1992), 60 참조.
32) "You are the prime factor in everything, the all-pervading, undivided Supersoul. For you, therefore there is no external or internal. You never entered the womb of Devaki; rather , You existed there already"(Srimad Bhagavatam 10.3.16-17).

33) 엘리아데(Michael Eliade), *The Encycloipedia of Religion* (1987); "World Mythology Dictionary; Britenica Concise Encyclopedia" 참조.

34) 순교자 저스틴(Justin Matyr)은 자신의 "첫 변론"(The First Apology of Justin, LXIX)에서 "마귀는 진리를 흩트리며, 박카스(Baccus)와 헤라크레스(Heracules) 그리고 아에스쿠라피우스(Aesculapius)의 우화들을 창조하고 있다"라고 걱정 한다.

35) 파겔(Elaine Pagels), *The Gnostic Gospels*와 *The Gnostic Paul*, (Phil: Trinity Press International,1975)을 참조. 파겔의 주장에 의하면 영지주의는 바울의 영향을 후에 전수했던 발렌티누스(Valentinus)로부터 시작하는 것으로 주장한다. 그는 2세기 중엽의 사람이었다.

36) 파겔(Elaine Pagels), *The Gnostic Paul*, (Phil: Trinity Press International,1975), 157-164.

37) 학문적 근거를 위해, Budge, E. Wallis.1961; Frazer, J. G. *Adonis, Attis, Osiris*. 1961; Griffith, J. Gwyn. *The Origins of Osiris and His Cult*. Brill: 1996; Meeks, Dimitri. *Daily Life of the Egyptian Gods*. 1996; Shorter, Alan. *Egyptian Gods: A Handbook*. 1937 참조.

38) 아폴로도루스(Apollodorus(Pseudo Apollodorus), *Library and Epitome*, 1.3.2.

39) 프레이즈(James George Frazer), *The Golden Bough*, XLIII. Dionysus, 1922.

40) 당시 바울은 가에사레아 마르티마(Caesarea Martima)에서 체포되어 있었다. 이즈음 50년대 후반 즈음, 누가는 예루살렘을 방문하고 많은 예수의 증인들과 예수의 어머니 마리아를 만났던 것 같다

(Ben Witherington III, *What have they done with Jesus?*, (HarpersanFranisco, 2006), 98;*New Testament History* (grand Rapids: Baker, 2001).

41) 이레니우스(Irenaeus)의 글에는 "덩치에 비해 특별히 짧은 손가락을 가지고 있었던 사람으로 불리던 마가는 베드로의 통역을 하던 사람이었다. 그는 베드로가 죽자 이태리 지역에서 같은 복음서를 저술했다"(Mark declared, who is called "stump-fingered", because he had rather small fingers in comparison with the stature of the rest of his body. He was the interpreter of Peter. After the death of Peter himself he wrote down this same gospel in the regions of Italy)라고 말하고 있다. "베드로의 제자이며 통역을 맡았던 마가가 죽은 후, 그는 베드로에 의해 설교되었던 것들을 글로 우리에게 남겨 놓기도 했는데"(And after the death of these Mark, the disciple and interpreter of Peter, also transmitted to us in writings preached by Peter)라고 언급되어 있다. 이 글들을 통해 보건데, 그는 주변의 사도들이 죽고, 핍박이 시작되는 즈음에 그리스도의 수난을 강조할 필요가 있는 급박한 상황 속에 살았다는 것을 추측해 볼 수 있다. 마가의 글이 베드로의 것이라 해도 그리스도의 수난에 대한 베드로 자신의 강력한 인상이 복음서의 내용을 한 관심으로만 집중시켰을 것이다 (William L. Lane, The New International Commentary on the New Testament: *The Gospel of Mark* (Eerdmans, 1984), 8-9).

42) 헨드릭슨(W. Hendriksen), *Bible Survey*, 59-62; M. H. Shepherd, *Are Both the Synoptics and John Correct about the Date of Jesus' Death?*, JBL 80(1961/6), 123-132를 참조.

43) 도올 김용옥, 「기독교성서의 이해」, 통나무, 2007, 259-260.

44) 렘세이(W. M. Ramsay), *Was Christ Born in Bethlehem?*, 129.132.170;*The Bearing of Recent discovery*, 246, 255-274; A. T. Robertson, *Luke the Historian,* 123을 참조.

45) 겔덴휘이스(Norval Geldenhuys), *The Gospel of Luke*::The New International Commmentary on the New Testament (Eerdmans, 1987), 105-6의 논의를 참고.

46) 요세푸스(F. Josephus), *The Jewish War,* B1; *The Antiquities of the Jews*, BXIV, XV의 글을 참조.

47) 헨드릭슨(W. Hendriksen), *Bible commentary*, Luke 2:2의 해석을 참조.

48) 호구조사와 관련해서 나의 글 "도올의 콘텍스트렌즈", 개혁주의 신행협회, 2001을 참조.

49) 뉴먼(A. H. Newman)의 논문 "*Christmas*" S.H.E.R.K., Vol.III, 47.

50) 마크로비우스(Macrobius)(395-423), *Saturnal.* 1. 2. c. 4를 참조.

51) 요세푸스(F. Josephus), *The Jewish War,* B1; *The Antiquities of the Jews*, BXIV, XV의 글을 참조.

52) 샌드멜(S. Sandmel), *Herod, Profile of Tyrant* (Philadelphia & New York, 1967), 261-262.

53) 이집트의 곱틱교회(Cobtic Church)들의 전설은 예수가 이집트에서 상당한 기간 동안 머물러 있었다고 하는 전설을 소지하고 있다.

54) 페리(Paul Perry), *Jesus in Egypt* (Ballantine Books, 2003), 8.

55) 찰스 파이퍼(Charles Pfeiffer), *The Dead Sea Scrolls and the Bible*, 94.

56) 피로(Philo), *Apologia pro Judaeis* 14-17;Pliny, *Natural History* 5.15.73;Josephus, *War* 2. 120-121, 160-161.

57) 김영한,「크리스쳔투데이」: 예수당시의 유대인 당파, 2008/10/18의

글.

58) 브란덴(S. G. F. Branden), *Jesus and the Zealot* (Manchester: Manchester Univ. Press, 1967), 16.

59) '삼위의 상호 간의 내주' (pherichoresis)라는 말은 Juergen Moltmann이 동방신학에서 빌려 주창하고 있는 말이다. 고백자 막시밀리언(Maximillinus Conffessor)이 최초로 사용한 것으로 알려진다. 갑바도기아의 교부들과 어거스틴도 사용한바 있고, 현대신학에서는 섬김(koinonia)라는 의미와 연관해서 해석하는 경향이 있다. 삼위에 대한 존재 파악을 아버지의 창조사역, 예수의 구원사역, 그리고 성령의 보존사역이라고하는 역할 분담으로 각 신위를 파악했던 서방신학의 분석론적 신학이 지닌 약점, 즉 한 위가 사역시 다른 두 위는 역할을 분담할 수 없다는 약점을 극복하기 위해 동방신학의 한 위가 사역하고 두 위는 그를 지지하는 순환론적 삼위일관을 말한다.

60) 투얼프트리(Twelftree)는 광야의 시험에 해당하는 부분은 Q자료와 마가의 오랜 기록에 해당하는 부분일 것이라고 강조 한다(*Jesus the Exorcist*, 226).

61) "내가 예수의 하나님의 이름으로 너에게 주문을 거노니(I adjure you by the God of the Hebrews Jesus)"(*PGM* IV. 3019ff., cf. IV. 1227).

62) 이러한 시각은 샌더스(E. P. Sanders), 마르쿠스 보그(Marcus Borg)의 초기 작품, 제자 버미즈(Geza Vermes), 트월프트리(Twelftree)의 생각에 깔려있다.

63) 크로산(Crossan)은 악마추방은 사회적 병리현상에 대한 예수의 치유행위라고 단정한다. 그러면서도 예수가 악마를 추방했거나 대적한 자라고 하는 사실을 인정한다.

64) 라이트(N. T. Wright)의 입장이 다른 역사적 예수 탐구자들과 달리 복음주의적 성향을 띤 중도적이지만 그의 "정치-사회적 구도"로 "하나님의 대적자", 즉 예수의 대적자를 한정시키는 것은 한계가 있다(「Jesus 코드」(*The Challenge of Jesus*, 2000) 참조.

65) 이사야 61장 1-2절의 누가 4장 18-19로의 변용에는 예수의 의도성이 나타나고 있다. 즉, 예수 자신의 사명은 외관상으로는 가난한 이와 눈먼 자들 포로 된 자들을 구원하러 온 것 같이 보인다. 그러나 포로 된 자와 마음이 눌린 자 또한 희년(稀年)의 선포와 관련된 부분은 죄로부터의 구원론적 영의 자유와 해방을 의미하면서도, "exocia"에 의한 역동적인, 즉 마귀로부터의 해방을 동시에 말하고 있다(Robert P. Menzies, *The Development of Early Christian Pneumatology with special reference to Luke-Acts* (Shefield: Shefield Academic Press, 1991), 162-77). Banks는 초대 교회가 자유의 성격을 가진 공동체임을 주장한다. 그의 주장은 사회적 시각과 심리학적인 시각에서 본 자유 개념을 언급 한다 (Robert Banks, *Paul's Idea of Community: the early House Church in their cultural Setting* (Massachusetts: Peabody, Hendrickson Publishers. Inc. 1994), 15-20). 그러나 역시 다른 각도에서 보면, 초대공동체는 "마귀로부터 구원받은 주님의 공동체"인 것이다.

66) 예수의 축사행위(逐邪行爲)의 의미를 제자들은 단지 표적으로만 생각하고 별로 중요하게 생각하지 않은 것 같다. 그러나 그들의 생각은 점점 신약성경 안에서 발전적으로 바뀌기 시작한다. 히브리서의 기록(2:14-16)은 예수의 오신 두 가지 목적 중에 하나가 마귀 축사와 관련 있음을 말하고 있다. 그들의 인식이 바뀌고 있음을 보여준다. 신약 후기의 문서인 요한 1서 (3:8)에 이르러는 구체적으로 예

수의 오신 목적을 좀 더 축사귀의 사역과 연결시키고 있음을 보게 된다.

67) 고펠트(L. Goppelt), *Theology of New Testament* (2 Vols.; Grand Rapids: Eerdmans, 1981) 1.77-138.

68) 샌더스(E. P. Sanders)는 예수의 회개는 개인적인 도덕적 결단을 요구하지만 집단적인 민족적 개념은 없다라고 주장한다. 그리고 그는 예수가 자신의 공동체 안에 들어온 이들에 대한 무조건적인 용서를 허락하고 있다고 주장한다. 그리고 예수의 이 자기 공동체 안에 들어온 사람들에 대한 대가나 배상 없는 무조건적인 용서는 초대교회의 생각을 예수의 회개 개념으로 투영한 것으로 생각한다. 샌더스에게도 긍정적인 요소는 있다. 그가 죄인들에 대해 무조건적 긍휼과 용서를 제공함으로서 그들로 하여금 오히려 자발적인 삶의 결단과 도덕적 변화를 가져왔다는 평가는 긍정적으로 이해 할 수 있다. 그러나 그는 회개의 대상이 집단적이며 민족적 혹은 세계적이기도 하다(마11:20-24;눅13:1-5;마12:39-42)는 것을 간과하고 있다.

69) 신약에 사용된 하나님 나라는 대부분 장소(place)라는 개념보다는 통치(reign)라는 개념으로 사용되어 있다. 때문에 바이스(Weiss)나 슈바이쳐(Schweitzer) 같은 이들은 미래에 다가올(consistent) 하나님 나라 개념을, 다드(C. H. Dodd) 같은 이들은 실현된(realized) 하나님 나라 개념을 그리고 래드(G. E. Ladd), 엘리스(E. E. Ellis), 마샬(I. H. Marshall) 등은 큄멜(W. G. Kümmel)의 전통을 따라서 이미(Already)와 아직 아니(not yet) 사이의 파라독스한 긴장과 관련해서 설명 한다.

70) 라이트(N. T. Wright)는 회개를 1세기의 정황을 고려해서 정치적인 의미로 해석해야 할 것을 주장한다. 예수는 민족적인 성향을 가진 모든 부류에 대해 회개(항복)하고, 새로오는 하나님의 나라의 삶의

방식을 받아들일 것을 강요했다고 믿는다. 그런 점에서 예수는 예레미야와 비슷한 예언적 상황을 가졌다고 주장한다(*The Challenge of Jesus*, chapter 2 참조).

71) 라이트(N. T. Wright)는 메시아개념에 대해 오늘날 우리가 사용하는 하나님의 아들로서 메시아가 아니라 1세기의 삶의 정황에서는 영적 지도자 혹은 선지자 정도의 의미를 가진다고 주장한다. 문제는 1세기의 사회적 용어의 의미가 무엇인지 밝히는 문제가 남아 있지만, 예수의 모든 구약의 예언적 성취를 자신에게 적용시키고 있는 모습을 보면 분명 예수는 하나님 아들로서의 자기이해가 분명했다.

72) *4Q451* 참조.

73) *CD-A XIII* 참조.

74) 그린(J. B. Green), *The Gospel of Luke*, NICNT, Grand Rapids: Eerdmans, 211.

75) 라이트(N. T. Wright)를 포함한 역사적 예수 탐구자들은 메시아개념을 정치적인 지도자라는 개념으로 이해시키기 위해, 유대인의 반란 지도자 바코바(Bar Kokhba(132-135)에 대하여 메시아라는 표현을 쓴 것(*Talmud Ta'anit* 4.5)을 증거로 제시한다. 그러나 그는 예언에 있는 대로 다윗의 혈통이 아니었다.

76) 라이트(Wright)의 주장, *The Incarnation,* ed. S. T. Davis, D. Kendall, G. O' Collins 2002, Oxford: OUP, 47-61. 라이트의 입장은 복음주의적 입장을 취하려 한다. 그러나 그의 상향식(von unten her) 예수이해는 오히려 예수를 하나님의 아들도 아니고 사람도 아닌 어정쩡한 존재로 만든다.

77) 예레미아스(J. Jeremias, *Theologie*, 239. A. Schlatter, O. Cullmann, L. Goppelt, P. Stuhlmacher 등의 학자들이 이에 동조

하고 있다.

78) 마틴 헹엘(Martin Hengel), "*Jesus The Messiah of Israel*," 327. 메시아에 대한 논쟁은 예수의 자기이해의 중심 논제라고 말한 라이트(N. T. Wright)의 말을 참고할 필요가 있다(Wright, *Christian Origins and Question of God*, 2:538).

79) 제임스 던(James D. G. Dunn), *Christology in the Making*, 65-97, esp. 95-97. 대체로 역사적 예수 탐구자들에 의해 주장되고 있는데, 그들 중에는 Borg, Casey, Lindars, Vermes, Collins, Dodd, Leivestad, Perrin 등이 있다.

80) 풀러(Fuller), *Foundations of New Testament Christology*, 34-43; 페르디난트 한(Ferdinand Hahn), *The Titles of Jesus in Christology, Their History in Early Christianity*, trans Harold knight and George Ogg (London: Lutterworth Press, 1966), 15-53. 퇴트(H. E. Tödt), *The Son of Man in the Synoptic Tradition*, trans. Dorothea Barton (Philadelphia: Westerminster Press, 1965). D.E. Nineham, *The Gospel of St. Mark*, Pelican Commentaries (Philadelphia: Westerminster Press, 1977), 46-47.

81) "카이로스"($πρό καιρου$)라고 하는 표현은, 곧 귀신이 자신에게 하나님의 상관이 전개 될, 그 때가 아직 남아 있는데, 그전에 예수가 자신에게 상관을 하고 있음을 호소하고 있는 것이다.

82) 로빈손(J. M. Robinson, *Das Geschichtsverständnis des Markus-Evangeliums*, 1956)의 주장 참조.

83) 베스트(E. Best, *The Temptation and the Passion*, 1965) 같은 이들은 마가복음에서 사탄에 대한 언급은 중요한 부분이 아니며, 사탄은 인간의 마음의 악으로 해석되어야 한다고 주장한다. 만일

그의 주장을 받아들이면 묵시론적이며 종말론적인 예수의 의식세계 전체를 부정하게 되는 결과에 도달하게 된다.

84) 보른캄(G. Bornkamm, *Der Paraklet im Johannes-Evangelium: Geschichteund Glaube 1* (Ges. Auf. II)(*BEv* Th 48) 1968, 68-69), 70, 71, 84.

85) "바로 그 말"(ipsissima vox)이라는 용어는 법정에서 증거로 채택될 수 있는 확증된 진술을 말한다. 이 용어가 신학용어로 쓰이게 된 것은 무엇이 확실한 예수의 말인가에 대한 복음서 내용의 추적과 관련이 있다. 근본주의적 신앙을 소지한 신학자들은 ipsissima vox의 복수형인 ipsissima verba를 사용함으로써 예수의 자기 본래의 증언을 복음서에서 찾으려 한다. 현재의 논의는 성경의 내용이 ipsissima vox로 표현된(expressed, ausdruck)인지 아니면, ipsissima verba로 확실히 증언 된 것(sage)으로 이루어졌는지가 논의되고 있다. 문제는 신앙의 차이일 것이다. Grant Osborne, *Historical Criticism and the Evangelical*, JETS 42 (June 1999):193-210;cf. *Historical Criticism: A Brief Response to Robert Thomas's Other View*, JETS 43 (Mar. 2000):113-117 참조.

86) 도올 김용옥,「*기독교성서의 이해*」, 통나무, 2007, 140-146.

87) 도올 김용옥,「*기독교성서의 이해*」, 141.

88) 다드(C. H. Dodd, *Christology in the making* (Philadelphia: Westerminster, 1980); *The Interpretation of the Fourth Gospel* (Cambridge: University Press, 1953))는 잠언 전승의 지혜와 요한의 로고스를 동일한 개념의 이해한다.

89) 버미스(G. Vermes), *Scripture and tradition in Judaism* (Leiden, 1961), 193-227.

90) *Ibid*., 218; Brown, *John* 63; M-L. Gubler, *Die Frühesten*

Deutungen des Todes Jesu (Freiburg & Götingen, 1977), 336-375.

91) 마틴 헹엘(Martin hengel)과 튜빙엔신학자들(L. Goppelt, J. Roloff)은 예수의 이적 사건은 초대교회의 자작극이 아닌 제자들의 목격에 전승으로 후에 교회들에게 전달 된 것으로 본다(J. Roloff, *Das Kerygma und der irdishe Jesus*, 1970, 111-207).

92) 라이마루스(Reimarus)와 스트라우스(Strauss), 그리고 르낭(Renan)과 같은 1세대 역사적 예수 탐구자들이 이에 속한다.

93) 슈바이처(Schweizer)이래 불트만(Bultmann)과 그의 제자들, 그리고 샌더스(Sanders)나 라이트(Wright)에 이르기까지 20세기의 주류신학자들이 이러한 생각을 고수해오고 있다.

94) 대부분 이 주장은 지난 세기 후반부터 타이센(Theissen)을 중심으로 풍크(Funk), 크로산(Crossan), 보그(Borg)등 대부분의 예수세미나 회원들에 의해 주도되고 있다.

95) 벤 워더링턴(Ben Witherington III)의 책, *The Jesus Quest* (Illinois: Downers Grove, IVP Academic, 1997)의 책을 참조.

96) 그러나 라이트(N. T. Wright)는 메시아의 개념과 하나님의 아들의 개념을 달리 설명한다. 당시의 사람들이 단지 정치적 의미의 영웅에 대한 일반적인 통칭으로 이해하고 있었다고 주장한다(*The Challenge of Jesus*).

97) 필자는 라이트(N.T. Wright)가 안식일을 문제를 단지 윤리적이거나 종교적인 의미로 다룰 것이 아니라 종말론적 묵시의 개념으로 이해해야 한다는 점을 동의 한다(see! *The Challenge of Jesus*, ch. 3).

98) 김세윤, 「예수와 바울」, 도서출판 제자, 1995, 223-241.

99) 이러한 입장을 택하는 사람들은 대표적으로 크로산(Crossan), 보그

(Borg), 피오렌자(Fiorenza)등이며, 이들의 무신론적 입장을 배격하는 라이트(Wright) 역시 예수의 죽음을 정치적 사회적 구도로 이해하려 한다.

100) 모압의 한 지방이었던(렘48:24; 암2:2) "kerioth" 지방에서 온 사람이기라기 하고(요6:71; 13:2,26;14:22), 가룟(iscariot)이란 "sikarios" 라는 의미로 단검을 소지하고 다니던 열혈당원이었다고 하는 설이 있다.

101) Mishina, *Sanhedrin* IV. 1 참조.

102) 샌더스(E. P. Sanders, *Jesus and Judaism* (London and Philadelphia: SCM Press and Fortress, 1998), 320-340.)나 버미스(Geza Vermes, *Jesus the Jew: a historian's reading of the Gospels* (London:Collins,1973), 37-41.) 같은 이들은 예수의 부활을 믿지 않지만, 분명 초대원시공동체는 한 덩어리의 결속체로 단결될만한 설명할 수 없는 그 무엇이 작용했다는 것을 인정한다.

103) 티어링(Barbara Tiering), *Jesus the Man* (London: Corgi, 1993).

104) 앤드류(R. Andrew)와 셸렌버르그(P. Schellenberger), *The Tomb of God: Unlocking in the Code to a 2000-Year-old Mystery*, 2006.

105) 도올 김용옥, 「*기독교성서의 이해*」, 통나무, 2007, 250.

106) 예수세미나에서는 인자에 대한 개념이나 하나님의 나라에 대한 신학적 개념을 거론하지 않는다. 크로산(Crossan)은 예수의 부활을 단지 환영(vision)을 소수의 사람들이 보았을 것이라고 생각한다. 보그(Borg)는 단지 부활은 초대공동체의 창작물에 불과하다고 생각한다. 라이트(Wright)는 부활은 새로운 공동체의 약속에 따라

요구되어진 새로운 개념일 따름이라고 말한다(*New Testament and the People of God*, 300).
107) 쿤의 「과학혁명의 구조」 (*The Structure of Scientific Revolution* (Chicago: University of Chicago Press, 1970 증보판).
108) 엘리아데의 「샤머니즘」 (*Shamanism:Archaic Techniques of Ecstasy* (Philadelphia: Princeton University Press, 2004). 원시 종교를 연구함에 있어서 엘리아데는 현상학적인 방법론을 사용한다(*The Sacred and the Profane: The Nature of Religion*, 1968; *Symbolism, the Sacred and the Arts*, 1997). 그러나 샤먼에 역사하는 정신적인 신령에 대해 엘리아데는 더 이상 현상학적으로 접근하지 못하고 있다.
109) 폴 틸리히의 「신앙의 역동성」(*Dynamic of Faith* (Perennial Classics, 2001). 슈바이처 불트만은 이 표현이 기독교의 구체적 하나님을 나타내는 말이 아니기 때문에 사용하기를 거부한다.
110) 터툴리안(Tertullian)의 말.
111) 키에르케고르(Kierkeggard)의 입장을 따른 칼 바르트(Karl Barth)의 말.
112) 이신론의 출현은 영국의 허버트경(Lord Herbert of Cherbury, ca. 1583-1648)의 「평신도 종교론」 (*Religione Laici*)로부터 출발한다. 세계가 더 이상 신의 섭리에 의해 움직이는 것이 아니라 자연법칙에 의해 운동한다고 믿는 17-8세기의 계몽주의 세계관. 로크, 뉴턴, 볼테르 등이 참여했음.
113) 이삭 페이레르(Issac de la peyrere, 1594-1676)는 아담이 인류의 조상이 아니라 단지 유대인의 조상임을 주장한다. 아담 전에 *Praeadamite*라고 하는 전생 인류가 존재했다고 주장한다.
114) 프란시스 베이컨(francis Bacon, 1521-1626)을 주시할 필요가 있

다. 그는 자신의 저술인 「지식의 진보와 권위」(*De Dignitate et Augmentis Scientianum*, 1623)를 통해 자연세계를 물리학과 형이상학으로 나누는 아리스토텔레스적 전통을 따른다. 그러나 실상 관심은 물리학의 세계이며 형이상학은 단지 형식에 불과한 것이며, 형이상학을 중심으로 한 목적론적 설명은 더 이상 이 세상을 설명해주는 도구가 결코 될 수 없음을 주장한다.

115) 갈릴레오 갈릴레이(Galileo Galilei1, 1564-1642)는 자신의 시대의 설명할 수 있는 수학적 원리(mathematica principia)를 발견하기 위해 노력한다. 문제는 이 원리 안에서 종교는 자신의 공간을 발견할 수가 없게 되었다는 점이다.

116) 데카르트(Rene scartes)는 자연과의 수학적 원리를 정신적 세계의 원리로 적용시키려 했다. 갈릴레오 갈릴레이로부터 얻은 자연과학의 수학적 원리를 인문과학에 적용시키려 했다.

117) 스피노자의 올덴베르그와의 서신(*The Letter*, trans., by Samuel Shirly (Indianapolis: Hackett, 1995), *Letter* 345. *Tractatus*, 122.

118) 역사적 예수 연구의 제 3세대에 속하는 이들 중 어떤 이들 (Marcus Borg, John Dominic Crossan, Robert Funk, Burton Mack, Morton Smith)은 Q복음서와 외경 및 당시의 여러 자료들을 중심으로, 예수 당시의 그리스. 로마 시대와 주변 상황에 비추어 예수를 지혜 문학을 설파한 진보적인 철학자로 보는 견해를 소지하고 있다. 다른 부류는 1세기 유대. 기독교 정황과 랍비문서 혹은 과학적 시각으로 예수에 대한 역사적 연구를 하고 있다 (David Bivin, Roy Blizzard, Reymond E. Brown, Bruce Chilton, Haim Cohn, James H. Charlesworth, W.D. Davies, James D. G. Dunn, Robert Eisenman, Harvy Falk, David

Flusser, Paula Fredriksen, Joachim Jeremias, Ray Vander, Laan, Robert Lindsey, John P. Meier, Ron Moseleley, Jacob Neusner, Peter Pokorny, Ray A. Pritz, Dwight A. Pryor, E. P. Sanders, Shmuel Safrai, David Stern, Ge Vermes, Marvin R. Wilson, Ben Witherington III, N. T. Wright, Brad H. Young). 현대의 역사적 예수 연구는 결국 두 주제, 즉 과학적이냐 혹은 역사적이냐 하는 현대적 관점에서 출발하고 있기 때문에 결정론적인 환원주의적 입장인 무신론적 태도를 벗어 날 수가 없다. 블랙(C. Clifton Black)이 자신의 글 2001년 "예수대해 쓴 여러 동종의 책들"(*Kindre Books on Jesus*)이라는 글을 통해 현대의 역사적 예수 연구가들이 라이마루스 스트라우스의 범주를 넘지 못함을 지적하고 있음을 상기할 필요가 있다.

119) 그레고리 다우(Gregory W. Dawes, *The Historical Jesus Question*, Westerminster John Knox Press (Louisville: kentucky), 57)의 글.

120) *Tractatus*, 126.

121) 라이마루스는 "이성적으로 이해되는 고위한 신을 위한 변호"(*Apologie oder Schutzschrift fuer die vernueftigen Verehrer Gottes*)를 썼던 동시대의 인물인 크리스쳔 볼프(Christian Wolff, 1679-1754)와 동일한 철학적 입장을 취했다. 홍미로운 것은 볼프에 한 걸음 더 나아가 칸트(Immanuel Kant, 1724-1804)는 1793년 그의 말년의 작품인 "이성 그 자체의 한계 안에서의 종교"(*Religion innerhalb der grenzen der blossen Vernunft*)를 통해 종교적 대상으로서의 기독교 신을 이상적 도구로서 전락시키고 있다.

122) 이 차이는 고고학의 증거로 사실임이 밝혀졌다. 당시의 여리고는

1/4마일 떨어져서 4곳의 작은 여리고 성들로 이루어져 있었기 때문에 들어가고(into), 나가고(out)란 보는 사람의 위치에서 충분히 달리 설명 될 수 있었다.

123) 스트라우스의 책 "비평과 검증을 통한 예수의 삶"(*Life of Jesus critically examed*) 23장, 95장, 106장 108장을 참조.

124) 그러나 실상 최근의 고고학의 증거로 요한의 기록이 예수 당시의 시간적 장소적 정황과 일치한다는 사실이 증명되고 있다. 그의 기록대로 베데스타 연못과 행각 다섯이 발견 됐고, 실로암 못(요9:7), 야곱의 우물(요4:12), 예수가 빌라도 앞에 섰을 때의 야파 대문(Jaffa Gate) 가까이에 돌로 깐 박석의 뜰 등이 그의 진술과 일치하고 있기 때문이다. 요한복음의 기록 연대는 예수 사후 얼마 멀지 않는 시점으로 추정되는 대목이다.

125) 위에 언급한 그레고리 다우의 글, 76-109 참조.

126) 슈바이처(Abert Schweitzer, 1875-1965)의 1906년의 글 "역사적 예수 연구"(*The Quest of the Historical Jesus*, trans., by W. Montgomery, (Great Britain: A. & C. Black, Ltd., 1910.), 183. 각주 18번 참조.

127) 오늘날 역사적 예수 연구가들 중, 마르쿠스 보그(Marcus Borg), 크로산(John Dominic Crossan), 풍크(Robert Funk), 스미스(Morton Smith) 등이 동일한 견해를 가지고 있다.

128) 주 12번의 블랙(Black)의 주장을 참조.

129) 슐라이어마허의 1865년에 출간된 예수의 생애에 대한 그의 유고. 계몽주의의 영향을 깊이 받았던 그는 예수에 대해 교리적으로나 역사적으로 묘사된 모든 것을 '역사적 사실'(factum historicum)으로 수용할 수 없다는 결론을 내린다. 오직 예수와 초대교회의 대해 그가 얻은 결론은 예수와 초대 공동체의 절대의존적 감정 뿐이

었다. 스트라우스는 이 점에 대해 그가 예수에 대해 좀 더 '역사적 사실'에 충실하지 않았고 지적한다. 그러나 슐라이에르마허는 엄밀한 사건의 역사(history)로서가 아닌, 영미인들에게는 익숙하지 않은 종교적인 구속사의 진행으로서의 역사를 통해 기독교를 설명한다. 이로서 그는 독일 종교사학파(religionsgeschitliche schule)의 원조가 된다. 1892년 마틴 켈러(Martin Kaehler)는 슐라이어마허의 '신앙의 대상으로서의 그리스도와 역사로서의 예수'라는 자신의 강의를 통해 슐라이에르마허가 말하던 그것을 구속사(geschichite)라는 개념으로 신학화 한다.

130) 슈바이처의 책 「하나님 나라의 비밀」과 「역사적 예수 연구」 (*Mystery of the Kingdom of God*, 219-238; *The Quest of Historical Jesus*, 197-99) 참조.

131) *The Quest of Historical Jesus*, 296-302. 불트만은 하나님의 아들로서의 신앙의 예수는 초대교회의 창작물이라는 브레드의 입장을 견지한다.

132) *Ibid*., 403. 제 3세대 역사적 예수 연구가인 풍크(Robert W. Funk, *Honest to Jesus: Jesus for a New Millennium* (london: Hodder & Stoughton, 1996), 166-69)같은 이들은 슈바이처의 종말론적 예언가로서의 예수를 거부하고, 그의 후기에 나타나고 있는 윤리적 교사로서의 예수를 그로부터 계승한다. 그 결과 그의 후기 사상의 원류로서 홀츠만이 지니고 있었던 신학적 태도, 즉 Q복음 가설과 마가. 마태복음과 요한복음의 구분 그리고 토마스복음 등을 원 자료로 취급하는 경향성을 보이고 있다.

133) 슈바이처의 「문명과 윤리」(*Civilization and Ethics*, trans., by C. T. Campion (1923), 244).

134) *Ibid*., 206-7.

135) 그레고리 다우(Gregory W. Dawes)의 같은 글, 249-250 참조.
136) 불트만(Bultmann), 「신에 대하여 말한다는 것은 어떤 의미인가?」(*Welchen Sinn hat es, von Gott zu reden?* 27).
137) 마틴 하이덱거(Martin Heidegger)의 「존재와 시간」(*Being and Time*, trans., by John Macquarrie and Edward Robinson (London: SCM, 1962), 78-90).
138) 불트만(Bultmann),「비신화화의 문제에 대하여」(*On the Problem of Demythologizing* (1952), in *New Testament and Mythology and Other Basic Writings*, 158-59.
139) 불트만, 「과학과 실존」(*Science and Existence* (1955), in *New Testament and Mythology and Other Basic Writing*, 131-44.
140) 칼 바르트가 그를 향해서 "함부로 돌을 던지면 그의 뒤에 배회하고 있는 루터가 돌을 맞게 '된다'라고 말을 할 정도로 초기 그는 여전히 독일 정통신학의 틀 안에 남아 있다. 이 때문에 많은 사람들은 그가 현대 기독교에 파생시킨 무신론적 기독교의 가능성을 간과하는 잘못을 범하고 있다.
141) 불트만, 「기적에 대하여」(*Zur Frage des Wunders*, in *Glauben und Verstehen: Gesammelte Aufsaetze* 1, 215.
142) 불트만, 「기적의 문제점」(The Question of Wonder, 249). 칼 바르트와 불트만은 루터의 명제였던 "숨으시는 하나님"(Deuse absconditus)과 "자신을 계시하시는 하나님"(Deus revelatus)을 자신들의 실존주의적 신학 해석을 위해 빌려 사용한다. 문제는 성경에 나타나고 있는 모든 기적들을 역사적 사실(Factum Historicum)로 받아들이지 않는다는데 있다. 하나님이 그렇게 역사했을 것이라는 추측과 함께 하나님의 행위에 대해 성경 저자들이 오해해서 해석하고 있다는 것이다.

143) 불트만, 「예수와 그 말씀」(*Jesus and the Word*, trans., by Louise Pettibone Smith and Erminie Huntress Lantero (London: Collins/Fontana, 1958), 14).

144) 불트만, 「공관복음 전승사」(*The History of the Synoptic Tradition* (1921), trans.,by John Marsh (Oxford: Basil Blackwell, 1963), 370).

145) 불트만,「초대교회의 복음과 그리스도와의 관계」(*Das Verhaeltnis der urchristlichen Christusbotschaft zum historischen Jesus*, 11). " 공관복음서들이 예수의 생애를 재구성할 만한 그 어떤 원천적인 자료로 사용되어 질 수 없음에도, 그리고 그것들이 우리에게 그 어떤 내적 발전도 알려주지 않기 때문에 예수의 성품을 적절한 느낌으로 묘사할 수가 없는 것이다. 그러나 그럼에도 불구하고 공관복음서들은 예수의 사역들을 통하여 그의 어떤 본성적인 성격들을 우리들에게 알려주고 있다"(*Denn wenn die Synoptiker auch nicht als Quellen fuer eine Reconstruktion des Lebens Jesu Jesu ausreichen, und wenn sie nicht ausreichen, ein Personbild im eigentlichen Sinn zu zeichen, da sie von Jesu innerer Entwicklung nichts erkennen lassen, so lassen sie vom doch Jesu so viel erkennen, dass indirekt einige Zuege seines Wesens sichtbar werden.*).

146) 불트만, 「자연신학의 문제점」(The problem of Natural Theology in *Faith and Understanding*, 318).

147) 불트만, 「자연계시에 대한 의문」(*The Question of Natural Revelation* (1941)) 참조.

148) 불트만, 「예수와 그의 말씀」, 35.

149) 불트만은 슈미트(K. L. Schumidt)와 디베리우스(M. Dibelius)로부

터 양식비평(Form Criticism)이라는 성서비평론을 받아들인다. 특히 실존하는 예수전의 가장 원 자료로 간주되고 있었던 마가복음마저 실제적으로 예수에 대한 극미한 사실적 자료밖에는 찾아볼 수밖에 없다라는 슈미트의 주장을 그대로 수용한다. 이 때문에 그는 예수에 대한 역사적 연구의 불가능을 주장한다.

150) 케제만(Ernst Kaesemann), 「역사적 예수 문제」(The Problem of the Historical Jesus, trans., by W. J. Montague, in Essay on *New testament Themes*, Studies in Biblical theology 41 (London:SCM, 1964), 26.

151) 브레데, 「기독교의 메시야의 비밀」(*Das Messiasgeheimnis in den Evangelien*, 1901.).

152) 벤 위더링턴(Ben Witherington III), 「예수탐구」(*The Jesus Quest* (Illinois: IVP Academic, 1997), 137-41).

153) 그의 대표적인 주저들에 공동적으로 깔려 있는 사상이다 (*Sociology of Early Palestinian* (Philadelphia: Fortress, 1978); *The Gospels in Context : Social and Political History in the Synoptic Tradition* (Edinburg: T & T Clark, 1992); *The Shadow of the Galilean: The Quest of the Historical Jesus in narrative Form* (philadelphia: Fortress, 1987). 내가 하이델베르그에서 타이센에게 받은 인상은 당시에 유행하던 사회학과 정치학에 대한 신학적 반응, 즉 막스주의적 틀 안에서 사회를 잡은 자와 잡힌 자의 이분법으로 보는 시각으로서의 신학적인 이슈가 그의 신학적 출구가 되고 있다는 인상을 받았다. 이미 칼바르트의 제자들 중(Goldwitzer, Marqwart)에 신학과 정치학과의 관계를 새롭게 시도하는 사람들이 막스주의와의 접목을 하고 있었던 때이기도 하다.

154) 80년대의 하이델베르그신학은 생물학과 역사학 그리고 마르크스정치학이 어떻게 접목될 수 있는지에, 관심을 가지고 있었다. 타이선은 소위 사회학적 생태론적 요소(socioecological factor)를 중요한 신학적 안목으로 삼고자 했다.

155) 타이선(Gerd Theissen zus. mit A. Merz)), 「역사적 예수」(*Der historishe Jesu*. 3. Aufl. Vandenhoeck & Puprecht, Goettingen 2001).

156) 호르스레이(Richard A. Horsley), 「예수와 폭력의 나선형」(*Jesus and the Spiral of Violence: Popular Jewish Resistance in Roman Palestine* (San Francisco: Harper & Row, 1987), 322.

157) 호르스리(Richard A. Horsley), 「예수와 폭력의 나선형」 그리고 「사회학과 예수운동」(*Sociology and the Jesus vement* (New York Crossroad, 1989) 참조.

158) 카이로(R. David Kaylor), 「선지자 예수」(*Jesus the Prophet,: His Vision of the Kingdom on Earth* (Louisville, Ky,: Westerminster/John Knox, 1994), 89-119, 179-90.

159) 크로산(John Dominic Crossan)의 「역사적 예수」(*The Historical Jesus: The Life of Mediterranean Jewish Peasant* (San Francisco: HarperSanFrancisco, 1991).

160) 예수세미나, 「예수의 비유들」(*The parables of Jesus: Red Letter Edition* (Sonoma, CA: Polebridge Press, !988; *The Five Gospels: The Search for the Authentic Words of Jesus* (New York: Macmillian, 1989).

161) SanFrancisco: Harper & R0w, 1987: 그의 「동시대의 학자들이 말하는 예수」(Jesus in Contemporary Scholarship (Valley Forge: Trinity Press International, 1994) 참조.

162) 라이트(N. T. Wright)와 함께 쓴 책인 그의 「예수의 의미」(*The Meaning of Jesus* (HarperSanFrancisco, 1999), 130, 179. 이 책의 제목이 뜻하는 바와 같이 예수의 역사적인 사실(Factum Historicum)을 부인하고, 단지 그 의미(meaning) 만을 강조하고 있는 것은 "신앙의 그리스도"란 역사적이지도 과학적이지도 않다고 하는 무신론적인 전제 때문이다. 라이트와 보그는 같은 스승 케어드의 제자들이다. 따라서 예수전에 대한 사회학적 구도를 동일하게 가지고 있다. 라이트는 진보적인 보그에 비해 중도적인 입장을 취한다.
163) 위의 책, 152.
164) 보그(Borg), *Jesus: New Vision*, 33-34.
165) 벤 위더링턴의 위의 책, *The Jesus Quest*, 116-118.
166) 샌더스(E. P. Sanders), 「바울과 팔레스타인 유대교」(*Paul and Palestinians Judaism: A Comparision of Patterns of Religion* (Philadelphia: Fortress, 1977), 84-5.
167) 주 46 참조.